应用型本科院校"十二五"规划教材/经济管理类

Fundamental Accounting

基础会计

（第3版）

主　编　杨淑嫒　王　涌
副主编　吴云飞　刘　音
　　　　尚红岩　赵寅珠
　　　　曹燕红
主　审　姜旭宏

哈尔滨工业大学出版社
HARBIN INSTITUTE OF TECHNOLOGY PRESS

内容简介

本书以新的会计准则和法律、法规为背景,以会计核算方法为主线。全书分为十一章:第一章总论,介绍会计的产生发展、会计的方法与规范;第二章会计核算的基础;第三章会计要素和会计等式;第四章账户与复式记账;第五章制造企业主要经济业务的核算;第六章账户的分类;第七章会计凭证;第八章会计账簿;第九章财产清查;第十章会计账务处理程序;第十一章财务会计报告。

本书在编写过程中坚持注重基础理论教学和实际运用相结合的原则,突出实用性与针对性。从学生的实际情况出发,由浅入深、通俗易懂、难易适中、条理清晰。每一章都配有案例导入和自测题,便于学生自我训练,巩固所学的理论知识,最后还有综合案例分析,开拓学生的视野,培养学生利用所学专业知识分析和解决实际问题的能力。

本书可作为高等院校会计学专业和财务管理专业的教学用书,同时还可以作为企业会计人员和财务管理人员的培训和自学用书。

图书在版编目(CIP)数据

基础会计/杨淑媛,王涌主编. —3 版. —哈尔滨:
哈尔滨工业大学出版社,2014.6
应用型本科院校"十二五"规划教材
ISBN 978-7-5603-3069-3

Ⅰ.①基… Ⅱ.①杨… ②李… Ⅲ.①会计学 Ⅳ.①F230

中国版本图书馆 CIP 数据核字(2013)第 292594 号

策划编辑	赵文斌 杜 燕
责任编辑	李广鑫
出版发行	哈尔滨工业大学出版社
社 址	哈尔滨市南岗区复华四道街 10 号 邮编 150006
传 真	0451-86414749
网 址	http://hitpress.hit.edu.cn
印 刷	肇东粮食印刷厂
开 本	787mm×960mm 1/16 印张 16.75 字数 362 千字
版 次	2014 年 6 月第 3 版
	2014 年 6 月第 1 次印刷
书 号	ISBN 978-7-5603-3069-3
定 价	29.80 元

(如因印装质量问题影响阅读,我社负责调换)

《应用型本科院校"十二五"规划教材》编委会

主　任　　修朋月　竺培国
副主任　　王玉文　吕其诚　线恒录　李敬来
委　员　　（按姓氏笔画排序）
　　　　　　丁福庆　于长福　马志民　王庄严　王建华
　　　　　　王德章　刘金祺　刘宝华　刘通学　刘福荣
　　　　　　关晓冬　李云波　杨玉顺　吴知丰　张幸刚
　　　　　　陈江波　林　艳　林文华　周方圆　姜思政
　　　　　　庹　莉　韩毓洁　臧玉英

序

哈尔滨工业大学出版社策划的《应用型本科院校"十二五"规划教材》即将付梓，诚可贺也。

该系列教材卷帙浩繁，凡百余种，涉及众多学科门类，定位准确，内容新颖，体系完整，实用性强，突出实践能力培养。不仅便于教师教学和学生学习，而且满足就业市场对应用型人才的迫切需求。

应用型本科院校的人才培养目标是面对现代社会生产、建设、管理、服务等一线岗位，培养能直接从事实际工作、解决具体问题、维持工作有效运行的高等应用型人才。应用型本科与研究型本科和高职高专院校在人才培养上有着明显的区别，其培养的人才特征是：①就业导向与社会需求高度吻合；②扎实的理论基础和过硬的实践能力紧密结合；③具备良好的人文素质和科学技术素质；④富于面对职业应用的创新精神。因此，应用型本科院校只有着力培养"进入角色快、业务水平高、动手能力强、综合素质好"的人才，才能在激烈的就业市场竞争中站稳脚跟。

目前国内应用型本科院校所采用的教材往往只是对理论性较强的本科院校教材的简单删减，针对性、应用性不够突出，因材施教的目的难以达到。因此亟须既有一定的理论深度又注重实践能力培养的系列教材，以满足应用型本科院校教学目标、培养方向和办学特色的需要。

哈尔滨工业大学出版社出版的《应用型本科院校"十二五"规划教材》，在选题设计思路上认真贯彻教育部关于培养适应地方、区域经济和社会发展需要的"本科应用型高级专门人才"精神，根据黑龙江省委书记吉炳轩同志提出的关于加强应用型本科院校建设的意见，在应用型本科试点院校成功经验总结的基础上，特邀请黑龙江省9所知名的应用型本科院校的专家、学者联合编写。

本系列教材突出与办学定位、教学目标的一致性和适应性，既严格遵照学科体系的知识构成和教材编写的一般规律，又针对应用型本科人才培养目标及与之相适应的教学特点，精心设计写作体例，科学安排知识内容，围绕应用讲授理论，做到"基础知识够用、实践技能实用、专业理论管用"。同时注意适当融入新理论、新技术、新工艺、新成果，并且制作了与本书配套的PPT多媒体教学课件，形成立体化教材，供教师参考使用。

《应用型本科院校"十二五"规划教材》的编辑出版，是适应"科教兴国"战略对复合型、应用型人才的需求，是推动相对滞后的应用型本科院校教材建设的一种有益尝试，在应用型创新人才培养方面是一件具有开创意义的工作，为应用型人才的培养提供了及时、可靠、坚实的保证。

希望本系列教材在使用过程中，通过编者、作者和读者的共同努力，厚积薄发、推陈出新、细上加细、精益求精，不断丰富、不断完善、不断创新，力争成为同类教材中的精品。

黑龙江省教育厅厅长

第3版前言

《基础会计》作为会计学专业和财务管理专业的入门课程和专业基础课程,对每一个初学者来说都是非常重要的。如何编写一本融知识性、趣味性、实用性于一体的教材,力求让初学者产生学习的兴趣并引导他们去掌握会计的基本理论、基本方法和基本技能,是我们编写者的出发点和愿望,同时也是一个难题。为实现这个愿望和破解这个难题,编写成员进行了多次认真的讨论与研究,以"应用型"人才培养模式为切入点,以培养符合现代市场经济要求的高级会计人才为目标,以企业会计准则体系为依据编写了本教材。

本书在编写设计上体现了以下特点:

1. 内容新颖,突出重点。在编写内容上与我国现行会计改革同步,反映和吸收最新会计理论研究成果、会计实务工作经验和最新的法律、法规。学生通过学习本书,能够掌握最新的会计基本知识和专业技能。重点内容尽量以图、表列示,给学生直观感,并便于学生理解和记忆。

2. 强化基础,突出应用。针对本科教学的特点,紧密结合现阶段教学现状,以"重基础,强实践"为原则,对基础理论阐述由浅入深、循序渐进、通俗易懂,实践教学注重培养现代企业会计的实务操作技能。为便于教师教学与学生学习,全书每章前均设有学习要点及目标;每章后均设有自测题(包括单项选择、多项选择、判断题、计算题、业务处理等题型),便于学生巩固学习内容和锻炼综合分析解决问题的能力,培养学生的会计综合业务素质,使之具有较强的适应性和一定的创新能力。

3. 突出案例教学,理论联系实际。本书在每一章的开头,根据本章所要学习的内容,结合企业日常实际操作业务和一些不正确的会计操作方法,给出一个适当的案例并提出相应的问题,以激发学生的学习兴趣,引导学生去学习与思考,开阔学生的视野。在本教材的结尾部分,结合本书所述内容,给出了综合性较完整的案例,引导学生进入"角色"并进行思考和分析,同时还给出案例分析提示,以弥补传统教材中纯理论教学和个案教学的不足,真正做到理论联系实际,也为将来学习《财务会计》打下坚实的基础。

全书共11章,由杨淑媛和王涌担任主编,吴云飞、刘音、尚红岩、赵寅珠、曹燕红担任副主编。各章具体编写分工为:杨淑媛执笔第一章、第十一章;王涌执笔第二章、第三章;吴云飞执笔第九章、第十章;刘音执笔第五章;尚红岩执笔第四章;赵寅珠执笔第七章;曹燕红执笔第六章、第八章。杨淑媛负责拟定全书写作大纲和组织编写工作,并进行了全书定稿前的修改和总纂。本书由姜旭宏担任主审。

本书在写作过程中参考了很多文献和著作,在此表示感谢。虽然我们付出了很多艰辛劳动,但由于编者学识有限,书中难免会有不足与疏漏之处,恳请读者指正,以便今后修改完善。

编 者

2014 年 5 月

目　录

第一章　总论 ... 1
　　第一节　会计的产生与发展 ... 1
　　第二节　会计的含义与职能 ... 3
　　第三节　会计的对象与目标 ... 6
　　第四节　会计的方法 ... 10
　　第五节　会计规范 ... 12
　　本章小结 ... 17
　　自测题 ... 18

第二章　会计核算基础 ... 21
　　第一节　会计核算的前提条件 ... 21
　　第二节　会计信息质量要求 ... 24
　　第三节　权责发生制与收付实现制 ... 26
　　本章小结 ... 28
　　自测题 ... 28

第三章　会计要素和会计等式 ... 30
　　第一节　会计要素 ... 30
　　第二节　会计等式 ... 36
　　第三节　会计计量属性 ... 41
　　本章小结 ... 42
　　自测题 ... 42

第四章　账户与复式记账 ... 44
　　第一节　会计科目与账户 ... 44
　　第二节　复式记账原理 ... 50
　　第三节　借贷记账法 ... 52
　　第四节　总分类账户与明细分类账户 ... 61
　　本章小结 ... 64
　　自测题 ... 65

第五章　制造企业主要经济业务的核算 ... 69
　　第一节　制造企业主要经济业务核算概述 ... 70
　　第二节　企业资金筹集业务的核算 ... 71
　　第三节　供应过程业务的核算 ... 78

第四节　生产过程业务的核算 ……………………………… 87
  第五节　销售过程业务的核算 ……………………………… 95
  第六节　利润形成与分配业务的核算 …………………… 100
  本章小结 …………………………………………………… 107
  自测题 ……………………………………………………… 107

第六章　账户的分类 …………………………………………… 112
  第一节　账户分类的意义 ………………………………… 112
  第二节　账户按经济内容分类 …………………………… 114
  第三节　账户按用途和结构分类 ………………………… 117
  本章小结 …………………………………………………… 127
  自测题 ……………………………………………………… 127

第七章　会计凭证 ……………………………………………… 130
  第一节　会计凭证的意义和种类 ………………………… 130
  第二节　原始凭证的填制和审核 ………………………… 132
  第三节　记账凭证的填制和审核 ………………………… 138
  第四节　会计凭证的传递与保管 ………………………… 143
  本章小结 …………………………………………………… 145
  自测题 ……………………………………………………… 145

第八章　会计账簿 ……………………………………………… 150
  第一节　会计账簿的意义和种类 ………………………… 150
  第二节　会计账簿的设置和登记 ………………………… 153
  第三节　会计账簿的启用、登记规则和错账的更正 …… 159
  第四节　对账与结账 ……………………………………… 163
  第五节　账簿的更换与保管 ……………………………… 165
  本章小结 …………………………………………………… 165
  自测题 ……………………………………………………… 166

第九章　财产清查 ……………………………………………… 169
  第一节　财产清查的意义和种类 ………………………… 169
  第二节　财产清查的内容和方法 ………………………… 172
  第三节　财产清查结果的处理 …………………………… 177
  本章小结 …………………………………………………… 180
  自测题 ……………………………………………………… 180

第十章　会计账务处理程序 …………………………………… 184
  第一节　账务处理程序的意义和种类 …………………… 185

  第二节 记账凭证账务处理程序·············186
  第三节 科目汇总表账务处理程序···········187
  第四节 汇总记账凭证账务处理程序·········196
  第五节 日记总账账务处理程序············199
  本章小结·····························201
  自测题······························201
第十一章 财务会计报告···························204
  第一节 财务会计报告概述···············204
  第二节 资产负债表·····················209
  第三节 利润表·························219
  第四节 现金流量表·····················222
  第五节 所有者权益变动表···············229
  本章小结·····························233
  自测题······························233
综合案例分析·································238
参考答案·····································246
参考文献·····································256

第一章

Chapter 1

总 论

【学习要点及目标】

本章主要介绍了会计的基本理论。通过本章的学习,对会计基础知识应有比较清楚的认识和把握。要求掌握会计的含义、会计的基本职能与目标、会计的核算方法及其各方法之间相互依存的关系;理解会计的法律规范;了解会计的产生与发展。

【导入案例】

李好是宏达公司副总经理,有一次参加业务洽谈会后回公司报销,报销单中所列报销金额共计9 000元,报销单所附内容是:乘飞机往返费用2 000元,1人3天住宿费3 000元,市内打车费用800元,招待费3 000元,电话费用200元(有在此期间的通话单)。王总经理批准全额报销,但财务部刘经理在审核时发现有些费用属于个人支出,不应由公司报销(该公司规定总经理每人每天住宿费及市内交通费用标准为400元)。

讨论题:上述费用哪些不应报销?财务部刘经理应如何处理?

第一节 会计的产生与发展

一、会计的产生

会计是随着人类社会的生产活动而产生和发展的,它是商品经济发展到出现私有财产后的产物,并源于人类的生产实践。随着人类社会生产的不断发展,会计的内容和形式也不断地发展变化并逐步地完善起来。

会计是一门古老的学科,它与人类的经济活动的联系极为密切,是人类社会生产发展到一定阶段,由于管理经济活动的需要而产生的。如果将原始的"绘图记事、结绳记事、刻树记事"作为会计雏形的话,会计的产生可以追溯到旧石器时代的中晚期,距今约二三十万年。在原始氏族社会中,因生产力水平仅限于当天狩猎或劳作收入只供所有成员当日消费的情况下,就没有记录剩余物品的需要;随着生产力水平的不断提高,产品有了剩余,人们就开始关心剩余产品的分配与交换问题,这时记录就显得很重要。人们开始通过在洞壁上绘出简单的动物图像,在骨片上或鹿角上雕刻条纹来记载劳动成果和反映劳动耗费。不过,那时人们所采用的会计记录方法还不是真正意义上的、独立的会计,而是一种综合性的经济行为,它集原始社会的会计、数学、统计以及其他学科为一身。随着社会的不断发展,会计也有了长足的进步,当人们发现并应用了"数"的概念之后,会计有了自己的语言,严格的独立意义上的会计特征是到奴隶社会的繁盛时期才表现出来。那时候,随着社会不断的发展,劳动生产力也有了提高,生活中出现了一些剩余产品。剩余产品与私有制的结合,形成了私人财富的积累,进而导致了受托责任会计的出现,会计逐步从生产职能中分离出来,成为特殊的、专门委托当事人的独立职能。这时的会计,不仅应保护奴隶主物质财产的安全,而且还反映了那些受托管理这些财产的人是否认真地履行了他们的职责。所有这些都要求采用较为先进的、科学的计量与记录方法,从而导致了会计从原始计量、记录行为向单式簿记体系的演变。从奴隶社会的繁盛时期到15世纪末,单式簿记应运而生,而且得到了发展。一般将这一时期的会计称之为古代会计,古代会计在欧洲的产生和发展,大体上经历了从无到有,从简单到复杂的一个发展过程。

二、会计的发展

会计从产生到现在已有几千年的历史,就其发展来看主要有以下三个里程碑:

1494年11月10日,意大利数学家、会计学家卢卡·帕乔利(Luka Pacioli)在威尼斯出版了他的著作《算术、几何、比及比例概要》一书,该著作系统地介绍了威尼斯的复式记账法,并给予理论上的阐述。此书可以认为是会计理论和方法的最早的著作。由于该著作的问世,复式簿记方法才在欧洲和全世界得到推广,标志着近代会计的开端。

在随后漫长的历史时期内,人们在古代单式簿记的基础上,创建了复式簿记。复式簿记在意大利迅速得到了普及并不断发展和完善,随着美洲大陆的发现和东西方贸易的进行,加之各国建立了统一的货币制度、阿拉伯数字取代了罗马数字、纸张的普遍使用等,促使复式簿记传遍整个欧洲,后又传遍世界各国。即使是现在,我们仍然采用复式簿记的方法,并最终完成了复式簿记的方法体系乃至理论体系的建设。在会计的发展史上,一般将帕乔利复式簿记著作的出版称为会计史上的第一个里程碑。

从15世纪到19世纪,会计的理论与方法的发展仍然是比较缓慢的。直到19世纪,英国开始了工业革命,成为当时工业最发达、生产力水平最高的国家。在英国,首先产生了适应大生产需要的新的企业组织形式——股份制企业,这对会计提出了新的要求,从而引起了会计内容的变化和会计服务对象的扩大。会计由过去只服务于单个企业,变成通过职业会计师的活动为所有企业服务,因而催生了最早的公共会计师职业。

1854年,世界上第一个会计师协会——爱丁堡会计师协会在英国的苏格兰成立。世界会计史学家认为,这是会计发展史上的第二个里程碑。它的成立,说明会计的内容、职能、服务对象开始扩大。从某种意义上说,它的成立,对后来的"财务会计"这门新学科的产生起到了很大的促进作用。

进入20世纪50年代,随着世界经济的迅猛发展,会计在内容和结构上产生了飞跃性的变化。突出表现在:第一,会计的工艺同现代电子技术相结合,会计由手写簿记系统逐步发展成为电子数据处理系统;第二,会计的理论和方法随着企业内部与外部对会计信息的不同要求而划分为两个新的发展领域——财务会计和管理会计。会计工艺的电算化和财务会计与管理会计两个新领域的形成,被认为是会计发展史上的第三个里程碑,它标志着现代会计的开始。财务会计是向会计信息的外部使用者提供企业的财务报告;管理会计是企业为了加强内部经营管理,提高企业经济效益,向企业管理者提供内部经营管理和经营决策的会计信息。

综上所述,会计是由于人类管理生产的客观需要而产生,并随着生产的发展而发展,因而生产的发展对会计所提出的要求是会计发展的内在动力。随着生产的日益发展和经济管理的日趋复杂,会计经历了一个由低级到高级,从简单到复杂,从不完善到逐渐完善的发展过程。实践证明,任何社会要发展经济都离不开会计,经济越发展,会计越重要。

第二节 会计的含义与职能

一、会计的含义

会计是一门古老而又年轻的学科,随着社会经济的快速发展,会计的范围也在不断地扩大。到目前为止,对于"什么是会计"这个基本问题,古今中外一直没有一个明确、统一的说法。究其原因,关键在于人们对会计本质的认识有着不同的看法,而不同的会计本质观对应着不同的会计含义。

美国会计学会(AAA)认为:会计是鉴定、衡量和传送经济信息的方法,并使经济信息的使用者能据以做出明智的判断与决策。而美国注册会计师协会(AICPA)则认为:会计是将有关财务性质的交易及事项,按照通行货币单位加以记录、分类及汇总表达,并将其结果予以分析与解释的一种实用学科。还有相当多的人认为,会计是一种记账、算账、报账与用账的工作。

在我国,关于会计本质的认识最有代表性的有两种观点:一是"会计管理活动论",二是"会计信息系统论"。为了更好地理解会计含义,我们可以从会计的原始意义上看,我国历史上对会计的理解为:"零星算之为计,总和算之为会。"可见,会计主要是对经济事项的记录、计算、汇总等过程,记录的载体是会计账簿,提供经济事项的初始信息和经过加工汇总的综合信息。

(一)会计管理活动论

会计管理活动论认为,会计的本质是一种经济管理活动,它继承了会计管理工具论的合理内核,吸收了最新的管理科学思想,从而成为当今国际国内会计学界中具有重要影响的观点。"管理活动论"的代表人物是我国著名的会计学家杨纪琬教授和阎达五教授。他们针对我国传统的"会计工具论"的观点,在吸收最新管理科学思想的基础上,于20世纪80年代初首次提出了这一观点。他们认为无论是从理论上还是从实践上看,会计不仅仅是通过记账、算账、报账来进行管理的经济工具,而更是一项经济管理活动。从会计产生和发展的历史过程来看,会计本身就是人类为了适应生产管理、企业管理和社会经济管理的需要而产生和发展起来的。人们只要进行生产或经济活动,就需要会计管理。会计本身就具有管理的职能,是人们从事管理的一种活动。因此,会计是人们基于特定目的、利用特定的方法对特定的内容进行管理的一种管理活动。

(二)会计信息系统论

会计信息系统论认为,会计的本质是一个经济信息系统。会计信息系统是指会计机构和会计人员按照有关规定,采用专门的方法,对资金运动进行确认、记录、计量和报告的系统。会计信息系统按其运行借助的技术手段可分为手工技术的会计信系统(传统的会计核算工作)和电子技术的会计信息系统(现代会计核算工作)。"会计信息系统论"的代表人物是我国当代著名的会计学家葛家澍教授、余绪缨教授、唐予华教授等。这一观点并非我国会计学者自己的创造,而是我国会计学者于20世纪80年代初从国外引进并加以发展的。它是西方信息论和系统论与我国会计实践相结合的产物。"会计信息系统论"者认为,会计是旨在提高微观经济效益,加强经济管理而在企业(单位)范围内建立的一个以提供会计信息为主的经济信息系统。这个系统主要用来处理企业经营资金运动(价值运动)所产生的数据,然后把它加工成有助于决策的会计信息和其他经济信息。该系统是由具体的会计处理程序组成,包括会计信息的生成机制、会计信息的报告机制和会计信息审查监督机制等,并通过它们之间的相互协作来共同实现为信息使用者提供决策所需的会计信息这一目标。这种观点注重会计工作的整体性、目标性和有序性。

这两种观点在我国会计理论的研究方面占据着极为重要的位置,在会计实践中也都产生了深远的影响。随着人们的认识不断深化,"会计管理活动论"与"会计信息系统论"这两种观点正日趋接近。"会计管理活动论"也承认信息和系统的存在,只是强调这个系统的主要职能应是控制和监督,而不是反映(即提供信息);"会计信息系统论"同样承认会计系统是管理系统的一部分,只是强调其主要职能是提供信息,为决策咨询服务,起决策(即管理)的支持作用。会计是旨在提高企业和各单位生产经营活动的经济效益,为加强经济管理而建立的一个以提供财务信息为主的经济信息系统。

因此,我国财政部对会计的定义为:会计是以货币为主要计量单位,反映和监督一个单位经济活动的一种经济管理工作。

二、会计的职能

会计的职能是指会计在经济管理中所具有的功能。具体地讲,就是会计是用来做什么的。从会计的发展过程及会计的定义来看,现代会计的基本职能应当归纳为会计的反映职能与会计的监督职能。

(一)会计的反映(核算)职能

会计的反映职能是指会计以货币为主要计量单位,通过确认、记录、计算、报告等环节,对特定会计主体的经济活动进行记账、算账、报账,为各有关方面提供会计信息的功能。

反映职能是会计的最基本职能,它反映的是企业的资金运动情况。从内容来讲,它体现了会计记账、算账和报账三个阶段。记账就是把一个单位(会计主体)所发生的全部经济业务运用一定的程序和方法在账簿上予以登记;算账就是在记账的基础上,反映会计主体在整个生产经营过程中有关资产、负债、所有者权益、收入、成本费用以及损益情况;报账就是在记账和算账的基础上,通过编制会计报表等方式将该会计主体的财务状况和经营成果报告给会计信息使用者,以便于信息使用者进行分析、预测和决策。

根据我国《会计法》第7条的规定,企业会计核算的内容主要有:

(1)款项和有价证券的收付。如企业的销货款、购货款、其他款项的收付,股票、公司债券、国库券、其他票据等的收付。

(2)财物的收发、增减和使用。如企业的材料、产成品和固定资产的增加和减少,库存现金、银行存款的收入和付出等。

(3)债权债务的发生和结算。如企业的应收销货款、应付购货款、其他应收应付款的发生和结算。

(4)资本、基金的增减。如企业实收资本的增加和减少、事业单位经费收入和经费支出。

(5)收入、支出、费用、成本的计算。如企业销售收入、管理费用和产品成本计算等。

(6)财务成果的计算和处理。如企业收入大于费用是实现盈利,要按规定进行分配;相反,企业费用大于收入是发生亏损,要按规定进行弥补。

(7)需要办理会计手续、进行会计核算的其他事项。

(二)会计的控制(监督)职能

会计的监督职能是指会计人员在进行会计核算的同时,对特定主体经营活动的真实性、合法性和合理性进行审查。

会计监督是依据国家的有关财经纪律和财经法规来进行的。监督管理各方应认真遵守国家的有关法律、法规的规定,保证财经法规的贯彻执行。会计监督的意义在于对实际工作、对实际经济活动的结果与计划之间的差异进行干预与纠偏。会计监督的过程,贯穿整个会计信息处理的各个环节,会计监督包括事前、事中、事后的监督。事前监督是指会计人员在经济业务发生之前依据有关政策、准则和制度,对各项经济活动的可行性、合理性和合法性进行审查,以确保管理者作出可行的决策。事中监督是指在日常经济业务发生过程中,对已出现的问题或偏差提出建议,促使有关部门采取措施,并调整计划,使其按照要求和目标进行。事后监督是指在经济业务发生后,以事先制订的目标和要求为准绳,对已经完成的有关会计信息及其他资料进行考核、分析、检查和评价。事后监督为制订下期计划、进行会计预算提供实际资料,也可以预测今后经济活动的发展趋势。

我国《会计法》第27条规定:各单位应当建立、健全本单位的会计监督制度。各单位内部会计监督制度应当符合下列要求:

(1)记账人员与经济业务事项和会计事项的审批人员、经办人员、财物保管人员的职责权限应当明确,并相互分离、相互制约。

(2)重大对外投资、资产处置、资金调度和其他重要经济业务事项的决策和执行的相互监督、相互制约程序应当明确。

(3)财产清查的范围、期限和组织程序应当明确。

(4)对会计资料定期进行内部审计的办法和程序应当明确。

会计的核算职能与监督职能是密切结合、相辅相成的。会计核算是基础,只有在对经济活动的正确核算的基础上,才能提供可靠的资料作为监督的依据。会计监督是会计核算的保障,只有通过会计监督才能保证经济核算的正常进行,发挥会计核算的作用,达到预期的目的。随着社会的发展、技术的进步,经济关系的复杂化和管理理论的提高,会计的基本职能得到了不断的发展和完善,会计的新职能也不断地出现。会计职能不但有反映和监督两职能说,还发展为"六职能"论。这一论说认为会计具有"反映经济情况,监督经济活动,控制经济过程,分析经济效果,预测经济前景,参与经济决策"等六项职能,并认为这六项职能也是密切结合、相辅相成的。其中,前两项基本职能是后四项新职能的基础,而后四项新职能又是前两项基本职能的延伸和提高。

第三节 会计的对象与目标

一、会计的对象

从会计的产生与发展过程以及会计的定义来看,大家可以初步地知道什么是会计,但要知道企业事业等单位的会计是一项什么工作,工作的内容是什么,还需要进一步研究会计的对象。

会计的对象是指会计所核算和监督的内容。一般说来,会计的对象就是社会再生产过程中的资金运动。

由于各单位的性质不同,经济活动的内容也不尽相同,因此会计的具体对象也就不尽相同。

(一)工业企业的资金循环

工业企业是从事工业产品生产和销售的营利性经济组织。其资金的循环过程包括资金投入、资金的循环与周转(资金使用)以及资金的退出三部分,资金的循环与周转分为供应、生产、销售三个阶段。

1. 资金投入

企业从事产品的生产经营活动,必须拥有一定数量的资金,资金主要来源于投资者投入或从债权人处借入。企业有了资金就开始进入资金的使用或循环过程,即进入产品的供、产、销阶段。

2. 资金的循环与周转

(1)供应阶段。它是工业企业经营过程的第一个阶段。该阶段企业主要的经济业务是用筹集到的货币资金购买原材料、辅助材料、支付采购费用、计算采购成本、购建厂房、购买机器设备等,并将采购的物资存放于仓库以备生产使用,这时企业的资金从货币形态转为储备资金形态。

(2)生产阶段。它是工业企业经营过程的第二个阶段。该阶段企业主要的经济业务是把原材料投入到生产领域,经过加工生产出产成品。在生产过程中,要发生材料费用,使用厂房机器设备要发生固定资产折旧费用,同时还要发生人工费用以及其他费用等,这时企业的资金从材料形态、货币形态和固定资产形态转化为生产资金形态。随着产品完工验收入库,生产资金形态转化为成品资金形态。

(3)销售阶段。它是工业企业经营过程的第三个阶段。该阶段主要的经济业务是销售商品,取得货款。在销售过程中,发生销售费用、收回货款、补偿产品成本、交纳税金等业务。企业获得的销售收入扣除各项费用后的利润,还要提取盈余公积金和向投资者分派利润。企业的资金从成品资金形态又重新回到货币资金形态,完成一次资金的循环。

3. 资金退出

当企业用资金偿还债务、上交各项税金、向投资者分配利润时,即资金退出本企业。

上述内容反映了企业经营资金随着生产经营活动的不断进行,资金形态不断地发生变化,从货币资金形态开始,依次转化,最后又回到货币资金形态,称为资金循环。因为企业生产经营活动是连续不断的,所以资金的循环也是重复不断的。

工业企业资金运动过程如图 1.1 所示。

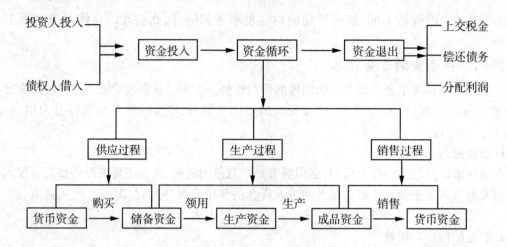

图1.1 资金循环示意图

(二)商品流通企业的资金循环

商品流通企业是组织商品流通的营利性组织,包括购进阶段和销售阶段。在购进阶段,资金从货币形态转化为商品形态;在销售阶段,资金由商品形态再转化为货币形态。同样,在经营过程中,会发生一些不计入商品成本而单独归集的费用,如销售费用、管理费用、财务费用。这种周而复始地循环,就形成商品流通企业资金的运动。

货币资金 → 商品资金 → 货币资金

(三)非营利组织的资金循环

非营利组织(如行政机关、事业单位等)的经济活动,一方面按预算从国家财政取得货币资金;另一方面又按预算以货币资金支付各项费用。其资金循环是指经费的拨入和经费的支出。

资金拨入 → 资金付出

二、会计目标及信息使用人

(一)会计目标

会计目标概括地讲就是设置会计所要达到的目的与要求。在具体的会计理论和实践研究中,会计目标起着指引会计方向的作用。关于会计目标,会计学术界有两种观点:一是受托责任观,另一种是决策有用观。

1. 受托责任观

在现代经济活动中经常存在着委托代理关系。一般情况下,企业所有者在不能直接承担经营管理时,就要委托其他人代为管理,这时所有者与经营管理者之间就形成了一种委托代理关系。委托人就将某些责任交付给受委托人承担,由受委托人具体开展经济活动,然后再将经济活动的过程和结果向委托人报告。

受托责任观:建立在所有权与经营权分离基础上的,此观点认为会计的目标是为了向委托人报告受托责任的履行情况。所有者将其财产委托给经营管理者,是为了财产能够保值和增值。经营管理者有义务履行责任,并且定期向所有者报告,他们可以通过定期编制反映财务状况、经营成果和现金流量的财务报告等方式,汇报所有者财产的保值增值情况以及受托责任的完成情况。

2. 决策有用观

个人和单位在参与社会的经济活动中,常常需要做出各种经济决策(如,筹资决策、投资决策、生产经营决策、利润分配决策等)。科学的决策能够以最少的资源消耗为个人、单位以至社会带来利益的最大实现。获取尽可能多而且正确的信息,是做出合理决策的重要保障。

决策有用观:此观点认为会计的目标是为了向决策者提供决策有用的会计信息,来帮助他们做出科学合理的决策。任何一种决策都需要相关信息的支持,决策者要在详细了解所面临的各种方案后,才能通过比较分析找到最佳的方案。会计正是一种可以提供决策有用信息的系统。

3. 我国的会计目标

不同情况下的经济环境和资本市场,会对会计目标的选择产生重要的影响,一个国家会计目标的选择,必须立足于国内经济环境和资本市场特征。

我国基本会计准则中明确规定:会计报告的目标是向财务报告使用者提供与企业财务状况、经营成果和现金流量等有关的会计信息,反映企业管理层受托责任履行情况,有助于财务会计报告使用者做出经济决策。

(二)会计信息使用者

在现代经济社会体系中,会计可以为企业各种利益相关者提供所需要的信息,为其进行决策服务。这些利益相关者主要包括:

1. 投资者(含潜在投资者)

作为会计信息使用者的投资者是一个范围比较宽泛的概念,投资者将自己的资金投资于企业是为了获取尽可能多的投资回报;潜在投资者是准备进行投资的投资者。因此投资者或潜在投资者都需要全面了解被投资企业的经营能力、获利能力、风险控制能力,以便进行相应的投资决策。

2. 债权人

债权人是指将资金借给企业使用的机构和个人,既包括银行等专门的金融机构,也包括由于业务往来产生债务的单位和个人。债权人由于无法享有企业的剩余收益,因此他们在全面了解企业财务状况的基础上更加注重企业的偿债能力,并据此决定是否借款给该企业。

3. 国家机关

国家机关作为一种特殊的会计信息使用者,主要有以下几种形式:(1)作为国有企业的出资者,在这个意义上国家机关和一般投资者的视角基本相同;(2)作为监管机构对企业进行合规性检查,如工商部门和审计部门;(3)作为征税的依据,主要是指税务机关了解被征税对象的实际经营收入或盈亏情况,以便确定纳税人是否依法纳税。

4. 其他会计信息使用者

会计信息使用者还包括其他的一些单位和个人:(1)由于日常业务往来产生经济联系的会计信息使用者,例如供应商和顾客;(2)本单位内部人员,包括企业管理者和企业职工;(3)社会中介机构,如会计师事务所、资产评估机构、律师事务所等。这些会计信息使用者从自己的经济利益出发,从不同角度的关心企业会计信息,进而作出对自身有利的决策。

会计为上述会计信息使用者提供对其决策有用信息的主要方式是企业财务报告。决策者利用财务报告所提供的会计信息做出科学正确的决策。

第四节 会计的方法

会计方法是用来核算和监督会计对象,完成会计任务的手段。研究和运用会计方法是为了实现会计的目的,更好地完成会计任务。

会计方法是人们在长期的会计工作实践中总结创立的,并随着社会生产力发展、科学技术的进步以及管理要求的提高而不断的发展、完善和提高。会计方法包括会计核算方法、会计分析方法和会计检查方法。会计核算方法是基础,其他方法是利用会计核算资料而进行的,因而,会计分析方法是会计核算方法的继续和发展,会计检查方法是证实会计核算方法和会计分析方法的保证。各种方法紧密相连,相互依存、相辅相成,形成一个完整的方法体系。会计核算方法是初学会计者必须掌握的基础知识。下面主要介绍会计核算方法。

会计核算方法是指对已经发生的经济活动进行连续、系统和全面地反映和监督所运用的方法。会计核算方法是用来反映和监督会计对象的。会计核算方法具体由设置账户、复式记账、填制和审核凭证、登记账簿、成本计算、财产清查和编制财务报告这七种方法构成的。

一、设置账户

设置账户是对会计对象的具体内容进行归类、反映和监督的一种专门方法,即根据会计对象的特点和经济管理的要求,来科学地确定这些项目的过程。进行会计核算之前,首先应将多种多样、错综复杂的会计对象的具体内容进行科学的分类,通过分类来反映和监督,才能提供管理所要求的各种指标。每个会计账户只能反映一定的经济内容,将会计对象的具体内容划分为若干项目,即设置若干个会计账户,就可以使所设置的账户既有分工,又有联系地反映整个会计对象的内容,提供管理所需要的各种信息。

二、复式记账

复式记账是一种记账方法,是单式记账的对称。这种方法的特点是对每项经济业务,以相等的金额同时在相互联系的两个或两个以上的账户中进行登记的一种专门方法。复式记账通过账户的对应关系,可以了解有关经济业务内容的来龙去脉;通过账户的平衡关系可以检查有关经济业务的记录是否正确。

三、填制和审核凭证

会计凭证是记录经济业务,明确经济责任的书面证明,是登记账簿的重要依据。会计凭证必须通过会计部门和会计人员的严格审核。只有经过审核,保证符合有关法律、法规、制度规定而又正确无误的情况下,才能登记账簿。填制和审核会计凭证,不仅为经济管理提供真实可靠的数额资料,也是实行会计监督的一个重要方面。

四、登记账簿

登记账簿亦称记账。账簿是用来全面、连续、系统地记录各项经济业务的簿籍,也是保存会计信息的重要工具。它具有一定的结构、格式,应该根据审核无误的会计凭证序时、分类地进行登记。登记账簿必须以会计凭证为根据,并定期进行结账、对账,为编制会计报表提供完整而又系统的会计数据。

五、成本计算

成本计算是指按一定计算对象归集生产经营过程所发生的成本、费用,从而计算各对象的总成本和单位成本的一种专门方法。通过成本计算,也可以确定材料的采购成本、产品的生产成本和销售成本,也可以反映和监督生产经营过程中发生的各项费用是否节约和超支,并据此确定企业盈亏。

六、财产清查

财产清查是通过盘点实物,核对账目来查明各项财产物质和资金的实有数,并查明实有数与账面结存数是否相符的一种专门方法。通过财产清查,还可以查明各项财产物资和货币资金的保管和使用情况,以及往来款项的结算情况,监督财产物资和资金的安全与合理使用。在清查中如发现财产物资和货币资金的实有数与账面结存数额不一致,应及时查明原因,通过一定审批手续进行处理,并调整账簿记录,使账面数额与实存数额保持一致,以保证会计核算资料的正确性和真实性。

七、编制财务报告

财务报告,是指企业对外提供的反映企业某一特定的日期财务状况和某一会计期间经营成果、现金流量的文件。编制财务报告是对日常会计核算资料的总结,就是将账簿记录的内容定期地加以分类、整理和汇总,形成经营管理所需要的各种指标,再报送给会计信息使用者,以便据此进行决策。财务报告所提供的一系列核算指标,是考核和分析财务计划和预算执行情况及编制下期财务计划和预算的重要依据。上述会计核算的各种方法是相互联系、密切配合的。对于日常所发生的经济业务,经办人员要填制或取得原始凭证,经会计人员审核整理后,按照设置的账户,运用复式记账的方法,编制记账凭证,并据以登记账簿。对于生产经营过程中发生的各项费用,要进行成本计算;对于账簿记录,要通过财产清查加以核实,在保证账实相符的基础上,定期编制财务报告。会计核算的这七种方法相互联系,缺一不可,形成一个完整的方法体系。

第五节 会计规范

会计是信息的生产者。信息是一种产品和资源,任何信息使用者都期望自己所得到的是对自己决策有效的信息,而信息的使用者很多,包括投资者、债权人、企业经营管理者、政府管理部门等,不同的信息使用者对信息的数量、质量、形式等的需求是不同的,因而,提供会计信息的质量是关键所在。真实、可靠、公允、及时的会计信息才是对决策有用的信息,否则不仅会给决策者带来误解导致经济损失,还会扰乱市场经济秩序,阻碍社会经济发展,因此,对会计信息的规范要求就显得十分重要。

关于什么是会计规范的问题,有的学者认为:会计规范是一个广义的术语,它包括所有对会计的记录、确认、计量和报告具有制约、限制和引导作用的法律、法规、原则、准则、制度等。就其定义而言会计规范说明了:会计规范的性质、会计规范的作用、会计规范的内容。会计规范是一种标准,其作用主要是在会计领域内对会计确认、计量、记录、报告等会计行为进行规范。会计规范既是人们对长期会计工作标准的总结,又是对当前会计工作进行约束、检验的标准。会计规范在会计理论中占有重要的地位,它是会计理论体系的有机组成部分。

我国的会计法规体系是按照一定逻辑顺序,层次分明地、有机地联系起来所组成的一个框架结构图,会计法律规范体系由五个层次构成(按照规范的强制力由强到弱排列),主要有:

(1)会计法律。由全国人民代表大会及其常务委员会制定,如《中华人民共和国会计法》、《中华人民共和国注册会计师法》等。它是会计规范体系中最高层次的规范,是制定其他会计规范的依据。

(2)会计行政法规。由国务院颁布的会计行政法规,如《企业财务会计报告条例》、《总会计师条例》等。

(3) 部门规章。由财政部及其他国务院主管部门,以及各省、自治区和直辖市人民政府,依据国家会计法律和法规制定的会计行政规章制度,主要包括《会计准则》、《会计制度》等。

(4) 地方性会计法规。由地方人大或政府制定,在本地区范围实施。

(5) 内部会计管理制度。由各单位根据本单位情况制定,在本单位范围内有效。

会计法规体系已经成为会计工作顺利进行和健康发展的有力保障,是社会主义市场经济发展的重要保证。就其内容主要包括:会计法律规范、会计准则规范、内部会计管理制度和会计的职业道德规范。

一、会计的法律规范

会计法律规范是国家以法律法规形式调整会计关系的行为规范的总称。我国会计法律规范体系目前是建立在以《中华人民共和国会计法》(以下简称《会计法》)为核心、国家统一的会计制度为基础的比较完整的法规体系。它包括:全国人民代表大会及其常务委员会制定的会计法律;国务院或各省、自治区和直辖市人民代表大会及其常务委员会制定的会计行政法规;国务院各主管部门或省、自治区和直辖市人民政府制定的会计行政规章制度等。会计法规体系是保障会计工作顺利进行和健康发展的有力基石,是社会主义市场经济发展的重要保证。

《会计法》于1985年1月21日由第六届全国人民代表大会常务委员会颁布并在同年5月起实施。1993年12月,经第八届全国人民代表大会常务委员会第五次会议进行第一次修订,在发布之日起实施。1999年10月,再次经第九届全国人民代表大会常务委员会第十二次会议修订,由国家主席下令颁布,于2000年7月1日起实施。

《会计法》是人们从事会计工作的根本大法。国家机关、社会团体、企事业单位、个体工商户和其他组织等进行会计工作都必须遵守并依据《会计法》办理会计事务。拟订其他会计法规、制订会计准则和会计制度,均应以《会计法》为依据。因此,从一定程度上讲,其他所有相关的会计法规都是对《会计法》的具体化和必要补充。

1999年10月颁布的《会计法》全文共七章五十二条,规定了会计工作的基本目的、会计管理权限、会计责任主体、会计核算和会计监督的基本要求、会计人员和会计机构的职责权限等。具体来说,有如下几个特点:

(1) 强调了会计信息的真实、完整,严格禁止虚假信息。《会计法》多次要求各单位所提供的财务会计信息(资料、报告等)必须真实、完整,强调不得提供虚假的财务会计报告,或以虚假的经济业务或资料进行会计核算。此外,对伪造与变造会计凭证、会计账簿或者编制虚假财务会计报告,构成犯罪的,依法追究刑事责任,还对直接责任人增加了经济处罚办法。

(2) 突出了单位负责人对会计信息真实性的责任。《会计法》第四条明确规定,"单位负责人对本单位的会计工作和会计资料的真实性、完整性负责。"

(3) 特别关注公司、企业的会计核算。《会计法》增加了"公司、企业会计核算的特别规定",强调在资产、负债、所有者权益、收入、费用、成本、利润的确认、计量、记录和报告方面的真实性以及利润分配的真实性。

(4)要求各单位强化会计监督。《会计法》要求各单位建立健全本单位内部会计监督制度,并提出了内部会计监督制度的具体要求。对各单位而言,加强会计监督,建立健全内部控制制度,有利于保护企事业单位财产的安全。

二、会计准则规范

会计准则规范是从技术性的角度对会计实务的处理而提出的要求。之所以称其为技术性的,是因为此类规范都是针对某一具体项目或业务的确认、计量和报告作出的规定,它要求会计人员按照所制订的规则对某一特定项目进行确认、计量、记录和报告,是一种最基本的规范,它对企业间会计信息的可比性发挥着不可估量的影响。

企业会计准则体系包括基本准则和具体准则。为了适应发展市场经济的需要,1992年11月29日,财政部颁布了《企业会计准则——基本准则》(以下简称"基本准则"),并于1993年7月1日起在所有企业实施。

为了与国际接轨,有助于我国证券市场与国际市场的趋同和融合,借鉴《国际会计准则》并结合我国的实际情况,2006年2月15日颁布了39项《企业会计准则》(其中1项基本准则、38项具体准则)。自2007年1月1日起在上市公司范围内施行,鼓励其他企业执行该38项具体准则的企业不再执行现行准则、《企业会计制度》和《金融企业会计制度》,随后又颁布了《企业会计准则——应用指南》。

2006年2月15日发布的基本准则全文共十一章五十条,就财务会计报告的目标、会计信息质量要求以及财务报表的要素、确认、计量和报告的原则等做了明确的规定,进一步规范了我国会计工作最基本的各个方面。企业会计准则体系的建立,规范了企业会计确认、计量和报告行为,促使了上市公司提高会计信息质量而改善其经营业绩和治理结构;强化了为投资者和社会公众提供决策有用的会计信息的新理念,把我国企业财务会计水平向前大大地提高了一步,又使我国企业的财务报告与国际惯例更接近以至趋同;首次构建了比较完整的有机统一体系,并为改进国际财务报告准则提供了有益借鉴,实现了我国企业会计准则建设新的跨越和突破。

三、内部会计管理制度

会计内部管理工作是指各单位依据国家的有关法律法规,结合单位的具体情况和内部管理工作的需要而制定的各种会计规章制度。在内容上看,会计内部管理工作可分为两大类:一类是内部会计控制;另一类是会计监督。只有充分发挥会计的职能作用,才能提高企业经济效益。每一个单位都应结合单位类型和内部管理的需要,建立健全相应的内部会计管理制度。

(一)制定内部会计管理制度应当遵循的基本原则

中华人民共和国财政部颁发的《会计基础工作规范》第八十五条提出了各单位制定内部

会计管理制度应当遵循的六项基本原则:

(1)应当执行法律、法规和国家统一的财务会计制度。

(2)应当体现本单位的生产经营、业务管理的特点和要求。

(3)应当全面规范本单位的各项会计工作,建立健全会计基础,保证会计工作的有序进行。

(4)应当科学、合理,便于操作和执行。

(5)应当定期检查执行情况。

(6)应当根据管理需要和执行中的问题不断完善。

(二)会计内部管理制度的基本内容

各单位在制定会计内部管理制度时,应包括以下内容:内部会计管理体系制度、会计人员岗位责任制度、账务处理程序制度、内部牵制制度、稽核制度、原始记录制度、定额管理制度、计量验收制度、财产清查制度、财务收支审批制度、成本核算制度、财务会计分析制度、预算管理制度。

(1)内部会计管理体系制度。制度中应当明确单位负责人、总会计师(财务总监)对会计工作的领导职责;会计部门及其会计机构负责人、会计管理人员的职责与权限;会计部门与其他职能部门的关系;会计核算的组织形式等。

(2)会计人员岗位责任制度。制度中应明确会计人员的工作岗位设置;各会计工作岗位的职责和标准;各会计工作岗位的人员和具体分工;会计工作岗位的轮换办法;各会计工作岗位的考核办法等。

(3)账务处理程序制度。制度中应当明确单位会计科目及其明细科目的设置和使用;会计凭证的格式、审核要求和传递程序;会计核算方法;会计账簿的设置;编制会计报表的种类和要求;单位会计指标体系等。

(4)内部牵制制度。制度中应当明确内部牵制制度的原则和组织分工;出纳岗位的职责和限制条件;有关岗位的职责和权限等。

(5)稽核制度。制度中应当明确稽核工作的组织形式和具体分工;稽核工作的职责、权限;审核会计凭证和复核会计账簿、会计报表的方法等。

(6)原始记录制度。制度中应当明确原始记录的内容和填制方法;原始记录的格式;原始记录的审核;原始记录填制人的责任;原始记录签署、传递、汇集要求等。

(7)定额管理制度。制度中应当明确定额管理的范围;制定和修订定额的依据、程序和方法;定额的执行;定额考核和奖惩办法等。

(8)计量验收制度。制度中应当明确计量检测手段和方法;计量验收管理的要求;计量验收人员的责任和奖惩办法等。

(9)财产清查制度。制度中应当明确财产清查的范围;财产清查的组织;财产清查的期限和方法;对财产清查中发现问题的处理办法;对财产清查管理人员的奖惩办法等。

(10)财务收支审批制度。制度中应当明确财务收支审批人员和审批权限;财务收支审批程序;财务收支审批人员的责任等。

(11)成本核算制度。制度中应当明确成本核算的对象;成本核算的方法和程序;成本分析等。

(12)财务会计分析制度。制度中应当明确财务会计分析的主要内容;财务会计分析的基本要求和组织程序;财务会计分析的具体方法;财务会计分析报告的编写要求等。

(13)预算管理制度。制度中应当明确预算委员会的职责和权限;预算编制的方法和程序;预算的审批权限和要求;预算执行结果的考核与分析等。

四、会计的职业道德规范

会计的职业道德规范指会计职业活动中应遵循的、体现会计职业特征的、调整会计职业关系的职业行为准则和规范。长期以来,会计界对会计职业道德一直未引起足够的重视。会计人员的职业道德观念淡漠,会计工作中玩忽职守、丧失原则、协助造假、会计信息失真等频频曝光,对资本市场和投资者造成巨大损害。我国上市公司在十多年的发展过程中,接连发生了琼民源、红光实业、猴王股份、大庆联谊、郑百文、银广夏、蓝田股份等一系列重大会计造假案,并牵连到一批有连带责任的会计师事务所和注册会计师。在那些非上市公司和企业,假凭证、假账簿、假报表非常普遍,会计信息严重失实。更使我们感到震惊的是,财务会计欺诈已经成为国际性问题,市场经济成熟的美国和欧洲发达国家也先后爆出了巨额会计造假丑闻。我国会计信息的普遍失真引起了政府部门的高度关注,2001年4月16日,时任国务院总理的朱镕基同志在视察上海国家会计学院时,题写了"不做假账"的校训。同年10月29日,他又为北京国家会计学院题词:"诚信为本,操守为重,坚持准则,不做假账。"因而,在公开、公平、公正的市场经济运行规则下,爱岗敬业、诚实守信、廉洁自律、客观公正、坚持准则、提高技能、参与管理和强化服务等道德规范的要求更显突出,会计职业道德的作用也愈显重要。

会计职业道德主要内容有八项,包括以下方面:

(1)爱岗敬业。要求会计人员热爱会计工作,安心本职岗位,忠于职守,尽心尽力,尽职尽责。

(2)诚实守信。要求会计人员做老实人,说老实话,办老实事,执业谨慎,信誉至上,不为利益所诱惑,不弄虚作假,不泄露秘密。

(3)廉洁自律。要求会计人员公私分明、不贪不占、遵纪守法、清正廉洁。

(4)客观公正。要求会计人员端正态度,依法办事,实事求是,不偏不倚,保持应有的独立性。

(5)坚持准则。要求会计人员熟悉国家法律、法规和国家统一的会计制度,始终坚持按法律、法规和国家统一的会计制度的要求进行会计核算,实施会计监督。

(6)提高技能。要求会计人员增强提高专业技能的自觉性和紧迫感,勤学苦练,刻苦钻研，不断进取，提高业务水平。

（7）参与管理。要求会计人员在做好本职工作的同时，努力钻研相关业务，全面熟悉本单位经营活动和业务流程，主动提出合理化建议，协助领导决策，积极参与管理。

（8）强化服务。要求会计人员树立服务意识，提高服务质量，努力维护和提升会计职业的良好社会形象。

会计职业道德规范的内容与会计职业活动有着紧密的关系，并随着社会经济的发展其内容也在不断地丰富，人们对会计工作职业技能和职业素养的要求也越来越高。会计职业道德是对会计法律制度的必要补充，是规范会计行为的基础，是实现会计目标的重要保证，是会计人员提高素质的内在要求。会计职业道德贯穿整个会计工作过程，它体现社会要求与个性发展的统一，着眼于人际关系的调整，以是否合情合理、善与恶为评价标准，并以社会评论和个人评价为主要制约手段，是一种通过将外在要求转化为内在的即精神上的动力要求，是一种非强制性规范。会计职业道德规范的构成要素有会计职业理想、会计工作态度、会计职业责任、会计职业技能、会计工作纪律、会计工作作风。为了充分发挥会计职业道德的作用，《会计基础工作规范》中明确规定，由财政部门、业务主管部门和各单位定期检查会计人员遵守职业道德的情况，并将此作为会计人员晋升、晋级、聘任专业职务、表彰奖励的重要依据。若会计人员违反了职业道德的要求，将由其所在单位给予相应处罚；情节严重的，检查主体应当向当地财政部门报告，要求吊销会计从业资格证书。

本章小结

【重点】 会计的含义；会计的基本职能；会计的核算方法及其相互之间的关系。

【难点】 会计的核算方法及其相互之间的关系。

会计是适应生产活动发展的需要而产生的。生产活动是人类赖以生存和发展的最基本的实践活动。在生产活动过程中，一定是先有投入，后有产出。会计人员要记录生产过程的投入与产出，并加以比较，才能判断生产活动是否有经济效益和是否继续生产下去的意义，只有这样，社会才能进步，经济才能发展。

会计的含义，古今中外一直没有一个明确、统一的说法。但一直以来，对会计含义的界定主要有两大观点：一是会计信息系统论，二是会计管理活动论。随着人们的认识不断深化，"管理活动论"与"信息系统论"这两种观点正日趋接近。"管理活动论"也承认信息和系统的存在，只是强调这个系统的主要职能应是控制和监督，而不是反映（即提供信息）；"信息系统论"同样承认会计系统是管理系统的一部分，只是强调其主要职能是提供信息，为决策咨询服务，起决策（即管理）的支持作用。会计旨在提高企业和各单位生产经营活动的经济效益，是为加强经济管理而建立的一个以提供财务信息为主的经济信息系统。因此，我国财政部对会计的定义为：会计是以货币为主要计量单位，反映和监督一个单位经济活动的一种经济管理工作。

会计的基本职能是会计核算和会计监督;会计对象是社会再生产过程中的资金运动;会计核算方法是指会计对企事业、机关单位已经发生的经济活动进行连续、系统和全面地反映和监督所采用的方法,具体包括:设置账户、复式记账、填制和审核凭证、登记账簿、成本计算、财产清查、编制财务会计报告。会计核算的各种方法是相互联系,密切配合的,形成一个完整的方法体系。

自测题

一、单项选择题

1. 通常对内报告的会计是指 （　　）
   A. 财务会计　　　　　　　　B. 成本会计
   C. 管理会计　　　　　　　　D. 通货膨胀会计
2. 会计的管理活动论认为会计的本质是 （　　）
   A. 一个经济信息系统　　　　B. 一种经济管理活动
   C. 一项管理经济的工具　　　D. 以提供经济信息、提高经济效益为目的的管理活动
3. 会计对各单位经济活动进行核算时,选作统一计量标准的是 （　　）
   A. 会计量度　　　　　　　　B. 货币量度
   C. 实物量度　　　　　　　　D. 其他量度
4. 会计的基本职能是 （　　）
   A. 反映与监督　　　　　　　B. 控制与监督
   C. 反映与核算　　　　　　　D. 反映与分析
5. 外部会计信息使用者了解会计主体信息的主要途径是 （　　）
   A. 财务会计报告　　　　　　B. 账簿
   C. 财产清查　　　　　　　　D. 会计凭证
6. 会计方法体系中,其基本环节是 （　　）
   A. 会计核算方法　　　　　　B. 会计分析方法
   C. 会计监督方法　　　　　　D. 会计决策方法
7. 会计的反映职能不具有 （　　）
   A. 连续性　　　　　　　　　B. 主观性
   C. 系统性　　　　　　　　　D. 全面性
8. 会计的特点之一是 （　　）
   A. 以货币为主要计量单位　　B. 核算与监督
   C. 反映与控制　　　　　　　D. 控制与监督
9. 会计对象是指 （　　）
   A. 资金的投入与退出　　　　B. 企业的经济活动

C. 社会再生产过程中资金运动　　　　D. 预算资金的运动

10. 在20世纪前后,随着资本主义国家经济迅速发展,现代的管理方法和技术渗透到会计领域,人们把传统会计分为　　　　　　　　　　　　　　　　　　　　　　　　　　(　　)
   A. 管理会计与财务会计　　　　　　B. 基础会计与财务会计
   C. 财务会计与审计　　　　　　　　D. 财务会计与预算会计

二、多项选择题

1. 现代会计形成的标志是　　　　　　　　　　　　　　　　　　　　　　　　(　　)
   A. 会计由手工簿记系统发展为电子数据处理系统
   B. 会计的理论和方法分化为财务会计和管理会计两个子系统
   C. 人力资源会计的产生
   D. 社会经济会计的出现
   E. 通货膨胀会计的出现

2. 会计信息的外部使用者包括　　　　　　　　　　　　　　　　　　　　　　(　　)
   A. 投资者和潜在的投资者　　　　　B. 债权人
   C. 政府部门　　　　　　　　　　　D. 企业管理者

3. 会计的方法包括　　　　　　　　　　　　　　　　　　　　　　　　　　　(　　)
   A. 会计分析方法　　　　　　　　　B. 会计核算方法
   C. 会计检查方法　　　　　　　　　D. 会计决策方法

4. 下列说法正确的有　　　　　　　　　　　　　　　　　　　　　　　　　　(　　)
   A. 会计是适应生产活动发展的需要而产生的
   B. 会计是生产活动发展到一定阶段的产物
   C. 会计从产生、发展到现在经历了一个漫长的发展过程
   D. 经济越发展,会计越重要

5. 会计职能的"六职能"论认为会计的职能包括　　　　　　　　　　　　　　(　　)
   A. 反映经济情况、监督经济活动　　B. 核算经济状况、描述经济成果
   C. 控制经济过程、分析经济效益　　D. 计算产品成本、评价财务成果
   E. 预测经济前景、参与经济决策

6. 会计核算方法包括　　　　　　　　　　　　　　　　　　　　　　　　　　(　　)
   A. 成本计算和财产清查　　　　　　B. 设置会计科目和复式记账
   C. 填制和审核会计凭证　　　　　　D. 登记账簿和编制会计报表
   E. 试算平衡

7. 有关会计基本职能的关系,正确的说法有　　　　　　　　　　　　　　　　(　　)
   A. 反映职能是监督职能的基础
   B. 监督职能是反映职能的保证

C. 没有反映职能提供可靠的信息,监督职能就没有客观依据
D. 没有监督职能进行控制,也不可能提供真实可靠的会计信息
E. 两大职能是紧密结合,辩证统一的

三、判断题

1. 信息系统论认为会计的本质属性是一个以提供财务信息为主的经济信息系统。（ ）
2. 会计是人类生产实践和经济管理的客观需要而产生并发展的。（ ）
3. 1494年,卢卡·帕乔利出版《算术、几何、比及比例概要》是第一本论述复式记账原理的经典名著。（ ）
4. 现代会计的形成和发展表现之一就是形成了财务会计和成本会计两个子系统。（ ）
5. 会计核算职能反映已发生或完成的经济业务。（ ）
6. 从事会计工作的人员,必须取得会计从业资格。（ ）
7. 会计可反映过去已经发生的经济活动,也可以反映未来可能发生的经济活动。（ ）
8. 会计反映具有连续性,而会计监督只具有强制性。（ ）
9. 编制会计报表是会计核算方法之一。（ ）
10. 预测和决策是会计的两项基本职能。（ ）
11. 会计主要以货币计价进行监督,不必进行实物监督。（ ）

第二章
Chapter 2

会计核算基础

【学习要点及目标】

本章主要介绍了会计的核算基础。通过本章学习,对会计核算基础应有比较清楚的认识和把握。要求掌握会计核算的前提条件、会计信息质量要求、权责发生制和收付实现制的区别。

【导入案例】

某工厂会计在某年7月末进行会计核算时,看到7月份费用太多,就将一张7月25日支付水电费的凭证拿出来,想记入8月份的账。

讨论题:这种做法对吗?试分析。

第一节　会计核算的前提条件

会计核算的对象是资金运动,而在市场经济条件下,由于会计主体进行经济活动的环境具有复杂性和不确定性,面对变化不定的经济环境,在组织会计核算前,必须明确会计为谁核算,给谁记账;会计核算的经济活动能否持续不断地进行下去;会计应该在什么时候提供会计信息;会计信息的主要数量特征是什么等问题,这些都是会计核算工作的前提条件。

会计核算的基本前提就是对会计核算所处经济环境在时间、空间范围上所作的合理设定。由于这些前提条件存在估计和人为设定的因素,因此又称为会计假设(Accounting Assumption)。会计核算的基本前提包括会计主体、持续经营、会计分期和货币计量。

一、会计主体

会计主体（Accounting Entity Assumption）又称会计实体、会计个体，是指会计信息所反映的特定单位，它规定了会计核算的空间范围。在组织会计核算前，必须明确会计为谁核算，给谁记账，将会计所要反映的特定单位的经济活动与包括所有者在内的其他经济实体的经济活动相区分。

根据会计准则的规定，企业应当对其本身发生的交易或者事项进行会计确认、计量和报告，企业仅对其本身发生的经济活动进行核算和监督，而不对其他会计主体的经济活动进行核算和监督。明确会计主体才能确定会计所要处理的交易或事项的范围，在会计工作中，只有那些影响企业本身经济利益的各项交易或事项才能加以确认、计量和报告，而那些不影响企业本身经济利益的各项交易或事项不能加以确认、计量和报告。会计核算中涉及的资产、负债的确认，收入的实现，费用的发生等，都是针对特定主体而言的。

会计主体可以是一个独立法人（法律主体），也可以是一个非法人；可以是一个企业，也可以是企业内部的一个责任单位（分公司、营业部等）；可以是单一企业，也可以是集团公司。

二、持续经营

持续经营（Going Concern）是指在可以预见的将来，企业将会按照当前的规模和状态继续经营下去，不会停业，也不会大规模削减业务，它规定了会计核算的时间范围。

在组织会计核算前，必须明确企业的经济活动能否持续不断地进行下去。通常除了为完成临时任务而建立的会计主体外，人们期望所建立的会计主体能够长期地存在下去，但是，企业所处的经营环境具有复杂性和多变性，任何企业都存在破产、清算的风险。

根据企业会计准则的规定，企业会计确认、计量和报告应当以持续经营为前提。也就是说，在进行会计核算时假定会计主体的经济活动是无限期地连续不断进行的。

企业是否持续经营，在会计原则、会计方法的选择上有很大区别。一般情况下，应当假设企业按照当前的规模和状态继续经营下去，不会停业，也不会大规模削减业务，这样企业就可以按照既定的用途使用资产，按照既定的合约条件清偿债务，会计人员就可以在此基础上选择会计原则和会计方法。但是企业不能持续经营的可能性总是存在的。因此，需要定期对其持续经营基本前提做出分析和判断。如果可以判断企业不会持续经营下去，就应当改变会计原则和会计方法。

三、会计分期

会计分期（Time Period）又称会计期间，是指将一个企业持续经营的生产经营活动划分为一个个连续的、长短相同的期间，以便于分期提供会计信息。它规定了会计核算的时间范围。

在组织会计核算前，必须明确会计应该在什么时候提供会计信息的问题。根据企业会计准则的规定,企业应当划分会计期间,分期结算账目和编制财务会计报告。

会计分期是以持续经营这一假设为前提的,要想最终确定企业的生产经营成果,只能等到这个企业若干年后停业的时候核算一次盈亏,但是,会计信息使用者要求及时得到有关信息,因此就需要对会计主体持续不断的经济活动人为地划分成一个个连续的、长短相同的时间段落,称为会计期间。

会计期间可以分为年度和中期。以 1 年确定的会计期间称为会计年度(Fiscal Year),会计年度可以采用日历年度,也可以采用自然年度。我国采用日历年度,自公历每年的 1 月 1 日起至 12 月 31 日止作为一个会计年度。每一个会计年度再具体划分为半年度、季度和月份,即为中期。

会计分期对会计核算有着重要的意义,有了会计期间,才产生了当期与其他期间的差别,才产生了正确处理跨期经济活动的标准,一系列会计概念和相关会计原则就是在会计分期假设的基础上建立的。

四、货币计量

货币计量(Monetary Unit)是指会计主体在会计核算过程中采用货币作为计量单位,计量、记录和报告会计主体的生产经营活动。

在组织会计核算前,还必须明确会计信息的主要数量特征问题。

根据企业会计准则的规定,企业会计应当以货币计量。

会计主体的经济活动纷繁复杂,为了提供会计信息,就需要对这些经济活动进行记录、分类和汇总,形成综合的会计信息。当采用多种计量单位描述经济活动时,数据不能相互汇总,因此,必须采用统一的计量单位。在商品经济条件下,货币是商品的一般等价物,是衡量商品价值的共同尺度,因此,会计核算就选择了货币作为计量单位。采用货币计量并不排除会计核算采用其他计量尺度,如采用劳动计量、实物计量对经济活动进行辅助记录。

若企业的经济活动有两种以上的货币计量,应该选择一种作为会计核算基准,称为记账本位币。在我国,会计核算以人民币作为记账本位币。业务收支以人民币以外的货币为主的企业,可以选定其中一种货币作为记账本位币,但是编报的财务报告应当折算为人民币;在境外设立的中国企业向国内报送的财务报告,应当折算成人民币。

另外,货币计量假设是以币值稳定为前提的,因为只有在币值相对稳定、变化不大的情况下,不同时点和不同时期的会计报表所反映的企业的经营活动才能进行比较,会计核算才能比较客观真实地提供信息。当币值发生急剧变化,出现通货膨胀或通货紧缩的情况下,货币计量假设受到严重的挑战,会计的方法也必须做出调整。因此,币值相对稳定是货币计量假设的隐含含义。

第二节 会计信息质量要求

会计工作的基本任务是向财务会计报告使用者提供与企业财务状况、经营成果和现金流量等有关的会计信息,因此会计信息质量(Quality of Accounting Information)的高低是评价会计工作成败的标准。会计信息质量要求是会计核算工作的基本规范,也是会计核算工作的基本要求。会计信息质量要求主要包括可靠性、相关性、可理解性、可比性、实质重于形式、重要性、谨慎性、及时性等。

一、可靠性(真实性)

根据企业会计准则的规定,企业应当以实际发生的交易或者事项为依据进行会计确认、计量和报告,如实反映符合确认和计量要求和各项会计要素及其他相关信息,保证会计信息真实可靠、内容完整。

可靠性是对会计信息质量的基本要求。会计工作提供会计信息是有关财务报告使用者的决策依据,如果会计信息不能客观、真实地反映企业经济活动的实际情况,就不能满足各有关方面了解企业财务状况和经营成果以进行决策的需要,还可能导致财务报告使用者做出错误的决策。因此,在会计核算时,必须力求真实客观,必须以表明经济业务发生的合法凭证为依据,准确反映企业的实际情况,并且会计信息应当能够经受验证,以核实其是否真实。

二、相关性

根据企业会计准则的规定,企业提供的会计信息应当与财务会计报告使用者的经济决策需要相关,有助于财务会计报告使用者对企业的过去、现在或者未来的情况做出评价或预测。

相关性是对会计信息质量的基本要求。坚持相关性原则,就要求在收集、加工、处理和提供会计信息过程中,充分考虑财务会计报告使用者的信息需求,使得会计信息与财务报告使用者的决策需要相关。

三、可理解性

根据企业会计准则的规定,企业提供的会计信息应当清晰明了,便于财务会计报告使用者理解和使用。

可理解性是对会计信息质量的重要要求。坚持明晰性原则,会计记录应当准确、清晰,填制会计凭证、登记会计账簿必须做到依据合法、账户对应关系清楚、文字摘要完整;在编制会计报表时,项目勾稽关系清楚、项目完整、数字准确,便于会计信息使用者了解会计信息的内涵,明确会计信息的内容。

四、可比性

根据企业会计准则的规定,企业提供的会计信息应当具有可比性。

可比性是对会计信息质量的重要要求。有两个方面的含义:一是同一企业不同会计期间的纵向可比。要想做到这一点,就要求企业在各个会计期间应尽可能地采用相同的会计核算方法,即同一企业不同时期发生的相同或者相似的交易或者事项,应当采用一致的会计政策,不能随便变更。确实需变更的,应当在附注中说明。二是不同企业同一会计期间的横向可比。不同的企业可能处于不同的行业、不同的地区,经济业务发生于不同地点,为了保证会计信息能够满足决策的需要,便于比较不同企业的财务状况、经营成果和现金流量,企业应当遵循可比性要求,即不同企业发生相同或者相似的交易或者事项,应当采用规定的会计政策,确保会计信息口径一致、相互可比。

五、实质重于形式

根据企业会计准则的规定,企业在会计核算中应当看经济活动的实质如何,而不仅仅以其法律的表现形式为依据。这里的形式是指经济活动的法律形式,实质是指经济活动的本质。

实质重于形式要求企业应当按照交易或事项的经济实质进行会计确认、计量和报告,不仅仅以交易或者事项的法律形式作为依据。

在实际工作中,交易或事项的法律形式并不总能完全真实地反映其实质内容。所以,会计信息要想反映其拟反映的交易或事项,就必须根据交易或事项的经济实质,而不能仅仅根据它们的法律形式进行核算和反映。

例如,融资租赁方式租入固定资产,在租赁期满前,从法律形式上看,承租企业未拥有租赁资产的所有权;但从经济实质上看,与该资产相关的收益和风险已经转移给承租人,因为租赁期很长,接近租赁资产的使用寿命;租赁期满后承租人有优先购买该资产的权利;在租赁期内,承租人有权使用该项资产,获得资产收益,并承担资产使用中所发生的费用和计提折旧。遵循实质重于形式要求,承租人应将融资租赁方式租入的固定资产视为其自有的固定资产进行会计核算。企业遵守该要求体现了对经济实质的尊重,能够保证企业所提供的会计信息与客观经济事实相符。

六、重要性

根据企业会计准则的规定,企业在会计核算过程中对经济业务的重要性程度加以区分,采用不同的会计处理方法和程序进行核算。

重要性是指财务报表某项目的省略或错报会影响使用者据此做出经济决策的,该项目就具有重要性。在评价某些项目的重要性时,很大程度上取决于会计人员的职业判断。一般来说,应当根据企业所处环境,从项目的性质和金额大小两方面加以判断。从性质上说,当某一事项有可能对决策产生一定影响时,就属于重要项目;从金额上说,当某一项目的数量达到一定规模时,就可能对决策产生影响。

七、谨慎性

根据企业会计准则的规定,企业在进行会计核算时,对经济活动中的不确定性因素,应当持谨慎性的态度,充分估计各种风险和损失,不应高估资产或收益、低估负债或费用。

企业的经营活动充满着风险和不确定性,在会计核算工作中坚持谨慎性原则,要求企业在面临不确定因素的情况下做出职业判断时应当保持必要的谨慎,充分估计到各种风险和损失,既不高估资产和收益,也不低估负债或费用。

谨慎性并不意味着企业可以以谨慎性为借口,任意设置各种秘密准备,使会计信息失真。否则,就属于滥用谨慎性,将按照对会计差错更正的要求进行相应的会计处理。

八、及时性

根据企业会计准则的规定,企业对于已经发生的交易或者事项,应当及时进行会计确认、计量和报告,不得提前或者延后。

会计信息具有时效性。在会计核算过程中坚持及时性原则,应及时收集会计信息,即在经济业务发生后,及时收集整理各种原始单据;及时处理会计信息,即在国家统一的会计制度规定的时限内,及时编制出财务会计报告;及时传递会计信息,即在国家统一的会计制度规定的时限内,及时将编制出的财务会计报告传递给财务会计报告使用者。

会计信息质量要求是对会计核算和会计信息做出的总体要求和原则性规定,会计核算符合这些要求,就可以提高会计信息的质量,满足会计信息使用者的需要。但是,在会计实务工作中,由于会计所处外部客观环境的不确定性和复杂性、会计人员的素质等多方面因素的影响,部分企业存在着会计核算不规范,会计信息质量不高的现象。

第三节 权责发生制与收付实现制

企业生产经营活动在时间上是持续不断的,不断地取得收入,不断地发生各种成本、费用,将收入和相关的费用相配比,就可以计算和确定企业生产经营活动中所生产的利润(或亏损)。由于企业生产经营活动是连续的,而会计期间是人为划分的,所以难免有一部分收入和费用出现收支期间和归属期间不相一致的情况。因此在处理这类经济业务时,应正确选择合适的会计处理制度。可供选择的制度包括权责发生制和收付实现制两种。

一、收付实现制

收付实现制又称现收现付制、现金制,是与权责发生制相对应的一种会计确认基础,是以实际收付现金作为确认收入和费用的依据。凡是本期实际收到款项的收入和付出款项的费用,不论其是否归属本期,都作为本期的收入和费用处理;反之,凡本期没有实际收到款项和付出款项,即使应归属于本期,但也不能作为本期收入和费用处理。举例说明如下:

(1)企业于8月1日销售一批商品,8月20日收到货款,存入银行,应作为8月份的收入记账。

(2)企业于8月1日销售一批商品,9月20日收到货款,存入银行,应作为9月份的收入记账。

(3)企业于8月1日收到对方购货单位一笔货款,存入银行,但按合同规定于10月份交付商品,应作为8月份的收入记账。

(4)企业于11月30日购入办公用品一批,但款项在12月份支付,应作为12月份的费用。

(5)企业于12月30日用银行存款支付本月水电费,应作为12月份的费用。

从上面的举例可以看出,无论收入的权利和支出的义务归属于哪一期,只要款项的收付在本期,就应确认为本期的收入和费用。

二、权责发生制

根据企业会计准则的规定,企业应当以权责发生制为基础进行会计确认、计量和报告。

权责发生制又称应收应付制、应计制,是以收入权利的形成期和费用义务的归属期作为确认收入和费用的依据。凡是当期已经实现的收入和已经发生或应当负担的费用,不论款项是否收付,都应当作为当期的收入和费用;凡是不属于当期的收入和费用,即使款项已在当期收付,也不应当作为当期的收入和费用。以前面所举例子说明如下:

在权责发生制下,第一种情况和第五种情况收入与费用的归属期和款项的实际收付同属相同的会计期间,确认的收入和费用与收付实现制相同。

第二种情况应作为8月份的收入,因为收入的权利在8月份就实现了,尽管货款在9月份收到。

第三种情况应作为10月份的收入,因为8月份只是收到货款,并没有实现收入的权利。

目前,我国企业单位、事业单位的经营业务采用权责发生制;行政单位、事业单位除经营业务外的其他业务采用收付实现制。

为了进一步说明收付实现制与权责发生制的区别,下面列表加以区别。

表2.1 权责发生制与收付实现制区别

项 目	收入或费用的归属期	
	权责发生制	收付实现制
7月预收货款,8月销售商品	8月收入	7月收入
8月销售商品,8月收取货款	8月收入	8月收入
8月销售商品,9月收取货款	8月收入	9月收入

续表2.1

项目	收入或费用的归属期	
	权责发生制	收付实现制
7月预付8月的水电费	8月费用	7月费用
8月支付8月的水电费	8月费用	8月费用
8月的水电费,9月支付	8月费用	9月费用

本章小结

【重点】 四个会计基本假设、权责发生制与收付实现制的区别。

【难点】 八个会计信息质量要求在会计实务中的应用。

本章介绍了会计核算的基本前提及其会计信息质量要求,是学习后面内容的基础。

会计核算的基本前提是对会计核算所处经济环境在时间、空间范围上所作的合理设定,包括会计主体、持续经营、会计分期和货币计量。会计信息质量要求是会计核算工作的基本规范,也是会计核算工作的基本要求,包括客观性、相关性、明晰性、可比性、实质重于形式、重要性、谨慎性、及时性。

会计核算的基础工作包括权责发生制和配比原则。企业应当以权责发生制为基础进行会计确认、计量和报告。

自测题

一、单项选择题

1. 以收入权利的形成期和费用发生责任的发生期为标准,确认收入和费用归属期的会计核算基础是 （ ）
   A. 收付实现制　　　　　　　　B. 权责发生制
   C. 会计期间　　　　　　　　　D. 持续经营

2. 在进行会计核算时,应仅对本身发生的经济活动进行核算和监督,是遵循哪个会计核算基本前提的要求 （ ）
   A. 会计分期　　　　　　　　　B. 货币计量
   C. 会计主体　　　　　　　　　D. 持续经营

3. 确定会计核算工作空间范围的前提条件是 （ ）
   A. 会计主体　　　　　　　　　B. 持续经营
   C. 会计分期　　　　　　　　　D. 货币计量

4. 进行会计核算提供的信息应当以实际发生的经济业务为依据,如实反映财务状况和经营成果,这符合 （ ）
   A. 历史成本原则　　　　　　　B. 配比原则

C. 可靠性原则 D. 可比性原则
5. 按照收付实现制的要求,确认收入和费用归属期的标准是 （ ）
  A. 实际发生的收付 B. 实际收付的业务
  C. 实际款项的收付 D. 实际的经营成果
6. 会计的期间是 （ ）
  A. 自然形成的 B. 人为划分的
  C. 一个周转周期 D. 一个营业年度

二、多项选择题
1. 下列可作为会计主体的有 （ ）
  A. 企业 B. 行政事业单位
  C. 独立核算的车间 D. 企业集团
2. 谨慎性在会计核算中,具体体现在 （ ）
  A. 对应收账款提取坏账准备金 B. 固定资产的加速折旧法
  C. 存货的成本与可变现净值孰低法 D. 先进先出法
3. 下列属于会计信息质量特征的是 （ ）
  A. 真实性 B. 相关性
  C. 可比性 D. 一贯性
4. 会计核算的基本前提包括 （ ）
  A. 会计主体 B. 持续经营
  C. 会计分期 D. 货币计量

三、判断题
1. 会计主体是指企业法人。 （ ）
2. 谨慎性原则要求会计核算工作中做到不夸大企业资产、不虚减企业负债。 （ ）
3. 及时性原则要求企业对发生的经济业务要处理及时,不得拖后,但可以提前。 （ ）
4. 收付实现制和权责发生制主要的区别是确认收入和费用的标准不同。 （ ）
5. 会计核算必须以实际发生的经济业务及证明经济业务发生的合法性凭证为依据,表明会计
   核算应当遵循可靠性原则。 （ ）

第三章
Chapter 3

会计要素和会计等式

【学习要点及目标】

本章主要介绍了会计要素和会计等式。通过本章的学习,对会计要素和会计等式应有比较清楚的认识和把握。要求掌握会计要素的分类、会计之间的关系和会计等式;会计要素确认后,必须按照一定的方法计量。

【导入案例】

小张朋友的公司要组织一个全国性会议,由于公司汽车不够用,于是临时从租赁公司租入5部汽车用于会议,租赁期5天,租赁费用5 000元,租赁期满后,将汽车归还。

讨论题:该公司租入的汽车是不是该公司的资产?请说明理由;如果该公司从外部购入汽车,是不是该公司的资产?

第一节 会计要素

一、会计要素的含义

会计的对象是社会再生产过程中的资金运动。但是,这一概念的涉及面过于广泛,而且又很抽象。在会计实践中,为了进行分类核算,从而提供各种分门别类的会计信息,就必须对会计对象的具体内容进行适当的分类,于是,会计要素这一概念应运而生。

会计要素是对会计对象的基本分类,是会计对象的具体化,是反映会计主体的财务状况和经营成果的基本单位。

会计要素按照内容可以划分为两大类,反映会计主体财务状况的会计要素,包括资产、负债、所有者权益;反映会计主体经营成果的会计要素,包括收入、费用、利润。

二、会计要素的内容

(一)资产

资产是企业过去的交易或者事项形成的、由企业拥有或者控制的、预期会给企业带来经济利益的资源。

1. 资产的特征

(1)资产是由于过去交易或事项所产生的现实权利。资产是由于过去已经发生的购买、生产、建造或其他交易或者事项所产生的结果,资产是现实的资产,而不是预期的资产。预期在未来发生的交易或者事项不形成资产。

(2)资产是企业拥有或者控制的。拥有是指企业对某项资产拥有所有权,而控制是指企业实质上已经掌握了某项资产的未来收益和风险,但目前并不对其拥有所有权。前者泛指企业的各种财产、债权和其他权利,后者则指企业拥有使用权而没有所有权的各项经济资源,如融资租入的固定资产。

(3)资产预期能为企业带来未来的经济利益。即资产能够在未来直接或间接地导致现金和现金等价物流入企业的潜力,这是资产的本质所在。

【例3.1】 某企业在2010年末盘点存货时,发现存货毁损100万,企业以该存货管理责任不清为由,将毁损的存货继续挂账,并在资产负债表中作为流动资产予以反映。但由于该存货已经毁损,预期不能为企业带来经济利益,不符合资产的定义,所以不应再在资产负债表中确认为一项资产。

2. 资产的确认

将一项资源确认为资产,首先应当符合资产的定义。除此之外,还需要同时满足以下两个条件:

(1)与该资源有关的经济利益很可能流入企业。按照国际标准,"很可能"如果按数学的概率来衡量,则可能性应在50%以上。

(2)该资源的成本或价值能够可靠的计量。

符合资产定义和资产确认条件的项目,应当列入资产负债表;符合资产定义,但不符合资产确认条件的项目,不应当列入资产负债表。

3. 资产的构成

资产按照流动性可分为流动资产和非流动资产。

流动资产是指可以在1年或超过1年的一个正常营业周期内变现或耗用的资产。正常营业周期通常是指企业从购买用于加工的资产起到实现现金或现金等价物止的期间。对于大多数企业来说,正常营业周期通常短于1年,在1年中有几个营业周期。但是,也存在正常营业周期长于1年的情况,如房地产开发企业开发用于出售的房地产开发产品,造船企业制造用于出售的大型船只等,他们的产品往往超过1年才能变现、出售或耗用,他们仍应划分为流动资产。

流动资产主要包括货币资金(如库存现金、银行存款等)、交易性金融资产、应收票据、应收账款、预付账款、应收利息、应收股利、其他应收款、存货(如原材料、在产品、产成品、库存商品、包装物、低值易耗品等)、1年内到期的非流动资产等。

非流动资产是指超过1年或一个营业周期变现或耗用的资产。主要包括可供出售的金融资产、持有至到期的投资、长期应收款、长期股权投资、投资性房地产、固定资产、在建工程、工程物资无形资产与长期待摊费用等。

(1)固定资产是指企业为生产商品、提供劳务、出租或者经营管理而持有的使用寿命超过一个会计年度,在使用中实物形态不变的长期资产,如房屋、建筑物、机器、机械、运输工具等。

(2)无形资产是指企业拥有或者控制的没有实物形态的可辨认非货币性长期资产,如专利权、商标权、著作权、土地使用权、非专有技术等。它们都可以在企业若干经营期内使用,并为企业带来经济利益。

(3)长期待摊费用是指企业已经支出,摊销期在1年以上(不含1年)的各项费用。其他长期资产一般包括国家批准储备的特种物资、银行冻结存款以及诉讼中的财产等。

资产是企业从事生产经营活动的物质基础,企业生产经营的过程实际上就是资产的运用、耗费与新资产的获取过程,没有资产,生产经营活动就不能进行。

(二)负债

负债是企业过去的交易或者事项形成的、预期会导致经济利益流出企业的现时义务。现时义务是指企业在现行条件下已承担的义务,就是债务已经形成了,未来的某个时刻必须偿还。未来发生的交易或者事项形成的义务,就不属于现时义务,不应当确认为负债。

1.负债的特征

(1)负债是由于过去交易或事项所形成的现时义务。也就是说,企业预期在将来要发生的交易或事项可能产生的债务,不能作为会计上的债务处理。

(2)负债需要企业在将来用资产或劳务加以清偿,这是负债的实质所在。负债的实质是将来应以牺牲资产为代价的一种受法律保护的责任。负债在多数情况下,要用现金进行清偿;也可用商品或其他资产或者通过提供劳务的方式进行清偿;还可以通过举借新债来抵偿。通过负债的清偿,将导致企业未来经济利益的流出。

【例3.2】 某企业向银行借款1 000万元,即属于过去的交易或事项所形成的负债。企业同时还与银行达成了两个月后借入2 000万元的借款意向书,该交易中2 000万元就不属于过去的交易或事项,不应形成企业的负债。

2.负债的确认

将一项现时义务确认为负债,首先应当符合负债的定义,除此之外,还需要同时满足以下两个条件:

(1)与该义务有关的经济利益很可能流出企业。
(2)未来流出经济利益的金额能够可靠的计量。
在实务中,必须同时满足以上两个条件,才能确认为负债。

3. 负债的构成

企业的负债按其流动性分为流动负债和非流动负债。这样分类的目的在于了解企业中流动资产和流动负债的相对比例,反映出企业短期偿债能力,从而向债权人揭示其债权的相对安全程度。

(1)流动负债是指在1年(含1年)或者超过1年的一个营业周期内需要偿还的债务,包括短期借款、应付票据、应付账款、预收账款、应付职工薪酬、应交税费、应付利息、应付股利、其他应付款等。

(2)非流动负债是指偿还期在1年或超过1年的一个营业周期以上的债务,包括长期借款、应付债券、长期应付款等。此外将于1年内到期的长期负债应当在流动负债项目下单独列示予以反映。与流动负债相比较,非流动负债具有偿还期长、每次发生数额大的特点。企业举借长期负债主要是为了进行长期资产投资,如扩建厂房、购置机器等。

(三)所有者权益

所有者权益是指企业资产扣除负债后由所有者享有的剩余权益。公司的所有者权益又称股东权益。所有者权益表明了企业的产权关系,即企业是归谁所有。

1. 所有者权益的构成

所有者权益包括所有者投入的资本、直接计入所有者权益的利得和损失、留存收益等。

(1)所有者投入的资本又称实收资本或股本,是指投资者按照企业章程或合同、协议的约定,实际投入企业的资本。它是企业注册成立的基本条件之一,也是企业承担民事责任的财力保证。

(2)直接计入所有者权益的利得和损失是指不应记入当期损益、会导致所有者权益发生增减变动的、与所有者投入资本或者向所有者分配利润无关的利得或者损失。

利得是指由企业非日常活动所形成的、会导致所有者权益增加的、与所有者投入资本无关的经济利益的流入。

损失是指由企业非日常活动所发生的、会导致所有者权益减少的、与向所有者分配利益无关的经济利益的流出。

(3)留存收益包括盈余公积和未分配利润。盈余公积是按规定从净利润中提取的公积金,它包括法定盈余公积金、任意盈余公积金。盈余公积可用来弥补亏损、转增资本以及分派现金股利。未分配利润是指企业留待以后年度分配的利润或本年度已经实现尚未分配的利润。

所有者权益的金额取决于资产和负债的计量。

2. 所有者权益的确认条件

由于所有者权益体现的是所有者在企业中的剩余权益,因此,所有者权益的确认主要依赖于其他会计要素,尤其是资产和负债的确认;所有者权益金额的确定也主要取决于资产和负债的计量。例如,企业接受投资者投入的资产,在该资产符合企业资产确认条件时,也相应地符合了所有者权益的确认条件。

3. 所有者权益和负债的区别

(1)二者性质不同。负债是一种债务责任,反映的是企业作为债务人与债权人的关系;而所有者权益则是企业对投资者所承担的经济责任,一般情况下不需要归还投资者的资本金。

(2)偿还期不同。使用负债所形成的资金通常需要企业支付报酬,如借款利息支出等;而使用所有者权益所形成的资金则不需要支付费用。

(3)享有权利不同。债权人只享有按期收回债务本金和利息的权利,而无权参与企业的利润分配和经营管理;投资者既可以参与企业的利润分配,又可以参与企业的经营管理。

(4)清偿顺序不同。在企业清算时,负债拥有优先清偿权;而所有者权益只有在清偿所有的负债后,才返还给投资者。

(四)收入

收入是指企业在日常活动中所形成的、会导致所有者权益增加的、与所有者投入资本无关的经济利益的总流入。其中"日常活动"是指企业为完成其经营目标所从事的经常性活动以及与之相关的活动。例如,工业企业制造并销售产品,商品流通企业销售商品等,均属于企业的日常活动,由此产生的经济利益的总流入构成收入。工业企业转让无形资产使用权、出售不需用的材料等属于经常性活动的相关活动,由此产生的经济利益的总流入构成收入。企业处置固定资产、无形资产等活动,不是企业为完成其经营目标所从事的经常性活动,也不是与经常性活动相关的活动,由此产生的经济利益的总流入不构成收入,应当确认为营业外收入。

1. 收入的特征

(1)收入从企业的日常活动中产生,而不是从偶发的交易或事项中产生。

(2)收入意味着资产的增加,或者表现为负债的减少,或者二者兼而有之。

(3)收入最终能导致企业所有者权益的增加。

(4)收入只包括本企业经济利益的流入,而不包括为第三者或客户代收的款项。

2. 收入的确认

收入的确认除了应当符合定义外,还应当满足严格的确认条件,即收入的确认至少应当符合以下条件:

(1)与收入相关的经济利益很可能流入,并且导致企业资产增加或者负债减少。

(2)经济利益的流入金额能够可靠的计量。

符合收入定义和收入确认条件的项目应当列入利润表。

3. 收入的构成

狭义的收入包括主营业务收入、其他业务收入和投资收益等。

广义的收入还包括利得,即营业外收入。营业外收入是指与企业的生产经营活动没有直接关系的各项收入。

(1)主营业务收入是指企业在其基本(主营)业务活动中所获得的收入,如工业企业销售产品,提供劳务获得的收入。

(2)其他业务收入是指企业非主营业务活动所获得的收入,如工业企业销售材料、出租包装物等获得的收入。

(3)投资收益是指企业对外投资所获得的收益减去发生的投资损失后的净额。

(五)费用

费用是企业在日常活动中发生的、会导致所有者权益减少的、与向所有者分配利润无关的经济利益的总流出。

1. 费用的特征

(1)费用产生于过去日常的交易或事项。

(2)费用可能表现为资产的减少,也可表现为负债的增加,或者是两者兼而有之。

(3)费用能够导致所有者权益的减少。

【例3.3】 某企业用银行存款400万元购买生产用原材料,该购买行为尽管使企业经济利益流出了400万元,但并不会导致企业所有者权益的减少,它使企业增加了另外一项资产(存货),在这种情况下,就不应当将该经济利益的流出确认为费用。

2. 费用的条件

费用的确认除了应当符合定义外,还应当满足严格的确认条件,即费用的确认至少应当符合以下条件:

(1)费用的发生很可能会使经济利益流出企业,并导致企业资产减少或者负债增加。

(2)经济利益流出额能够可靠的计量。

符合费用定义和费用确认条件的项目应当列入利润表。

3. 费用的构成

费用具体包括营业成本、营业税金和期间费用等。

(1)营业成本是指为生产产品、提供劳务等经营活动而发生的各种耗费。

(2)营业税金是指企业营业活动应当负担并根据销售收入确定的各种税费,包括营业税、消费税、城市维护建设税、教育费附加等。

(3)期间费用包括销售费用、管理费用和财务费用。销售费用是指企业在销售商品活动中发生的费用以及专设销售机构的各项经费,包括销售商品过程中的运输费、装卸费、包装费、保险费、广告宣传费等。管理费用是指企业为组织和管理生产经营活动而发生的各项费用,包括行政管理人员的工资、办公费、工会经费、劳动保险费、业务招待费、董事会费、房产税、车船税、职工教育经费等。财务费用是指企业为了筹集生产经营所需资金而发生的各项费用,包括利息支出、外币汇兑损失以及相关的手续费等。

期间费用的效益只限于本期,应当全部计入本期损益,直接作为本期销售收入的抵减。

（六）利润

利润是企业在一定会计期间的经营成果,包括收入减去费用后的净额、直接计入当期利润的利得和损失等。

直接计入当期利润的利得和损失是指应当记入当期损益、会导致所有者权益发生增减变动的、与所有者投入资本或者向所有者分配利润无关的利得或者损失。

利润具体包括营业利润、利润总额和净利润。利润金额取决于收入和费用、直接计入当期利润的利得和损失金额的计量。

三、划分会计要素的意义

会计要素的划分在会计核算中具有十分重要的作用。

(1)会计要素是对会计对象的科学分类。会计对象的内容是多种多样、错综复杂的,为了科学、系统地对其进行反映和监督,必须对它们进行分类,然后按类设置账户并记录账簿,划分会计要素正是对会计对象所进行的分类。没有这种分类,就没法登记会计账簿,也就不能实现会计反映职能了。

(2)会计要素是设置会计科目和会计账户的基本依据。对会计对象进行分类,必须确定分类的标志,而这些标志本身就是账户的名称即会计科目,不将会计对象划分为会计要素,就无法设置会计账户,也就无法进行会计核算。

(3)会计要素是构成会计报表的基本框架。会计报表是提供会计信息的基本手段,会计报表应该提供一系列指标,这些指标主要是由会计要素构成的,会计要素是会计报表框架的基本构成内容。从这个意义上讲,会计要素为设计会计报表奠定了基础。

第二节　会计等式

一、会计等式的含义

会计等式又称会计平衡公式、会计恒等式,是表明各会计要素之间基本关系的恒等式。会计对象可概括为资金运动,具体表现为会计要素,企业每发生一笔经济业务,都会使所涉及的会计要素之间存在一定的相互联系,会计要素之间的这种内在关系,通过会计等式表现出来,就是会计平衡公式。

会计等式是设置账户、复式记账和设计资产负债表的理论依据。

(一) 最初的会计等式

任何企业要从事生产经营活动,必须有一定数量的经济资源。一方面,经济资源的表现形式是资产,即任何资产都是经济资源的一种实际存在或表现形式(如机器设备、库存现金、银行存款等)。另一方面,这些经济资源都是按照一定的渠道进入企业的(如由投资者投入、通过银行借入等),一般人们不会无偿地将经济资源让渡出去,也就是说,企业中任何资源都有其相应的权益要求,谁提供了资源谁就对资源拥有索偿权,这种索偿权在会计上称为权益。这样就形成了最初的会计等式:

$$资产 = 权益$$

(二) 基本会计等式

权益通常分为两种:一是投资者的权益,称为所有者权益;另一种是债权人的权益,称之为债权人权益或负债。这样,上述等式又可表达成

$$资产 = 负债 + 所有者权益$$

这就是基本的会计等式。

上述等式也可以表述为

$$资产 - 负债 = 所有者权益$$

这一等式一方面表明,负债的求偿能力高于所有者权益,另一方面,表明所有者权益是企业全部资产抵减全部负债后的剩余部分,因此,所有者权益也被称为"剩余权益"。

任何时点,企业的所有资产,无论其处于何种形态(如库存现金、银行存款、固定资产等),都必须有相应的来源。企业的所有资产都必定有相应的来源,这样,"资产 = 负债 + 所有者权益"这一等式,在任何情况下,其左右平衡的关系都不会被破坏。

(三) 扩展的会计等式

"资产 = 负债 + 所有者权益"中含有三个基本的会计要素,其中资产与负债可以确定地进行计量,而所有者权益则会随着生产经营的进行,即随着利润(收益)的实现而变化。而利润(收益)是随着费用的产生和收入的实现而实现的,在实际工作中,企业赚取的利润是收支相抵后的余额,它们的关系是

$$利润 = 收入 - 费用$$

收入的增加表现为资产的增加,同时由于负债是确定的,所以根据基本的会计等式,就必然表现为所有者权益的增加;同样,费用的增加必然表现为所有者权益的减少。可见,利润的增加必然表现为所有者权益的增加,意味着企业经营规模的扩大,因此基本的会计等式可表示为:资产 = 负债 + (所有者权益 + 利润),由于利润 = 收入 - 费用,因此上述等式变为

$$资产 = 负债 + 所有者权益 + 收入 - 费用$$

这就是扩展的会计等式或称动态的会计等式。

该等式也可表示为

$$资产+费用=负债+所有者权益+收入$$

到了会计期末,当利润进行分配或亏损进行弥补后,仍有

$$资产=负债+所有者权益$$

二、经济业务的发生对会计等式的影响

企业在生产经营活动中,不断地发生各种经济业务活动。这些经济业务活动的发生会对有关的会计要素产生影响,但是却不破坏上述等式的恒等关系。

尽管经济业务错综复杂、千变万化,但就对会计要素的影响来说,可以将经济业务的基本类型归纳为两大类九小类,如图3.1所示。

经济业务类型		资产	负债	所有者权益
I 大类	1	有增有减		
	2		有增有减	
	3			有增有减
II 大类	4		增加	减少
	5		减少	增加
	6	增加	增加	
	7	减少	减少	
	8	增加		增加
	9	减少		减少

图3.1 经济业务类型

第一大类,会计事项只涉及等式一边,此时,等式一边有关项目有增有减,增减金额相等。

第二大类,会计事项发生涉及会计等式两边,导致等式两边同增同减,金额相等,等式关系不变。

下面我们根据企业的经济业务类型举例说明经济业务对会计等式的影响。

某公司2009年1月1日资产、负债、所有者权益情况如表3.1所示。

表3.1   单位:元

资产	金额	负债及所有者权益	金额
库存现金	20 000	短期借款	440 000
银行存款	100 000	应付账款	40 000
应收账款	30 000	实收资本	470 000
原材料	300 000		
库存商品	260 000		
固定资产	350 000		
减:累计折旧	110 000		
合计	950 000	合计	950 000

从表中我们可以看到2009年1月初的资产与权益是相等的,即
$$资产 = 负债 + 所有者权益$$
该企业2009年1月份发生如下经济业务:

1. 物质资源流入企业

【例3.1】 2日从银行取得为期6个月的贷款40 000元,现已办妥手续,款项已划入本企业存款账户。

该项经济业务的发生引起资产要素中银行存款增加40 000元,负债要素中短期借款增加40 000元,见表3.2所示。

表3.2   单位:元

资产	金额	负债及所有者权益	金额
库存现金	20 000	短期借款	440 000 + 40 000
银行存款	100 000 + 40 000	应付账款	40 000
应收账款	30 000	实收资本	470 000
原材料	300 000		
库存商品	260 000		
固定资产	350 000		
减:累计折旧	110 000		
合计	990 000	合计	990 000

可以看出等式两边都增加了40 000元,等式关系未变。

因此,该类经济业务的发生引起会计等式的左右两方等额增加,即资产增加,负债也增加,会计等式保持平衡。

2. 物质资源流出企业

【例3.2】 2日开出转账支票支付应付账款20 000元。

该项经济业务发生,引起资产要素中银行存款减少20 000元,同时引起负债要素中应付账款减少20 000元,如表3.3所示。

表3.3   单位:元

资产	金额	负债及所有者权益	金额
库存现金	20 000	短期借款	480 000
银行存款	140 000 − 20 000	应付账款	40 000 − 20 000
应收账款	30 000	实收资本	470 000
原材料	300 000		
库存商品	260 000		
固定资产	350 000		
减:累计折旧	110 000		
合计	970 000	合计	970 000

可以看出等式两边都减少了20 000元,等式关系未变。

因此,该类经济业务的发生引起会计等式的左右两方等额减少,即资产减少,负债同时等额减少,会计等式保持平衡。

3. 物质资源的表现形态在企业内部相互转化

【例3.3】 9日企业开出现金支票10 000元,提取现金以备日常开支使用。

该项经济业务发生,引起资产要素中银行存款减少10 000元,同时引起资产要素中库存现金增加10 000元,如表3.4所示。

表3.4　　　　　　　　　　　　　　　　　　　　　单位:元

资产	金额	负债及所有者权益	金额
库存现金	20 000 + 10 000	短期借款	480 000
银行存款	120 000 - 10 000	应付账款	20 000
应收账款	30 000	实收资本	470 000
原材料	300 000		
库存商品	260 000		
固定资产	350 000		
减:累计折旧	110 000		
合计	970 000	合计	970 000

可以看出该项经济业务发生后等式两边数额未变。

因此,该类经济业务的发生引起会计等式的左方资产要素各项目之间发生增减变化,增减额相等,即资产要素中一个项目增加,一个项目减少,会计等式也会保持平衡。

4. 物质资源的取得途径在企业内部转化

【例3.4】 公司应付给盛唐公司的10 000元应付账款,经双方协商同意转作盛唐公司对本公司的长期股权投资。

该项经济业务发生,引起负债要素中应付账款减少10 000元,同时引起所有者权益要素中实收资本增加10 000元,如表3.5所示。

表3.5　　　　　　　　　　　　　　　　　　　　　单位:元

资产	金额	负债及所有者权益	金额
库存现金	30 000	短期借款	480 000
银行存款	110 000	应付账款	20 000 - 10 000
应收账款	30 000	实收资本	470 000 + 10 000
原材料	300 000		
库存商品	260 000		
固定资产	350 000		
减:累计折旧 110 000			
合计	970 000	合计	970 000

可以看出该项经济业务发生后等式两边数额未变,仍然保持着平衡关系。

因此,该类经济业务的发生引起会计等式的右方要素各项目之间发生增减变化,增减额相等,即负债要素内部项目之间、所有者权益要素内部项目之间或者负债要素项目与所有者权益要素项目之间此增彼减,会计等式也会保持平衡。

上面的分析仅考虑了资产、负债和所有者权益三个会计要素,如果考虑收入、费用和利润这三个会计要素,则基本会计等式将会演绎成:资产 = 负债 + 所有者权益 + (收入 − 费用)或者资产 = 负债 + 所有者权益 + 利润。由于收入、费用和利润这三要素的变化实质上都可以表现为所有者权益的变化,因此,都可以归纳到前面总结的四种类型经济业务中去。因此,扩展的会计等式才会始终保持平衡。

以上分析说明,资产、负债、所有者权益、收入、费用和利润这六大会计要素之间存在着一种恒等关系。会计等式反映了这种恒等关系。也就是说,任何类型经济业务的发生都会引起有关会计要素的增减变化,但是都不会破坏会计等式的平衡关系。

第三节 会计计量属性

会计计量属性又称会计计量基础,是指所有量度的经济属性,即按什么标准来记账。

一、会计计量属性的构成

(一)历史成本

历史成本是指资产按照购置时支付的现金或者现金等价物的金额,或者按照购置资产时所付出对价的公允价值计量。负债按照承担现时义务而实际收到的款项或者资产的金额,或者承担现时义务的合理金额,或者按照日常活动中为偿还负债预期需要支付的现金或现金等价物的金额计量。

(二)重置成本

重置成本是指资产按照现在购买相同或者相似资产所需支付的现金或现金等价物的金额计量。负债按照现在偿付该项负债所需支付的现金或者现金等价物的金额计量。

(三)可变现净值

可变现净值是指资产按照其正常对外销售所能收到的现金或者现金等价物的金额扣除该资产至完工时估计将要发生的成本、估计销售费用以及相关税费后的金额计量。

(四)现值

现值是指资产按照预计从其持续使用和最终处置中所产生的未来净现金流入量的折现金额计量。负债按照预计期限内需要偿还的未来净现金流出量的折现金额计量。

(五)公允价值

公允价值是指资产和负债按照在公平交易中,熟悉情况的交易双方自愿进行资产交换或者债务清偿的金额计量。

二、会计计量属性的应用原则

企业在对会计要素进行计量时,一般应当采用历史成本。在某些情况下,为了提高会计信息质量,实现财务报告目标,企业会计准则允许采用重置成本、可变现净值、现值、公允价值计量的,应当保证所确定的会计要素金额能够取得并可靠计量,如果这些金额无法取得或者可靠计量,则不允许采用其他计量属性。

本章小结

【重点】 会计六要素所包括的具体内容及其之间的等式关系。
【难点】 对会计六要素的理解及确认条件以及经济交易或事项的类型及其应用。
本章介绍了会计六要素、六要素之间的相互关系及会计计量属性。
会计要素是对会计核算对象的基本分类,是设定会计报表结构和内容的依据,是进行会计确认和计量的依据。
反映企业财务状况的会计要素包括:资产、负债和所有者权益;反映企业经营成果的会计要素包括:收入、费用和利润。
会计要素之间不是相互独立的,而是存在一定的数量联系。会计要素之间的这种联系,最基本的关系式为:资产 = 负债 + 所有者权益。这个等式就是会计恒等式。

自测题

一、单项选择题

1. 原材料属于会计要素中的 （ ）
   A. 资产　　　　　B. 负债　　　　　C. 所有者权益　　　　　D. 费用
2. 企业所拥有的资产从财产权利归属来看,一部分属于投资者,另一部分属于 （ ）
   A. 企业职工　　　B. 债权人　　　　C. 债务人　　　　　　　D. 企业法人
3. 一个企业的资产总额与权益总额 （ ）
   A. 必然相等　　　　　　　　　　　B. 有时相等
   C. 不会相等　　　　　　　　　　　D. 只有在期末时相等
4. 一项资产增加,一项负债增加的交易或事项发生后,会使资产总额与负债总额 （ ）
   A. 同时等额增加　　　　　　　　　B. 同时等额减少
   C. 不会变动　　　　　　　　　　　D. 同时等额的一增一减
5. 企业生产的产品属于 （ ）
   A. 长期资产　　　　　　　　　　　B. 流动资产
   C. 固定资产　　　　　　　　　　　D. 无形资产
6. 企业刚刚建立时,负债和所有者权益总额为 80 万元,现发生一笔以银行存款 10 万元偿还银

行借款的交易,此时,该企业的资产总额为 (　)
　A. 60万元　　　　　　　　　　　B. 90万元
　C. 100万元　　　　　　　　　　D. 70万元
7. 仅涉及资产要素的交易或事项,会引起该要素中资产项目发生 (　)
　A. 同增变动　　　　　　　　　　B. 同减变动
　C. 有增有减变动　　　　　　　　D. 不变动
8. 引起资产和负债同时减少的业务是 (　)
　A. 用银行存款偿还应付账款　　　B. 向银行借款直接偿还应付账款
　C. 购买材料货款暂未支付　　　　D. 职工薪酬计入产品成本但暂未支付

二、多项选择题
1. 在下列各项交易或事项中,不影响资产总额的有 (　)
　A. 用银行存款购入原材料　　　　B. 向供货单位赊购商品
　C. 从银行提取现金　　　　　　　D. 用现金支付业务部门备用金
2. 下列内容属于流动资产的有 (　)
　A. 企业的办公用品　　　　　　　B. 存放在仓库的材料
　C. 存放在银行的存款　　　　　　D. 企业的办公楼
3. 所有者权益与负债有着本质的不同,即 (　)
　A. 两者性质相同　　　　　　　　B. 两者偿还期不同
　C. 两者享受的权利不同　　　　　D. 两者对企业清算资产的求偿权顺序不同
4. 引起会计等式左右两边会计要素同时等额变动的有 (　)
　A. 用银行存款偿还银行借款　　　B. 收到某单位偿还货款5万元
　C. 收到某单位投来汽车一辆　　　D. 以银行存款偿还货款8万元
5. 只引起会计等式左边会计要素变动的有 (　)
　A. 用银行存款1 000元购买材料　B. 从银行提取现金3 000元
　C. 用银行存款10万元购买设备　　D. 接受国家投资500万元
6. 会计计量的属性主要有 (　)
　A. 历史成本　　　　　　　　　　B. 公允价值
　C. 可变现净值　　　　　　　　　D. 现值

三、判断题
1. 所有者权益是指企业投资人对企业资产的所有权。 (　)
2. 负债一般有明确的偿还期,而所有者权益不用偿还。 (　)
3. 会计要素中既有反映财务状况的要素,也有反映经营成果的要素。 (　)
4. 与企业投资者相比,债权人无权参与企业的生产经营、管理和收益分配。 (　)
5. 不管企业发生了什么经济交易或事项,会计等式的左右两边金额不会变,永远相等。 (　)
6. 企业以银行存款购买设备,该项交易会引起等式左右两边会计要素发生一增一减。 (　)

Chapter 4

账户与复式记账

【学习要点及目标】

设置账户、复式记账是会计核算的专门方法。本章阐明了设置账户、复式记账的理论依据和基本内容。通过本章学习,要求掌握会计账户的内容和结构、复式记账法的概念及原理、借贷记账法的记账规则、总分类账和明细分类账的平行登记;熟悉会计科目与会计账户的概念、会计科目与会计账户的区别和联系;了解设置会计科目的原则、复式记账法的种类。

【导入案例】

某公司发生了如下两笔业务,某月5日购进材料1 000元,以现金支付,该公司会计只考虑了现金、银行存款的收付不要搞错,记为库存现金减少了1 000元;10日又购进材料5 000元,货款暂欠,该会计又考虑欠人的债务须记清楚,记为债务增加了5 000元,但月末发现企业的材料购进发出情况不详。

讨论题:该会计如何进行账务处理,即能反映库存现金、银行存款收付及各种往来款项结算,又能反映材料等财产物资的详细情况。

第一节 会计科目与账户

一、会计科目

(一)会计科目的含义和意义

1. 会计科目的含义

会计要素是对会计对象的基本分类,但会计要素的内容是多种多样、错综复杂的,仅划分六项会计要素仍显得过于粗略,难以满足各有关方面对会计信息的需要。例如,所有者需要了解利润构成及其分配情况、了解负债及其构成情况;债权人需要了解流动比率、速动比率等有关指标,以评判其债权的安全情况;税务机关要了解企业欠交税金的详细情况等。因而有必要把会计要素作进一步划分,即设置会计科目。

会计科目是对会计要素的具体内容进行分类核算的项目。

2. 设置会计科目的意义

会计科目是进行各项会计记录和提供各项会计信息的基础,在会计核算中具有重要意义。主要表现在:

(1)会计科目是对会计要素的具体内容进行科学分类。会计科目是对会计要素的具体内容进一步划分,每个会计科目都体现着特定的经济内容,借助会计科目,可以为会计信息使用者提供科学、详细的分类指标体系。在对全部会计科目所提供的会计信息资料加以归集、综合的基础上,可系统反映出资产、负债、所有者权益、收入、费用、利润各个会计要素在一定时期的构成情况,从而实现会计的职能。

(2)会计科目是会计核算的基本条件。会计科目是复式记账的基础,复式记账要求每一笔经济业务要在两个或两个以上相互联系的账户中进行登记,以反映资金运动的来龙去脉;会计科目是编制记账凭证的基础,记账凭证是确定所发生的经济业务应记入何种科目以及分门别类登记账簿的凭据;会计科目为成本计算与财产清查提供了前提条件,通过会计科目的设置,有助于成本核算,使各种成本计算成为可能;而通过账面记录与实际结存的核对,又为财产清查、保证账实相符提供了必要的条件;会计科目为编制会计报表提供了方便,会计报表是提供会计信息的主要手段,为了保证会计信息的质量及其提供的及时性,财务报表中的许多项目与会计科目是一致的,并根据会计科目的本期发生额或余额填写。

(3)会计科目是会计控制的基本依据。设立会计科目的目的在于规定每个科目的核算范围和内容。通过对会计科目的检查可以了解企业运用会计科目的正确性,并能检查企业进行会计处理的正确性。而且由于会计科目之间存在依存关系,通过对有关会计科目的相互对照,可以了解经济业务内容,从而实现对经济活动进行控制的职能。

(二)会计科目设置的原则

会计科目反映了会计要素的构成及其变化情况,为投资者、债权人、企业经营管理者等提供了必要会计信息,在其设置过程中应努力做到科学、合理、适用,同时应遵循以下原则:

1. 合法性原则

为了保证会计信息的可比性,会计科目一般由国家财政部门统一制定,以便统一口径,发挥会计管理的作用。企业应按统一的会计准则的要求设置和使用会计科目。在不影响会计核算要求和会计报表指标汇总以及对外提供统一的会计报表的前提下,可以根据实际情况自行增设、减少或合并某些会计科目。

2. 相关性原则

会计科目的设置,应为提供有关各方所需要的会计信息服务,满足对外报告与对内管理的要求。要求充分考虑会计信息的使用者对本企业会计信息的需要设置会计科目,以提高会计核算所提供的会计信息相关性,满足相关各方的信息需求。

3. 实用性原则

企业的组织形式、所处行业、经营内容及业务种类等不同,在会计科目的设置上亦应有所区别。在合法性的基础上,应根据企业自身特点,设置符合企业需要的会计科目。会计科目的名称要求简单明确,字义相符,这样才能避免误解和混乱。会计科目要统一编号,一般由财政部统一规定。编号应科学实用,便于应用,并能够通用,适应各种不同类型的单位使用,并为处理日常会计事项、编制会计凭证、汇总记账凭证、登记账簿、查阅账目、实施会计电算化、建立通用的会计软件创造了条件。

(三) 会计科目的分类

为了进一步认识每个会计科目的性质和作用,更好地使用会计科目;为了研究每个会计科目之间的相互关系,更好地借助于会计科目来反映、分析企业资金运动,有必要对会计科目进行分类。

1. 会计科目按所反映经济内容的性质分类

会计科目按经济内容分类,是从"资产=负债+所有者权益"和"利润=收入-费用"这两个公式出发,会计科目在所列示的资产、负债和所有者权益内容的基础上,又反映企业资金运动的经营成果,因此,制造业企业的会计科目按经济内容可分为六大类:资产类、负债类、共同类、所有者权益类、成本类和损益类。

资产类科目是对企业资产的具体内容进行分类核算的项目,提供有关资产类项目会计信息的会计科目。包括"库存现金"、"银行存款"、"应收账款"、"原材料"、"固定资产"、"累计折旧"、"长期股权投资"、"无形资产"等科目。通过资产类科目,反映企业资产占用的各种形态及其变化形态。

负债类科目是对企业负债的具体内容进行分类核算的项目,提供有关负债类项目会计信息的会计科目。包括"短期借款"、"应付账款"、"其他应付款"、"应付职工薪酬"、"应交税费"、"应付利息"、"长期借款"、"应付债券"等。通过负债类科目,可以反映企业不同性质的负债,偿还时期的长短,从中了解偿债对企业经营的压力,以充分利用企业资金,合理安排资金周转。

所有者权益类科目是对企业所有者权益的具体内容进行分类核算的项目,提供有关所有者权益类项目会计信息的会计科目。包括"实收资本"、"资本公积"、"盈余公积"、"本年利润"和"利润分配"等科目。通过该科目可以了解投资者的初始投资、企业的盈利、盈利的分配及剩余等情况。

共同类科目是指可能具有资产性质,也可能具有负债性质的科目,其性质取决于科目核算的结果(期末余额),当核算结果出现借方余额时,则作为资产科目,而当出现贷方余额时则作为负债科目。包括"清算资金往来""货币兑换""衍生工具""套期工具""被套期项目"。

成本类科目是指用于核算成本的发生和归集情况,提供成本有关信息的会计科目。包括"生产成本"和"制造费用"等科目。通过该科目可以反映经营过程中某一阶段所发生的各项生产费用。

损益类科目是指用于核算收入、费用的发生和归集情况,提供一定期间损益相关的会计信息的会计科目。包括"主营业务收入""其他业务收入""营业外收入""主营业务成本""其他业务成本""营业税金及附加""管理费用""销售费用""财务费用""投资收益"等科目,通过这些科目反映了构成企业一定时期财务成果的各类因素。

表4.1 会计科目参照表

顺序号	名称	顺序号	名称
	一、资产类	38	应付账款
1	库存现金	39	预收账款
2	银行存款	40	应付职工薪酬
3	其他货币资金	41	应交税费
4	交易性金融资产	42	应付利息
5	应收票据	43	应付股利
6	应收账款	44	其他应付款
7	预付账款	45	长期借款
8	应收股利	46	应付债券
9	应收利息	47	长期应付款
10	其他应收款		**三、共同类**
11	坏账准备	48	衍生工具
12	材料采购	49	套期工具
13	在途物资	50	被套期工具
14	原材料		**四、所有者权益类**
15	材料成本差异	51	实收资本
16	库存商品	52	资本公积
17	发出商品	53	盈余公积
18	周转材料	54	本年利润
19	委托加工物资	55	利润分配
20	存货跌价准备		**五、成本类**
21	持有至到期投资	56	生产成本
22	持有至到期投资减值准备	57	制造费用
23	长期股权投资	58	劳务成本
24	长期股权投资减值准备		**六、损益类**

续表 4.1

顺序号	名称	顺序号	名称
25	长期应收款	59	主营业务收入
26	工程物资	60	其他业务收入
27	在建工程	61	公允价值变动损益
28	固定资产	62	投资收益
29	累计折旧	63	营业外收入
30	固定资产减值准备	64	主营业务成本
31	固定资产清理	65	其他业务成本
32	无形资产	66	营业税金及附加
33	累计摊销	67	销售费用
34	无形资产减值准备	68	管理费用
35	待处理财产损溢	69	财务费用
二、负债类		70	资产减值损失
36	短期借款	71	营业外支出
37	应付票据	72	所得税费用

2. 会计科目按其所提供信息的详细程度分类

会计科目按其所提供信息的详细程度及其统驭关系不同,可分为总分类科目和明细分类科目。总分类科目是对会计要素的具体内容进行总括分类的科目,是提供总括信息的会计科目。总分类科目也称为总账科目或一级科目,一般由财政部统一颁布制定。明细分类科目也称明细科目或细目。对总分类科目作进一步分类,提供更详细、更具体会计信息的科目。对于明细科目较多的总账科目,可在总分类科目与明细科目之间设置二级或多级科目。例如"原材料"科目为总分类科目,其反应内容包括原料及主要材料、辅助材料、燃料等,按这一科目进行核算,可为企业管理提供总括的有关企业全部材料的情况,而各种不同的使用价值的材料不能进行直接相加汇总,因而该类科目只能以货币为计量单位。但只靠"原材料"科目提供企业材料情况是不够的,因为企业还必须了解各种不同材料的库存、增减变动情况,需要在"原材料"科目下按材料类别设置如"原料及主要材料"、"辅助材料"、"燃料"等明细科目。为加强"原材料"的核算和管理,可在每一类明细科目下再设明细科目(称为三级科目),如"钢坯"、"圆钢"、"润滑剂"、"汽油"等。这时,原有的"原料及主要材料"、"辅助材料"等明细科目就成为二级科目,而"钢坯"、"汽油"等就成为三级科目。可见,二级科目是根据需要设置的,介于总账科目和明细科目之间的科目,也称为子目。二级科目一般只能以货币为计量单位,而三级科目(也称细目)则既可以用货币为计量单位,也可以用实物为计量单位,例如"汽油"可以以货币总值表示,也可以用吨或公斤表示。由此可以看出,总分类科目、二级科目、三级科目所反映、核算的内容一致,只是提供的会计信息详细程度不同而已。总分类科目提供总括的资料;

二级科目对总分类科目的内容作补充说明;三级科目对二级科目的内容作更详细的补充说明。值得说明的是并非所有的总分类科目都要设置二级或三级科目,主要是根据实际需要而设立。例如"坏账准备"总分类科目,就没有必要对其开设二级或三级科目。如表4.2所示。

表4.2 总分类科目与明细分类科目

总分类科目	明细分类科目	
一级科目	二级科目	明细科目(三级科目)
原材料	原料及主要材料	圆钢
		碳钢
		角钢
	辅助材料	防锈漆
		润滑油
	燃料	天然气
		煤

二、会计账户

(一)账户的概念

任何一项经济业务的发生,都会引起有关会计要素的内容在数量上发生增减变动。会计科目的设置为全面核算和控制各个要素内容的数量增减变动及一定时期的经济活动情况和经营成果提供了依据。但是,会计科目只是在对各个会计要素内容分类基础上形成的一个项目名称,并不能通过其本身把这些内容的数量变动表现出来,因而必须设置账户,对经济业务进行记录,并把这些信息资料加以汇总整理、分析,以全面、完整、系统地反映一定期间的经济活动情况及结果。

账户是根据会计科目设置的,具有一定的格式和结构,用于分类反映会计要素增减变动情况及其结果的载体。也就是说,账户的名称必须与会计科目一致,会计科目作为账户的名称,规定了每个账户所核算的范围内容。设置账户是会计核算的重要方法之一。

(二)账户的基本结构和内容

经济活动引起的资金变动是复杂的,但从其数量方面考察,总不外乎增加和减少两种情况。因此,为了反映各项资金变动的具体情况,账户就必须要有反映增加数和减少数的两个部分,为此,人们将账户分成左方和右方两个基本方向。一方登记增加,另一方登记减少。至于哪一方登记增加、哪一方登记减少,取决于记录经济业务和账户的性质。同时,为了反映增减变动的结果,账户还必须有反映资金结余额的部分。登记本期增加的金额称为本期增加发生额;登记本期减少的金额称为本期减少发生额;增减相抵后的差额,称为余额。余额按照表示的时间不同,分为期初余额和期末余额,其基本关系如下:

期初余额 = 上期期末余额

期末余额 = 期初余额 + 本期增加额 − 本期减少额

例如,某企业某一时期"原材料"账户的记录如下:

原材料

期初余额	100 000		
入库	30 000	发出	50 000
		发出	40 000
本期发生额	30 000	本期发生额	90 000
期末余额	40 000		

账户的基本结构具体包括账户名称(会计科目)、记录经济业务的日期、所依据记账凭证编号、经济业务摘要、增减金额、余额等。如表4.3所示。

表4.3　　账户名称(会计科目)　　　　　　　　　　　　　第　　页

日期	凭证号	摘要	增加	减少	余额

(1)账户名称,即会计科目名称。

(2)日期栏,用以填写记账的具体日期。

(3)凭证号数,用以说明账户记录的资料来源。

(4)摘要栏,简明扼要地说明经济业务的内容。

(5)金额栏,包括本期发生额的增加、减少以及余额。

为便于计算,在会计学的教学中通常用"T"字形账户来表示账户的简化格式。

账户名称

(三)账户与会计科目的联系和区别

会计账户与会计科目是两个既有联系又相互区别的概念。

它们的联系在于,两者都要对经济业务进行分类,所反映的经济业务内容是一致的。

它们的区别是,会计科目只是对会计对象具体内容所作的分类,是对账户核算内容高度概括的名称;而账户则是在会计科目分类的基础上,提供具体的数据资料,它有一定的结构,具体反映会计要素增减变化及其结余情况。

第二节　复式记账原理

为了核算与监督会计对象,应当首先设置会计科目,并根据规定的会计科目开设账户。但是,要取得经济管理所需要的核算指标,就需要采用一定的记账方法将经济业务所反映的会计要素的增减变动登记在账户中。记账方法是指按照一定的规则,使用一定的符号,在账户中登记各项经济业务的技术方法。按所记录的经济业务内容的方式不同,将记账方法分为两类:一类是单式记账法,另一类是复式记账法。

一、单式记账法

单式记账法是指对所发生的经济业务,只在一个账户中进行登记的一种记账方法。在这种记账法下,通常只登记现金和银行存款的收付业务,以及应收、应付款的结算业务,一般不登记实物的收付业务。这是因为单式记账法只着重考虑现金、银行存款的收付不要记错,欠人的债务(应付款)和对外债权(应收款)的结算必须记清楚,其他的资产物资因为都在本单位管理之下,无需记账。例如,某企业以现金1 000元购入原材料一批。这项经济业务的发生,一方面使企业的库存现金减少了1 000元,另一方面使企业的原材料增加了1 000元。按照单式记账法的原理,只记录现金减少1 000元,而对原材料增加1 000元,不进行记录。虽然有时也登记实物账,但各记各的,两个账户之间没有直接的关系,账户之间也没有相互平衡的概念,因此,单式记账不能全面、系统地反映资金运动的来龙去脉,不能全面反映经济业务之间的关系,也不便于检查账户记录的正确性、真实性,但记账手续比较简单。

二、复式记账法

复式记账法是单式记账法的对称,是指对所发生的每一项经济业务,都要以相等的金额,在相互联系的两个或两个以上账户中进行登记的方法。例如,以银行存款10 000元购买原材料,按照复式记账法,一方面在原材料账户中登记原材料增加10 000元,一方面在银行存款账户中记录银行存款减少10 000元。这样登记的结果,就使得所发生经济业务涉及的原材料和银行存款之间的关系完整地展现出来。

复式记账的基本原理是会计等式,也就是任何一项经济业务的发生,都会引起资产、负债、所有者权益、收入和费用等会计要素具体项目资金的变动,而且涉及这些项目变动的金额必须相等。尽管经济业务种类繁多、千变万化、错综复杂,但都可以把它们归纳为九种类型。它们的变动并不会破坏会计等式的平衡关系。因此,为全面、完整地把这些经济业务记录下来,反映经济业务的来龙去脉,必须进行复式记账。

可见,复式记账法与单式记账法比较,有如下优点:

(1)复式记账法能够完整地反映每一项经济业务的来龙去脉,能够反映经济活动的全貌,可清楚而全面地反映出经济活动的情况,也便于管理人员了解所发生的经济业务,加强资金管理,使会计工作能充分发挥其核算和监督的功能。

(2)在复式记账法下,由于每一项经济业务都涉及两个或两个以上相关账户,能使账户之间形成相互对应和平衡的关系,利用这种关系可以检查账户之间记录的正确性,便于核对、检查账目。用复式记账法把全部经济业务登记入账后,所有账户的左方登记数之和,必然等于所有账户右方登记数之和,而且经济业务变化后的会计恒等式依然不变,从而对账户记录的结果进行试算平衡,以检查账户数字记录的正确性。

复式记账法是一种科学、全面地反映经济业务发生的记账方法,目前被世界各国广泛采用。在1992年会计制度改革以前,我国所采用的复式记账法主要有借贷记账法、增减记账法、收付记账法,后两种方法有其不足之处。

第三节　借贷记账法

借贷记账法起源于13世纪的意大利。当时,地中海沿岸某些城市的商业和手工业发展很快,出现了马克思所说的"资本主义生产的最初萌芽"。发达的商品经济,特别是地中海沿岸某些城市中十分活跃的商业(包括海上贸易)和银钱兑换业,都迫切要求从簿记中获得有关经济往来和经营成果的重要信息。与此同时通过银行进行转账结算便受到人们的普遍欢迎。银行为了办理转账结算业务,设置了"借"、"贷"两个记账方向,将债权人记入"借方"、将债务人记入"贷方"。随着商品经济的发展,经济活动的内容日趋复杂化,记录的经济业务也不再仅限于货币资金的借贷业务,而逐渐扩展到财产物资、经营损益和经营资本等的增减变化。这时,为了求得记账的一致,对于非货币资金的借贷业务,也利用"借"、"贷"二字说明经济业务的变化情况。因此,"借"、"贷"二字逐渐失去了原来的字面含义,转化为记账符号,变成会计上的专门术语。到15世纪初期,人们增设了"资本"、"损益"账户外,又增设了"余额"账户,进行全部账户的试算平衡。随后借贷记账法传遍欧洲、美洲等世界各地,称为世界通用的记账方法,使得会计称为一种国际信息,称为一种国际化商业语言。

我国1992年11月30日颁布的《企业会计准则》规定,自1993年7月1日开始实施的《企业会计准则》规定,企业记账必须采用借贷记账法。借贷记账法是在相关账户中记录各项经济业务,它可以清晰地表明经济业务的来龙去脉,同时也便于试算平衡和检查账户记录的正确性。

一、借贷记账法的含义

借贷记账法,是指以"借"和"贷"作为记账符号的一种复式记账方法。借贷记账法是以会计等式为理论依据,其含义如下:

(一)"借"和"贷"只是单纯的记账符号

借贷记账法是以"借"、"贷"作为记账符号,分别作为账户的左方和右方,以此表示经济业务应记入有关账户的记账方向,反映会计要素的变化。这里的"借"、"贷"已失去其原有的含义,变成了纯粹的记账符号。

(二)"借和贷"具有双重含义

"借和贷"具有双重含义,其都具有"增加和减少"的双重含义,具体哪方记增加或记减少要视账户性质而定。在不同性质的账户中,"借""贷"所表示的经济业务的内容是不相同的,至于"借"表示增加还是"贷"表示增加,取决于账户的性质。其中借方表示"资产、成本、费用"类的增加,"负债、所有者权益、收入、利润"类的减少;贷方表示"负债、所有者权益、收入、利润"类的增加,"资产、成本、费用"类的减少。

二、借贷记账法的账户结构

借贷记账法的账户基本结构是:每一个账户都分为"借方"和"贷方",一般来说规定账户的左方为"借方",账户的右方为"贷方"。如果在账户的借方记录经济业务,可以称为"借记某科目";在账户的贷方记录经济业务,则可以称为"贷记某科目"。

(一)资产类账户的结构

资产类账户的基本结构为:借方登记增加数,贷方登记减少数,该类账户期初、期末余额在借方反映。

资产类账户期末余额的计算公式如下:

期末借方余额 = 期初借方余额 + 本期借方发生额 − 本期贷方发生额

借方	资产类账户		贷方
期初余额	×××		
本期增加额	×××	本期减少额	×××
本期借方发生额合计	×××	本期贷方发生额合计	×××
期末余额	×××		

(二)负债类账户的结构

负债类账户的基本结构为:贷方登记增加数,借方登记减少数,该类账户期初、期末若有余额,一般为贷方余额,表示负债的实有数额。负债类账户期末余额的计算公式如下:

期末贷方余额 = 期初贷方余额 + 本期贷方发生额 − 本期借方发生额

借方	负债类账户		贷方
		期初余额	
本期减少额	×××	本期增加额	×××
本期借方发生额合计	×××	本期贷方发生额合计	×××
		期末余额	×××

(三)所有者权益类账户的结构

所有者权益类账户的结构与负债类账户相同,其基本结构为:贷方登记增加数,借方登记减少数,该类账户期初、期末若有余额,一般为贷方余额,表示所有者权益的实有数额。

所有者权益类账户期末余额的计算公式如下:

期末贷方余额 = 期初贷方余额 + 本期贷方发生额 − 本期借方发生额

借方		所有者权益类账户		贷方
		期初余额		×××
本期减少额	×××	本期增加额		×××
本期借方发生额合计	×××	本期贷方发生额合计		×××
		期末余额		×××

（四）成本类账户的结构

成本类账户的结构与资产类账户相同，其基本结构为：借方登记增加数，贷方登记减少数，该类账户期初、期末若有余额，一般为借方余额，表示所归集成本的累计数额。

成本类账户期末余额的计算公式如下：

$$期末借方余额 = 期初借方余额 + 本期借方发生额 - 本期贷方发生额$$

借方		成本类账户		贷方
期初余额	×××			
本期增加额	×××	本期减少额		×××
本期借方发生额合计	×××	本期贷方发生额合计		×××
期末余额	×××			

（五）收入类账户的结构

收入类账户的结构与负债、所有者权益类账户基本相同，其基本结构为：贷方登记增加数，借方登记冲减或转销数（一般期末将贷方金额转入"本年利润"账户），该类账户期末结转以后应无余额。

借方		收入类账户		贷方
本期减少额	×××	本期增加额		×××
本期借方发生额合计	×××	本期贷方发生额合计		×××

（六）费用类账户的结构

费用类账户的基本结构与成本类账户基本相同，其基本结构为：借方登记增加数，贷方登记冲减或转销数（一般期末将借方金额转入"本年利润"账户），该类账户期末结转以后应无余额。

借方		费用类账户		贷方
本期增加额	×××	本期减少额		×××
本期借方发生额合计	×××	本期贷方发生额合计		×××

以上六类账户的基本结构可以汇总归纳如表4.4所示。

表4.4 账户总模式

账户类型	借方	贷方	余额方向
资产类	增加	减少	在借方
负债类	减少	增加	在贷方
所有者权益类	减少	增加	在贷方
收入类	减少(转销)	增加	一般无余额
成本费用类	增加	减少(转销)	一般无余额
利润类	减少	增加	在贷方

三、借贷记账法的记账规则

记账规则是指在采用某种记账方法处理经济业务时,确定其账户方向的一种规则。根据复式记账原理,对每笔经济业务都要用相等的金额同时在两个或两个以上相互联系的账户中进行登记。登记时,对每笔经济业务必须按其内容以相等的金额,一方面记入一个或几个有关联账户的借方;另一方面记入一个或几个有关联账户的贷方。记入借方账户的数额与记入贷方账户的数额必然相等。这就形成了借贷记账法下"有借必有贷,借贷必相等"的记账规则。借贷记账法的这一记账规则,现以下列经济业务为例加以说明。

【例4.1】 企业从银行提取现金1 000元以备日常零星支出所用。

该笔经济业务涉及一项资产增加,另一项资产减少。具体涉及资产中的"库存现金"和"银行存款"两个账户,"库存现金"增加了1 000元,银行存款减少了1 000元,资产的增加登记在借方,减少登记在贷方。

借方	银行存款	贷方	借方	库存现金	贷方
		1 000	⟶	1 000	

【例4.2】 企业开出一张商业汇票,面值20 000元的无息票据,用于偿还以前欠某单位的货款。

该笔经济业务涉及一项负债增加,另一项负债减少。具体涉及负债中的"应付票据"和"应付账款"两个账户,"应付票据"增加了20 000元,"应付账款"减少了20 000元,负债的增加登记在贷方,减少登记在借方。

借方	应付票据	贷方	借方	应付账款	贷方
		200 000	⟵	200 000	

【例4.3】 经批准企业将资本公积50 000元转增资本。

该笔经济业务涉及一项所有者权益增加,另一项所有者权益减少的经济业务。具体涉及所有者权益中的"资本公积"和"实收资本"两个账户。"资本公积"减少50 000元,"实收资本"增加了50 000元。所有者权益类账户增加登记在贷方,减少登记在借方。

借方 实收资本 贷方	借方 资本公积 贷方
50 000 ⟵⟶ 50 000	

【例4.4】 经股东大会批准企业宣告向投资者分配现金利润100 000元。

该笔经济业务涉及一项负债增加,一项所有者权益减少。具体涉及负债中的"应付股利"和所有者权益中的"利润分配"两个账户。"应付股利"增加100 000元,负债增加记在贷方,"利润分配"减少100 000元,所有者权益减少记在借方。

借方 应付股利 贷方	借方 利润分配 贷方
100 000 ⟵⟶ 100 000	

【例4.5】 经批准企业将已经发行的债券100 000元转为实收资本。

该笔经济业务涉及一项负债减少,一项所有者权益增加。具体涉及负债中的"应付债券"和所有者权益中的"实收资本"两个账户。"应付债券"减少100 000元,负债减少记在借方,"实收资本"增加100 000元,所有者权益增加记在贷方。

借方 实收资本 贷方	借方 应付债券 贷方
100 000 ⟵⟶ 100 000	

【例4.6】 企业向某单位购入原材料60 000元,货款尚未支付。

该笔经济业务涉及资产和负债同时增加的经济业务。具体涉及资产中的"原材料"和负债中的"应付账款"两个账户,使它们同时增加了60 000元,资产的增加登记在借方,负债的增加登记在贷方。

借方 应付账款 贷方	借方 原材料 贷方
60 000 ⟵⟶ 60 000	

【例4.7】 企业收到某投资人投入的机器设备一台,价值80 000元。

该笔经济业务涉及一项资产和一项所有者权益同时增加。具体涉及资产中的"固定资产"和所有者权益中的"实收资本"两个账户。"固定资产"增加了80 000元,资产类账户增加记在借方,"实收资本"增加了80 000元,所有者权益类账户增加记在贷方。

借方 实收资本 贷方	借方 固定资产 贷方
80 000 ⟵⟶ 80 000	

【例4.8】 企业以银行存款归还长期借款200 000元。

该笔经济业务涉及资产和负债同时减少。具体涉及资产中的"银行存款"和负债方的"长期借款"两个账户,使两个账户都减少了200 000元。资产的减少登记在贷方,负债的减少登记在借方。

借方 银行存款 贷方	借方 长期借款 贷方
200 000 ⟵⟶ 200 000	

【例4.9】 按法定程序企业减少注册资本,向投资者返还其对企业的投资300 000元,已

办妥手续,以银行存款返还给投资者。

该笔经济业务涉及资产和所有者权益同时减少。它涉及资产中的"银行存款"和所有者权益中的"实收资本"两个账户。"银行存款"减少300 000元,资产减少记在贷方,"实收资本"减少300 000元,所有者权益减少记在借方。

借方	银行存款	贷方	借方	实收资本	贷方
	300 000	←	→	300 000	

通过上述经济业务的账户登记可以看出,运用借贷记账法记录经济业务,总会涉及借方账户和贷方账户。同一项经济业务中的借方账户和贷方账户就形成了账户之间应借、应贷的对应关系,具有对应关系的账户被互称为对应账户。但有些业务所涉及的对应账户较多,如果将每笔业务的应借应贷数额直接登入各有关账户,很容易发生错误。因此在会计实务上是通过在记账凭证中编制"会计分录"来进行账务处理的。

四、会计分录

(一)会计分录及分类

在会计核算中,当经济业务发生后,首先应分析该项经济业务的内容,确定所有使用的账户,进而分析确定应记入这些账户的方向(借方还是贷方)以及金额,然后根据分析的结果登记有关的账户。这些分析工作,在会计上是通过编制会计分录来进行的。会计分录简称分录,是标明某项经济业务应记入的账户、方向与金额的记录。在实际工作中,会计人员根据所取得的有关票据编制记账凭证的过程。具体内容详见第七章。

会计分录按照所涉及账户的多少,分为简单分录、复合分录两种。

简单分录是指在一笔会计分录中,只有一个账户应记借方,另一个账户应记贷方,也就是"一借一贷"的会计分录。

复合分录是指在一笔会计分录中,一个账户应记借方,若干个账户应记贷方;或一个账户中应记贷方,若干个账户应记借方;或若干个账户应记借方,若干个账户应记贷方,也就是"一借多贷"、"一贷多借"或"多借多贷"会计分录。对于"多借多贷"会计分录,由于其对应关系不明确,因此在一般情况下不使用。复合分录是由若干个简单分录组成的,但不能把几项不同性质的业务合并编制成复合会计分录。

(二)会计分录的编制步骤

(1)分析经济业务事项所涉及的会计要素及其账户。

(2)确定所涉及账户的增减变化情况。

(3)确定所涉及账户的应借、应贷方向,并记录金额。根据账户所归属的要素,增加和减少应记入账户的方向,来确定在不同的会计科目中应该借记还是贷记。

(4)检查应借、应贷方向、账户名称和金额记录是否正确。确定应借应贷账户是否正确,借贷方的金额是否相等。

现以前面【例4.1】~【例4.9】所发生的经济业务为例,说明会计分录的编制:

【例4.1】 企业从银行提取现金1 000元以备日常零星支出所用。

借:库存现金　　　　　　　　　　　　1 000
　　贷:银行存款　　　　　　　　　　　　1 000

【例4.2】 企业开出一张商业汇票,面值20 000元的无息票据,用于偿还以前欠某单位的货款。

借:应付账款　　　　　　　　　　　　20 000
　　贷:应付票据　　　　　　　　　　　　20 000

【例4.3】 经批准企业将资本公积50 000元转赠资本。

借:资本公积　　　　　　　　　　　　50 000
　　贷:实收资本　　　　　　　　　　　　50 000

【例4.4】 经股东大会批准企业宣告向投资者分配现金利润100 000元。

借:利润分配　　　　　　　　　　　　100 000
　　贷:应付股利　　　　　　　　　　　　100 000

【例4.5】 经批准企业将已经发行的债券100 000元转为实收资本。

借:应付债券　　　　　　　　　　　　100 000
　　贷:实收资本　　　　　　　　　　　　100 000

【例4.6】 企业向某单位购入原材料60 000元,货款尚未支付。

借:原材料　　　　　　　　　　　　　60 000
　　贷:应付账款　　　　　　　　　　　　60 000

【例4.7】 企业收到某投资人投入的机器设备一台,价值80 000元。

借:固定资产　　　　　　　　　　　　80 000
　　贷:实收资本　　　　　　　　　　　　80 000

【例4.8】 企业以银行存款归还长期借款200 000元。

借:长期借款　　　　　　　　　　　　200 000
　　贷:银行存款　　　　　　　　　　　　200 000

【例4.9】 按法定程序企业减少注册资本,向投资者返还其对企业的投资300 000元,已办妥手续,以银行存款返还给投资者。

借:实收资本　　　　　　　　　　　　300 000
　　贷:银行存款　　　　　　　　　　　　300 000

以上所举各例均为简单分录。下面举例说明复合分录的编制,复合分录是由若干个简单分录组成的。

【例4.10】 企业购进原材料一批,价款60 000元。其中,以银行存款支付40 000元,其余款项暂欠。

  借：原材料   60 000
    贷：银行存款   40 000
      应付账款   20 000

这就成为一笔"一借多贷"的复合分录，也可把这笔复合分录分解为若干个简单分录：

  借：原材料   40 000
    贷：银行存款   40 000
  借：原材料   20 000
    贷：应付账款   20 000

【例4.11】 企业销售一批商品，价款50 000元，其中，30 000元收到存入银行，另外20 000元，暂未收回。

  借：银行存款   30 000
    应收账款   20 000
    贷：主营业务收入   50 000

这就成为一笔"多借一贷"的复合分录，也可把这笔复合分录分解为若干个简单分录：

  借：银行存款   30 000
    贷：主营业务收入   30 000
  借：应收账款   20 000
    贷：主营业务收入   20 000

无论是简单会计分录还是复合会计分录，其编制步骤都是相同的，编制会计分录时，应认真分析经济业务所涉及的账户类型、金额的增减，确定应借应贷的方向和金额。就会计核算的全部过程来看，编制会计分录是会计工作中的基础性工作，它贯穿于每个会计循环的始终。所以必须正确地编制会计分录，为账簿记录、财务会计报告的正确性提供基础保障。

五、借贷记账法的试算平衡

运用"有借必有贷，借贷必相等"的记账规则处理每一笔经济业务，应该是记账方向相反，金额相等。但是在记录经济业务过程中，由于人为因素，也可能产生这样或那样的差错。因此在一定时期内必须对所有账户的记录进行检查和验证，这种检查和验证的方法，就是试算平衡。

借贷记账法的试算平衡方法有两种：一种是发生额试算平衡法，即所有账户的借贷双方发生额合计必然相等；另一种是余额试算平衡，即所有账户的借方期末余额合计数与贷方期末余额合计数也必然相等。

（一）发生额试算平衡法

    全部账户本期借方发生额合计 = 全部账户本期贷方发生额合计

(二)余额试算平衡法

全部账户的借方期初余额合计 = 全部账户的贷方期初余额合计

全部账户的借方期末余额合计 = 全部账户的贷方期末余额合计

根据这种借贷平衡关系,就可以检查和验证账户记录是否正确,以提高会计核算的质量。现以前面【例4.1】~【例4.11】的资料为例进行试算平衡,如表4.5所示。

表4.5 总分类账试算平衡表

账户名称	期初余额		本期发生额		期末余额	
	借方	贷方	借方	贷方	借方	贷方
库存现金	1 000		1 000		2 000	
银行存款	1 300 000		30 000	541 000	789 000	
应收账款	50 000		20 000		70 000	
原材料	1 100 000		120 000		1 220 000	
库存商品	675 000				675 000	
固定资产	250 000		80 000		330 000	
短期借款		300 000				300 000
应付票据		40 000		20 000		60 000
应付账款		36 000	20 000	80 000		96 000
应付股利				100 000		100 000
长期借款		500 000	200 000			300 000
应付债券		1 000 000	100 000			900 000
实收资本		1 000 000	300 000	230 000		930 000
资本公积		500 000	50 000			450 000
利润分配			100 000	100 000		
主营业务收入				50 000		50 000
	3 376 000	3 376 000	1 021 000	1 021 000	3 186 000	3 186 000

可见,期初借方余额合计 3 376 000 = 期初贷方余额合计 3 376 000

本期借方发生额合计 1 021 000 = 本期贷方发生额合计 1 021 000

期末借方余额合计 3 186 000 = 期末贷方余额合计 3 186 000

通过试算平衡表来检查账簿记录是否平衡并不是绝对的。如果借贷不平衡,就可以肯定账户的记录或计算有错误。但是如果借贷平衡,却不能肯定记账没有错误,因为有些错误不影响借贷双方的平衡。如果在有关账户中重记、漏记某些经济业务,或者将借贷记账方向记反,就不能通过试算平衡表发现错误。

第四节　总分类账户与明细分类账户

一、总分类账户与明细分类账户的关系

总分类账户与其所属的明细分类账户有着密切的联系。它们所记录的经济内容是相同的,登记的依据也是相同的,所提供的核算资料是相互补充的。总分类账户提供的总括核算资料是对其所属明细分类账户资料的综合,对明细分类账户具有统驭控制作用;明细分类账户提供的明细核算资料是对其总分类账户资料的具体化,对总分类账户具有补充说明作用。总分类账户与其所属明细分类账户在总金额上应当相等。

二、总分类账户与明细分类账户的平行登记

因为总分类账户是明细分类账户的统驭账户,它对明细分类账户起着控制作用;而明细分类账户则是总分类账户的从属账户,它对总分类账户起着辅助和补充作用,两者结合起来就能概括而又详细地反映同一经济业务的记账内容,所以在记账时,总分类账户和明细分类账户总是平行登记的。所谓平行登记是指对所发生的每项经济业务事项都要以会计凭证为依据,一方面记入有关总分类账户,另一方面记入有关总分类账户所属的明细分类账户的方法。

总分类账户与明细分类账户平行登记要求做到:同依据、同期间、同方向、同金额。

(一)同依据登记

对发生的经济业务,都要以相关的会计凭证为依据,既要登记总分类账户,又要登记其所属的明细分类账户。

(二)同期间登记

对发生的每一项经济业务,都要在同一会计期间,根据同一会计凭证,一方面登记总分账户,另一方面要在有关的明细分类账户中进行明细登记。

(三)同方向登记

登记总分类账户及其所属的明细分类账户时,借、贷记账方向必须是一致的。

(四)同金额登记

登记总分类账户及其所属的明细分类账户时,总分类账户的金额必须与记入其所属的一个或几个明细分类账户的金额合计数相等。

【例4.12】　某企业2009年8月1日"原材料"账户和"应付账款"账户的期初余额如下:
"原材料"账户:

A材料:3000千克,单价15元,计45 000元

B材料:2000件,单价20元,计40 000元

"应付账款"账户：

甲工厂：20 000 元；乙工厂：30 000 元

该企业 8 月份发生如下经济业务：

1. 8 月 6 日，从甲工厂购入 A 材料 2000 千克，每千克 15 元，购入 B 材料 1000 件，每件 20 元，货款尚未支付，材料已验收入库。

2. 8 月 16 日，从乙工厂购入 A 材料 1000 千克，每千克 15 元，货款尚未支付，材料已验收入库。

3. 8 月 26 日，以银行存款偿付甲工厂货款 40 000 元，偿付乙工厂货款 25 000 元。

4. 8 月 28 日，生产产品领用 A 材料 4000 千克，领用 B 材料 2000 件。

根据上述业务编制会计分录如下：

1. 借：原材料——A 材料　　　　　　　30 000
　　　　　　——B 材料　　　　　　　20 000
　　　贷：应付账款——甲工厂　　　　　　　　　50 000
2. 借：原材料——A 材料　　　　　　　15 000
　　　贷：应付账款——乙工厂　　　　　　　　　15 000
3. 借：应付账款——甲工厂　　　　　　40 000
　　　　　　　——乙工厂　　　　　　25 000
　　　贷：银行存款　　　　　　　　　　　　　　65 000
4. 借：生产成本　　　　　　　　　　100 000
　　　贷：原材料——A 材料　　　　　　　　　　60 000
　　　　　　　——B 材料　　　　　　　　　　40 000

根据以上资料，开设"原材料"和"应付账款"总分类账户和明细分类账户，并登记期初余额，将上述经济业务分别记入有关的总分类账户和明细分类账户，结算出本期发生额和期末余额，并分别编制"原材料"和"应付账款"明细分类账户本期发生额和余额表，将其与"原材料"和"应付账款"总账进行核对。账簿记录及明细分类账户本期发生额和余额表如表 4.6、表 4.7、表 4.8、表 4.9、表 4.10、表 4.11、表 4.12、表 4.13 所示。

表 4.6　总分类账

会计科目：原材料

2009 年		凭证		摘要	借方	贷方	借或贷	余额
月	日	种类	编号					
8	1			月初余额			借	85 000
	6	转	(1)	购入材料	50 000		借	135 000
	16	转	(2)	购入材料	15 000		借	150 000
	28	转	(4)	生产领用材料		100 000	借	50 000
	31			本月发生额及月末余额	65 000	100 000	借	50 000

表4.7 原材料明细账

材料名称：A材料　　　　　　　　　　　　　　　　　　　　　最低储量：(略)
编号：(略)　　　规格：(略)　　　计量单位：千克　　　　　　最高储量：(略)

2009年		凭证号	摘要	收入			发出			结存		
月	日			数量	单价	金额	数量	单价	金额	数量	单价	金额
8	1		月初余额							3000	15	45 000
	6	(1)	购入材料	2000	15	30 000				5000	15	75 000
	16	(2)	购入材料	1000	15	15 000				6000	15	90 000
	28	(4)	生产领用材料				4000	15	60 000	2000	15	30 000
	31		本月发生额及月末余额	3000	15	45 000	4000	15	60 000	2000	15	30 000

表4.8 原材料明细账

材料名称：B材料　　　　　　　　　　　　　　　　　　　　　最低储量：(略)
编号：(略)　　　规格：(略)　　　计量单位：千克　　　　　　最高储量：(略)

2009年		凭证号	摘要	收入			发出			结存		
月	日			数量	单价	金额	数量	单价	金额	数量	单价	金额
8	1		月初余额							2000	20	40 000
	6	(1)	收入外购材料	1 000	20	20 000				3000	20	60 000
	28	(4)	生产发出材料				2000	20	40 000	1000	20	20 000
	31		本月发生额及月末余额	1 000	20	20000	2000	20	40 000	1000	20	20 000

表4.9 总分类账

会计科目：应付账款

2009年		凭证		摘要	借方	贷方	借或贷	余额
月	日	种类	编号					
8	1			月初余额			贷	50 000
	6	转	(1)	购入材料		50 000	贷	-100 000
	16	转	(2)	购入材料		15 000	贷	115 000
	26	转	(3)	偿还材料款	65 000		贷	50 000
	31			本月发生额及月末余额	65 000	65 000	贷	50 000

表4.10 应付账款明细账

明细科目：甲工厂

2009年		凭证		摘要	借方	贷方	借或贷	余额
月	日	种类	编号					
8	1			月初余额			贷	20 000
	6	转	(1)	购入材料		50 000	贷	70 000
	26	转	(3)	偿还材料款	40 000		贷	30 000
	31			本月发生额及月末余额	40 000	50 000	贷	30 000

表4.11 应付账款明细账

明细科目：乙工厂

2009年		凭证		摘要	借方	贷方	借或贷	余额
月	日	种类	编号					
8	1			月初余额			贷	30 000
	16	转	(2)	购入材料		15 000	贷	45 000
	26	转	(3)	偿还材料款	25 000		贷	20 000
	31			本月发生额及月末余额	25 000	15 000	贷	20 000

表4.12 原材料明细分类账户本期发生额和余额表

2009年8月

明细分类账户名称	计量单位	单价	期初余额		本期发生额				期末余额	
					收入		发出			
			数量	金额	数量	金额	数量	金额	数量	金额
A材料	千克	15	3000	45 000	3000	45 000	4000	60 000	2000	30 000
B材料	件	20	2000	40 000	1000	20 000	2000	40 000	1000	20 000
合计				85 000		65 000		100 000		50 000

表4.13 应付账款明细分类账户本期发生额和余额表

2009年8月

明细分类账户名称	期初余额		本期发生额		期末余额	
	借方	贷方	借方	贷方	借方	贷方
甲工厂		20 000	40 000	50 000		30 000
乙工厂		30 000	25 000	15 000		20 000
合计		50 000	65 000	65 000		50 000

从以上例子可以证实，总分类账和明细分类账平行登记时，其登记的依据、时间、方向、金额都是完全一致的。如果通过核对发现总分类账户的金额与其所属三个明细账户合计数不等，表明总分类账户或明细分类账户的登记有误，应及时查明更正。

本章小结

【重点】 通过对本章的学习应重点掌握会计账户的基本结构、复式记账的基本原理、借贷记账法和总分类账户与明细分类账户的平行登记等内容。

【难点】 复式记账的基本原理、借贷记账法下各类账户的结构及记账规则。

会计科目是对会计要素具体内容的进一步分类。账户是依据会计科目开设的，具有一定的结构,是记录经济业务增减变动的载体。会计科目与账户之间既有区别又有联系。

账户按照经济内容分类有资产类、负债类、所有者权益类、成本类、损益类;按详细程度分类有总分类账户和明细分类账户;且总分类账户和明细分类账户要平行登记。

复式记账法是对于每一笔经济业务,都要在已设置的两个或两个以上相互联系的账户中进行登记的专门方法,是我国法定的记账方法,通过复式记账能够完整地反映每一项经济业务的来龙去脉,能够反映经济活动的全貌。

借贷记账法是以"借"和"贷"作为记账符号,以会计等式为理论依据,对每一项经济业务都在两个或两个以上账户中以相等的金额相互联系地记录经济业务的一种复式记账法。

"借"、"贷"在账户中的含义取决于账户性质。对资产类账户来说,"借"表示增加,"贷"表示减少,余额在借方;对负债及所有者权益类账户来说,"贷"表示增加,"借"表示减少,余额在贷方。成本费用类账户的结构与资产类账户相同,只是没有期末余额;收入类账户的结构与负债及所有者权益类账户相同,也没有期末余额。借贷记账法的记账规则是:有借必有贷,借贷必相等。借贷记账法可以采用发生额试算平衡法和余额试算平衡法进行试算平衡,以检查账簿记录是否正确。运用借贷记账法编制会计分录是会计工作中的基础性工作,它贯穿于每一个会计循环的始终,为账簿记录、财务会计报告的正确性提供基础保障。

自测题

一、单项选择题

1. 我国规定企事业单位应使用的记账方法是 （　　）
   A. 增减记账法　　　　　　　　B. 收付记账法
   C. 借贷记账法　　　　　　　　D. 单式记账法

2. 复式记账法是对每一笔经济业务都要在(　　)相互联系的账户中进行登记。
   A. 两个　　　　　　　　　　　B. 三个
   C. 一个　　　　　　　　　　　D. 两个或两个以上

3. 所有者权益类账户借方记录 （　　）
   A. 增加发生额　　　　　　　　B. 减少发生额
   C. 增加或减少发生额　　　　　D. 以上都不对

4. 费用成本类账户借方登记 （　　）
   A. 增加发生额　　　　　　　　B. 减少发生额
   C. 增加或减少发生额　　　　　D. 以上都不对

5. 负债类账户的期末余额一般在 （　　）
   A. 借方　　　　　　　　　　　B. 贷方
   C. 借方或贷方　　　　　　　　D. 一般无期末余额

6. "应收账款"账户的期末余额等于 （　　）

A. 期初余额 + 本期借方发生额 - 本期贷方发生额
B. 期初余额 - 本期借方发生额 - 本期贷方发生额
C. 期初余额 + 本期借方发生额 + 本期贷方发生额
D. 期初余额 - 本期借方发生额 + 本期贷方发生额

7. 发生额试算平衡公式是 （　　）
A. 全部账户本期借方发生额合计 = 全部账户本期贷方发生额合计
B. 账户本期借方发生额合计 = 账户本期贷方发生额合计
C. 本期借方发生额合计 = 本期贷方发生额合计
D. 借方发生额合计 = 贷方发生额合计

8. 某企业月初有短期借款 40 万元,本月向银行借入短期借款 45 万元,以银行存款偿还短期借款 20 万元,则月末"短期借款"账户的余额为 （　　）
A. 借方 65 万元　　　　　　　B. 贷方 65 万元
C. 借方 15 万元　　　　　　　D. 贷方 15 万元

9. 某企业本月发生管理费用开支计 58 万元,月末应结平"管理费用"账户,在结平前"管理费用"账户 （　　）
A. 月末借方余额 58 万元　　　B. 本期借方发生额 58 万元
C. 月末贷方余额 58 万元　　　D. 以上都不对

10. 某企业资产总额为 100 万元,当发生以下三笔经济业务后:向银行借款 20 万元存入银行,用银行存款偿还应付款 5 万元,收回应收账款 4 万元存入银行,其资产总额为 （　　）
A. 115 万元　　　　　　　　　B. 119 万元
C. 111 万元　　　　　　　　　D. 71 万元

二、多项选择题

1. 有关借贷记账法说法正确的是 （　　）
A. 采用"借""贷"为记账符号
B. 以"资产 = 负债 + 所有者权益"这一会计等式作为理论依据
C. 记账规则是"有借必有贷,借贷必相等"
D. 是我国会计核算的法定记账方法

2. 从银行借入长期借款 5 000 元,直接用于归还前欠货款,正确的说法有 （　　）
A. 借记"长期借款"5 000 元　　B. 贷记"长期借款"5 000 元
C. 借记"应付账款"5 000 元　　D. 贷记"应付账款"5 000 元

3. 某项经济业务发生后,一个资产账户记借方,则在可能 （　　）
A. 另一个资产账户记贷方　　　B. 另一个负债账户记贷方
C. 另一个所有者权益账户记贷方 D. 另一个资产账户记借方

4. 总分类账户与明细分类账户的平行登记的要点是 （　　）

A. 所依据会计凭证相同　　　　　　　B. 借贷方向相同
C. 所属会计期间相同
D. 计入总分类账户的金额与计入其所属明细分类账户的合计金额相等

5. 会计分录包括　　　　　　　　　　　　　　　　　　　　　　　　（　　）
   A. 简单会计分录　　　　　　　　　B. 复合会计分录
   C. 单式分录　　　　　　　　　　　D. 混合分录

6. 试算平衡表无法发现的错误有　　　　　　　　　　　　　　　　（　　）
   A. 漏记某项经济业务　　　　　　　B. 重记某项经济业务
   C. 颠倒记账方向　　　　　　　　　D. 漏记一个借方余额

7. 有关总分类账户和明细分类账户的关系，以下说法正确的有　　　（　　）
   A. 总分类账户对明细分类账户具有统驭控制作用
   B. 明细分类账户对总分类账户具有补充说明作用
   C. 总分类账户与其所属明细分类账户在总金额上应当相等
   D. 总分类账户与明细分类账户所起的作用不同

8. 余额试算平衡法的公式是　　　　　　　　　　　　　　　　　　（　　）
   A. 全部账户的借方期初余额合计＝全部账户的贷方期初余额合计
   B. 全部账户的借方期末余额合计＝全部账户的贷方期末余额合计
   C. 全部账户本期借方发生额合计＝全部账户的本期贷方发生额合计
   D. 全部账户的借方期初余额合计＝全部账户的贷方期末余额合计

9. 借贷记账法的试算平衡方法有　　　　　　　　　　　　　　　　（　　）
   A. 发生额试算平衡法　　　　　　　B. 余额试算平衡法
   C. 增加额试算平衡法　　　　　　　D. 减少额试算平衡法

10. 某企业月末编制试算平衡表时，因"库存现金"账户的余额计算不正确，导致试算平衡中月末借方余额合计为168 000元，而全部账户的月末贷方余额会计为160 000元，则"库存现金"账户为　　　　　　　　　　　　　　　　　　　　　　　　　　　　　　　（　　）
    A. 贷方余额为8 000元　　　　　　B. 贷方发生额少记8 000元
    C. 借方余额为8 000元　　　　　　D. 借方发生额多记8 000元

三、判断题

1. 负债类账户登记借方金额，表示该账户金额的增加，登记借方金额，表示该账户金额的减少。
（　　）
2. 费用（成本）类账户一般无余额，如果有余额，则期末余额在贷方。（　　）
3. 对每一个账户来说，期初余额只可能在账户的一方，借方或贷方。（　　）
4. 编制试算平衡表，如果试算不平衡，则账户记录或计算一定有错误，如果试算平衡，可大体推断账户记录正确，但不可能绝对肯定账户记录无误。（　　）

5. 一个复合分录可以分解为几个简单分录。( )

四、业务计算题

某企业6月末各资产、负债及所有者权益账户的余额如下：

金额单位：元

资产类账户	金 额	负债及所有者权益账户	金 额
库存现金	2 000	短期借款	200 000
银行存款	100 000	应付账款	50 000
应收账款	50 000	应交税费	2 000
生产成本	48 000	应付职工薪酬	28 000
原材料	110 000	实收资本	600 000
库存商品	70 000		
固定资产	500 000		
合　　计	880 000	合　　计	880 000

7月份内该企业发生下列各项经济业务：
(1) 购入原材料40 000元，增值税税率17%，货款以银行存款支付。
(2) 接受投资者投入资本200 000元，款项存入银行。
(3) 从银行提取现金1 000元。
(4) 生产车间生产产品从仓库领用材料20 000元。
(5) 以银行存款购入新汽车一辆，计价150 000元。
(6) 用银行存款偿付应付供货单位材料款20 000元。
(7) 收到购货单位前欠货款30 000元，存入银行。
(8) 以银行存款80 000元归还短期借款50 000元和应付供货单位货款30 000元。
(9) 收到购货单位前欠货款20 000元，其中现金4 000元，支票16 000元存入银行。
要求：
(1) 根据资料编制会计分录。
(2) 编制总分类账试算平衡表进行试算平衡。

Chapter 5 第五章

制造企业主要经济业务的核算

【学习要点及目标】

本章主要介绍了制造业企业在筹资过程、采购过程、生产过程、销售过程、利润形成与分配过程中的主要经济业务核算及有关成本的计算。通过对本章的学习,要求掌握制造企业主要经济业务的会计工作流程及每一个环节所涉及的会计科目及主要经济业务的会计处理;充分理解借贷记账法在经济业务中的运用、理解固定资产购置业务的会计核算。

【导入案例】

张某是一所大学的教师,每月薪水3 000元,兼职收入1 000元/月,年收入总额为44 000元。张某于2008年辞去了工作,自己开了一个箱包店,注册资本100 000元,其中,借款50 000元,年利率为5%。该店在2008年的收支情况如下:

(1) 销售箱包收入300 000元。
(2) 房屋租赁费用40 000元。
(3) 已销商品成本150 000。
(4) 支付员工工资、管理费用、销售费用、财务费用、各种税费等共55 000元。
(5) 购置一辆自用轿车50 000元。

讨论题:

1. 根据上述资料,请你运用所学过的会计知识计算一下,张某箱包店一年的经营成果是多少?
2. 比较一下张某是自己开店划算还是当教师划算。

第一节　制造企业主要经济业务核算概述

制造企业,也称制造业企业,是指对采掘的自然物质和工农业生产的原材料进行加工和再加工,为国民经济其他部门提供生产资料,为全社会提供日用消费品的生产企业。从以上定义来看,制造业企业的输入是各种自然的或工农业生产的原材料,经过加工制造,输出社会需要的产品。简单地说就是购进原材料,然后对原材料进行加工,制造成产成品,再将产成品销售出去的产品生产和销售过程。

制造业企业的生产经营活动是以产品为中心进行的。企业根据市场的需求和客户订单制订生产计划,并根据企业现有的库存资源,采购生产所必需的物料,安排生产设备和人员进行生产。制造业企业的生产运作活动,是一个"投入—变换—产出"的过程,即投入一定的资源,经过一系列或多种形式的变换,使其增值,最后以某种形式提供给社会可用的产成品。

制造业企业要进行正常生产经营活动,就必须拥有一定数量的财产物资,这些再生产过程中财产物资的货币表现就是资金。生产经营资金在生产经营过程中是在不断地运动的,在运动过程中资金的占用形态不同,一般经过货币资金—储备资金—生产资金—成品资金—货币资金形态等。随着生产经营过程的不断进行,资金形态也在不断地转化,这就形成了生产经营资金的循环和周转。就生产经营过程来看,资金投入企业以后依次经过供应过程、生产过程和销售过程。

企业要进入"供、产、销"过程,必须要拥有一定数量的资金。资金来源渠道主要有两个方面,一方面是接受投资人投入资金,另一方面是向债权人借入资金,企业只有完成筹资过程才能进入正常的生产经营过程。

供应过程是制造企业产品生产的准备过程。在供应过程中,企业按照等价交换的原则,用货币资金购买原材料、机器设备、厂房等物资。这时由原来的货币资金形态分别转化为固定资金形态和储备资金形态。

生产过程是制造企业产品的制造过程。在生产过程中,企业通过劳动者利用机器设备等对原材料进行加工制造出产成品。在这一过程要发生物化劳动和劳动者的活劳动耗费,将所发生的生产费用进行归集并分配到各种产品中去,结转产品生产成本。随着生产费用的支出,其资金形态由原来的固定资金形态和储备资金形态转化为生产资金形态。产品制造完成以后,形成产成品并验收入库,资金形态又由原来的生产资金形态转化为成品资金形态。

销售过程是制造企业实现产品价值的过程。在销售过程中,企业通过对产品销售收回货款。货款中包含产品在整个生产经营过程中所发生的生产费用和利润。这时资金又从成品资金形态转化为货币资金形态,这样就完成了一次资金循环并回到资金运动的起点。另外,在此期间还要发生广告费、展览费等销售费用,交纳税金,结转销售产品的生产成本,以此计算企业财务成果。

综上所述,企业在整个生产经营过程中发生的主要经济业务内容包括:①资金的筹集业务;②供应过程业务;③生产过程业务;④销售过程业务;⑤财务成果形成与分配业务。

第二节 企业资金筹集业务的核算

企业为了进行生产经营活动,必须拥有一定数量的资金,作为生产经营活动的物质基础。企业资金的来源渠道主要有两个方面:一是投资人投入的资金,二是向银行及其他金融机构借入的资金。因而,形成了所有者权益资金业务核算和负债资金业务核算。

一、所有者权益资金筹集业务的核算

所有者权益的来源包括所有者投入的资本、直接计入所有者权益的利得和损失、留存收益等。

(1)所有者投入的资本一般是指投资者作为资本而投入到企业中的各种资产的价值以及资本溢价(股份制企业为股本溢价),包括实收资本(股本)和资本公积,是企业所有者权益的重要组成部分。

(2)直接计入所有者权益的利得和损失,是指不应计入当期损益的会导致所有者权益发生增减变动的、与所有者投入资本和向所有者分配利润无关的利得或者损失。

(3)留存收益是企业在经营过程中形成的,主要是企业从税后利润中提取的留存于企业的部分,包括盈余公积和未分配利润。

在本节我们着重介绍所有者权益中的实收资本和资本公积业务的核算,至于留存收益的内容将在本章第六节利润形成与分配业务核算中进行阐述。

(一)实收资本业务的核算

1. 实收资本的含义

实收资本,是指企业的投资者按照企业章程或合同、协议的约定,实际投入企业的资本金以及按照有关规定由资本公积、盈余公积转为资本的资金,包括货币资金、实物和无形资产等。投资者向企业投入的资本,在一般情况下无需偿还,并可以长期周转使用。我国实行注册资本制度。除国家另有规定外,企业的投入资本应等于注册资本。所谓注册资本,是指企业在设立时向工商行政管理部门登记的资本总额,也就是全部出资者设定的出资额之和。注册资本是企业法定资本,是企业承担民事责任的财力保证。

我国《公司法》也将股东出资额达到法定资本最低限额作为公司成立的必备条件。《公司法》对各类公司注册资本的最低限额都有明确规定:有限责任公司注册资本的最低限额为人民币3万元,股份有限公司注册资本的最低限额为人民币500万元,法律、行政法规对其注册资本最低限额有较高规定的,从其规定。一人公司注册资本的最低限额为人民币10万元,股东应当一次足额缴纳公司章程规定的出资额。一个自然人只能投资设立一个一人有限责任

公司。

2. 实收资本的分类

实收资本按照投资主体的不同,可分为国家投资、法人投资、个人投资和外商投资。国家投资是指有权代表国家投资的政府部门或者机构以国有资产投放企业所形成的资本;法人投资是指我国具有法人资格的单位以其依法可以支配的资产投入企业所形成的资本;个人投资是指我国公民以其合法财产投入企业所形成的资本;外商投资是指外国投资者以及我国香港、澳门和台湾地区的投资者将资产投入企业所形成的资本。

投入的资本按照投入资本的物质形态不同,可以分为货币投资、实物投资、无形资产投资等。

3. 实收资本的计价

实收资本是按照投资人作为资本投入到企业中的各种资产的价值计量。投资者的出资方式不同,计价方法也有所差别。

(1)以货币出资的计价

投资者以货币方式出资,包括以人民币出资和外币出资。我国企业投资者一般以人民币出资,企业可于收到时按实际收款额作为投入资本入账。

(2)以非货币资产出资的计价

投资者以房屋、建筑物、机器设备等固定资产、原材料和无形资产等出资的,应当按照投资合同或协议约定的价值确定,但合同或协议约定价值不公允的除外。

4. 设置的账户

应设置"实收资本"账户(股份有限公司为"股本"),该账户性质属于所有者权益类,用来核算和监督所有者投入企业资本的增减变化及其结存情况。贷方登记所有者投入资本金(实收资本的增加);借方登记投资人收回资本金(实收资本的减少);期末余额在贷方,表示所有者投入企业实有资本或股本数额。该账户应按投资人、投资单位设置明细分类账。

借方	实收资本(股本)	贷方
实收资本的减少(减资)	期初余额	
	实收资本的增加(投入和转入)	
	期末余额:实收资本的实有数额	

5. 实收资本的会计处理

【例5.1】 远大公司收到国家投入的货币资金500 000元,款项已存入银行。

这项经济业务的发生,一方面使得公司的银行存款增加500 000元,记入"银行存款"账户借方;另一方面使公司所有者对公司投入资本金增加500 000元,记入"实收资本"账户贷方。远大公司应编制的会计分录如下:

借:银行存款　　　　　　　　　　　500 000
　　贷:实收资本　　　　　　　　　　500 000

【例5.2】 远大公司收到A公司投入一台设备,投资单位账面原值60 000元,双方协商确认价值为55 000元,该设备已投入使用。

这项经济业务的发生,一方面使得公司的固定资产增加55 000元,记入"固定资产"账户借方;另一方面使公司所有者对公司投入资本增加55 000元,记入"实收资本"账户贷方。远大公司应编制的会计分录如下:

借:固定资产　　　　　　　　　55 000
　　贷:实收资本　　　　　　　　　　55 000

【例5.3】 远大公司接受B公司投入的商标权,经专家评估确认价值为90 000元。

这项经济业务的发生,应明确商标权属于无形资产。企业接受无形资产的投资,一方面使得公司的无形资产增加90 000元,记入"无形资产"账户的借方;另一方面使公司所有者对公司投入资本增加90 000元,记入"实收资本"账户的贷方。远大公司应编制的会计分录如下:

借:无形资产　　　　　　　　　90 000
　　贷:实收资本　　　　　　　　　　90 000

【例5.4】 A股份有限公司发行普通股1 000 000股,每股面值1元,每股发行价格1元。假定股票发行成功,股款1 000 000元已全部收到并存入银行。A公司应编制的会计分录如下:

股份有限公司发行股票,企业应当按照股票面值的部分记入"股本"账户。这项经济业务的发生,一方面使得公司的银行存款增加1 000 000元,记入"银行存款"账户借方;另一方面使公司所有者权益中的股本增加1 000 000元,记入"股本"账户贷方。A股份有限公司应编制的会计分录如下:

股本 = 1 000 000股 × 1元/股 = 1 000 000元

借:银行存款　　　　　　　　　1 000 000
　　贷:股本　　　　　　　　　　　　1 000 000

(二)资本公积业务的核算

1. 资本公积的含义

资本公积是所有者权益的组成部分,是指投资者或者他人投入到企业、所有权归属于投资者,并且在金额上超过法定资本部分的资本或者资产,以及直接计入所有者权益的利得和损失等。

资本公积与实收资本虽然都属于投入资本范畴,但两者又有区别。实收资本一般是投资者投入的、为谋求价值增值的原始投资,而且属于法定资本,因此,实收资本无论是在来源上,还是在金额上,都有比较严格的限制。资本公积在金额上并没有严格限制,而且在来源上也相对比较多样,只是由于法律的规定而无法直接以资本的名义出现。资本公积从其实质上看是一种准资本。

2. 资本公积的来源

资本公积有其特定的来源,其主要来源是资本(或股本)溢价和直接计入所有者权益的利得和损失等。

资本(或股本)溢价是指企业收到投资者出资额超出其在注册资本(或股本)中所占份额的投资。形成资本(或股本)溢价的原因有溢价发行股票、投资者超出注册资本的份额缴入的资本等。

直接计入所有者权益的利得和损失是指不应计入当期损益、会导致所有者权益发生增减变动的、与所有者投入资本或者向所有者分配利润无关的利得和损失。

3. 资本公积的用途

资本公积的主要用途是可以依法用于转增资本,而不得作为投资利润或股利进行分配。在用资本公积转增资本时,既没有改变企业的投入资本总额,也没有改变企业的所有者权益总额,则不会增加企业的价值。即在办理增资手续后用资本公积转增实收资本,并按所有者原有投资比例增加投资人的实收资本。

4. 设置的账户

应设置"资本公积"账户,该账户性质属于所有者权益类,是用来核算和监督企业收到投资者出资超出其在注册资本或股本中所占的份额以及直接计入所有者权益的利得和损失等。贷方登记资本公积的增加额;借方登记资本公积的减少额;期末余额在贷方,表示企业尚有资本公积的余额。该账户应当按资本公积形成的来源分别设置"资本溢价"或"股本溢价"、"其他资本公积"等明细分类账。

借方	资本公积	贷方
资本公积的减少(使用)	期初余额	
	资本公积的增加(取得)	
	期末余额:资本公积的结存数额	

5. 资本公积的会计处理

【例5.5】 远大公司收到D投资者投入企业的货币资金550 000元,款项已存入银行,其中,500 000元属于注册资本,50 000元属于资本溢价。

这项经济业务的发生,是一项接受投资而又涉及超出法定注册资本份额的业务。其中相当于法定注册资本份额部分应记入"实收资本"账户贷方,超出部分应记入"资本公积"账户贷方。该项业务又涉及"银行存款"增加,应记入"银行存款"账户借方。远大公司应编制的会计分录如下:

借:银行存款　　　　　　　　　　550 000
　　贷:实收资本　　　　　　　　　　500 000
　　　　资本公积　　　　　　　　　　50 000

【例5.6】 W股份有限公司委托某证券公司代理发行普通股1 000 000股,每股面值1

元,按每股1.2元价格发行。公司与受托单位约定,按发行收入的3%收取手续费,从发行收入中扣除。假如股款已存入银行。

股份有限公司发行股票,均通过"股本"账户核算。当溢价发行股票时,企业应当将相当于股票面值的部分记入"股本"账户,其余部分在扣除发行手续费、佣金等发行费用后记入"资本公积"账户。款项存入银行应记入"银行存款"的借方。W公司应编制的会计分录如下:

W公司收到委托单位发来的现金 = 1 000 000 股 × 1.2 元/股 × (1 - 3%) = 1 164 000 (元)

股本 = 1 000 000 股 × 1 元/股 = 1 000 000 (元)

发行溢价 = 1 000 000 股 × 0.2 元/股 = 200 000 (元)

发行手续费 = 1 000 000 股 × 1.2 元/股 × 3% = 36 000 (元)

应记入资本公积的金额 = 溢价收入 - 发行手续费 = 200 000 - 36 000 = 164 000 (元)

借:银行存款　　　　　　　　　　　1 164 000
　　贷:股本　　　　　　　　　　　　1 000 000
　　　　资本公积——股本溢价　　　　164 000

【例5.7】 远大公司经股东大会批准,将公司的资本公积200 000元转增资本。

这是一项所有者权益内部转化的业务。该项经济业务的发生,一方面使得公司的实收资本增加200 000元,记入"实收资本"账户贷方;另一方面使得公司的资本公积减少200 000元,记入"资本公积"账户借方。远大公司应编制的会计分录如下:

借:资本公积　　　　　　　　　　　200 000
　　贷:实收资本　　　　　　　　　　200 000

二、负债资金筹集业务的核算

企业在生产经营过程中,由于周转资金不足,向银行或其他金融机构借入款项而筹集到的资金形成企业的负债。由于负债的产生,形成债权人对企业资产的要求权,也称为"债权人权益"。对这部分权益,企业必须以资产、提供劳务或举借新的负债去偿还。负债按其偿还期限的长短可以分为流动负债和非流动负债。流动负债指将在1年内(含1年)或超过1年的一个营业周期内偿还的债务;非流动负债是指偿还期在1年以上或超过1年的一个营业周期以上偿还的债务。作为债务人应该按照贷款合同的规定,按期支付利息,到期归还本金。

(一)短期借款业务的核算

1. 短期借款的含义

短期借款是指企业为了满足日常生产经营活动对资金的需求,而向银行或其他金融机构等借入的偿还期限在1年以内(含1年)的各种临时性借款。短期借款一般是企业为维持正常的生产经营所需的资金而借入的或者为抵偿某项债务而借入的款项。短期借款应当按照借款本金和确定的银行借款利率按期计提利息,计入当期损益。

2. 设置的账户

(1)"短期借款"账户。该账户性质属于负债类,是用来核算和监督企业向银行或其他金融机构借入的期限在 1 年以下(含 1 年)的各种借款。贷方登记借入的各种借款;借方登记归还的各种借款;余额在贷方,表示尚未归还的各种借款。该账户应按贷款单位和贷款种类设置明细分类账。

借方	短期借款	贷方
短期借款的减少(偿还)	期初余额	
	短期借款的增加(取得)	
	期末余额:尚未归还的短期借款	

(2)"财务费用"账户。该账户性质属于损益类,是用来核算和监督企业为筹集生产经营所需资金等而发生的各种筹资费用,包括利息支出(减利息收入)、佣金,以及相关的手续费等。借方登记发生的财务费用;贷方登记应冲减财务费用(如利息收入)以及期末转入"本年利润"账户的财务费用;结转以后,期末没有余额。该账户应按照费用项目设置明细分类账。

借方	财务费用	贷方
发生的费用:	利息收入	
利息支出	期末转入"本年利润"账户	
手续费用		
汇兑损益		

(3)"应付利息"账户。该账户性质属于负债类,是用来核算和监督企业按照合同约定应支付的利息,包括吸收存款、分期付息到期还本的长期借款、企业债券等应付的利息。借方登记实际支付的利息;贷方登记按确定利率计算应付的利息;期末余额在贷方,表示企业按照合同约定应付而未付的利息。该账户应当按照存款人或债权人设置明细分类账。

借方	应付利息	贷方
实际支付的利息	期初余额	
	计算应付的利息	
	期末余额:应付未付的利息	

3. 短期借款的会计处理

【例5.8】 远大公司由于生产经营临时性需要,在 2009 年 6 月 30 日向银行申请借入流动资金 300 000 元,借款期限 3 个月,年利率 6%,款项已存入银行。企业编制取得借款时、计提利息时、到期偿还本金和利息时的会计分录。

(1)企业在取得借款时,一方面使得流动负债增加,记入"短期借款"账户贷方;另一方面使得企业的资产增加,记入"银行存款"账户借方。远大公司应编制的会计分录如下:

借:银行存款 300 000

贷：短期借款　　　　　　　　　　　　　　　　　　　　300 000

(2)按月计提利息时,按照权责发生制原则,企业一般按月计提利息,按季支付利息。计提利息业务,一方面使得企业流动负债增加,记入"应付利息"账户贷方;另一方面使得企业利息费用增加,记入"财务费用"账户借方。

$$月利息 = 300\,000 \times 6\% \div 12 = 1\,500(元)$$

远大公司应编制的会计分录如下：
借：财务费用　　　　　　　　　　　　　　　　　　　　1 500
　　贷：应付利息　　　　　　　　　　　　　　　　　　　1 500

7月末、8月末、9月末都作如上相同的会计分录。

(3)2009年9月30日偿还本金和利息时,一方面使得企业资产减少,记入"银行存款"账户贷方;另一方面使得企业短期借款本金减少,记入"短期借款"账户借方,同时也使得企业应付的银行借款利息减少,记入"应付利息"账户借方。远大公司应编制的会计分录如下：

借：短期借款　　　　　　　　　　　　　　　　　　　　300 000
　　应付利息　　　　　　　　　　　　　　　　　　　　　4 500
　　贷：银行存款　　　　　　　　　　　　　　　　　　　304 500

(二)长期借款业务的核算

1. 长期借款业务的含义

长期借款是企业向银行及其他金融机构借入的偿还期限在1年以上或超过1年的一个营业周期以上的各种借款。一般来说,企业举借长期借款,主要是为了购建大型固定资产等。长期借款利息的会计处理,是按照权责发生制原则,企业应当按月计提借款利息,并根据借入资金用途不同进行不同的利息处理。如果借入的款项用于购建固定资产、无形资产,其长期借款利息在工程达到预定可使用状态之前所发生的利息支出记入有关工程成本,当工程达到预定可使用状态之后产生的利息支出应停止借款费用资本化而予以费用化,计入当期财务费用;如果借入的款项用于日常的生产经营,其利息费用记入财务费用。

2. 设置的账户

应设置"长期借款"账户,该账户性质属于负债类,是用来核算和监督企业向银行或其他金融机构借入的期限在1年以上(不含1年)的各种借款。贷方登记借入的各种借款;借方登记归还的各种借款;期末余额在贷方,表示企业尚未归还的各种借款。该账户应按贷款单位和贷款种类设置明细分类账。

借方	长期借款	贷方
长期借款的减少(偿还)	期初余额	
	长期借款的增加(取得)	
	期末余额:尚未归还的长期借款	

3. 长期借款的会计处理

【例5.9】 远大公司于2009年12月1日因建造生产用厂房向银行借入900 000元,借款期限为2年,款项存入银行。

该项经济业务的发生,一方面使得公司的银行存款增加900 000元,记入"银行存款"账户借方;另一方面使得公司的长期负债增加900 000元,记入"长期借款"账户贷方。远大公司应编制的会计分录如下:

借:银行存款　　　　　　　　　　　　　900 000
　　贷:长期借款　　　　　　　　　　　　　900 000

【例5.10】 承上例,如果借款的年利率为10%,合同规定分次付息,单利计息,每月应计提借款利息。

该项经济业务的发生,关于长期借款利息:
(1)在固定资产达到预定可使用状态前,记入"在建工程"账户借方。
(2)在固定资产达到预定可使用状态后,记入"财务费用"账户借方;同时,企业的负债增加,记入"应付利息"的贷方。

$$月利息 = 900\ 000 \times 10\% \div 12 = 7\ 500(元)$$

远大公司应编制的会计分录如下:

借:在建工程(或财务费用)　　　　　　　7 500
　　贷:应付利息　　　　　　　　　　　　　7 500

【例5.11】 承上例,如果企业按季支付长期借款利息时、到期偿还本金时的会计处理。
(1)按季支付长期借款利息时:

借:应付利息　　　　　　　　　　　　　22 500
　　贷:银行存款　　　　　　　　　　　　　22 500

(2)到期偿还本金时:

借:长期借款　　　　　　　　　　　　　900 000
　　贷:银行存款　　　　　　　　　　　　　900 000

第三节　供应过程业务的核算

企业筹集到资金以后,进入生产所需物资的采购阶段——供应过程。供应过程是生产的准备过程,也是制造企业生产经营过程的第一个阶段。该阶段主要是采购生产所需的材料并计算材料的采购成本以及购置生产经营所用的固定资产等,为下一步产品的生产做好物资准备工作。

一、材料采购业务的核算

(一) 材料采购成本的构成

企业生产所需的材料,通常情况下,都是从外单位采购而来的。在材料的采购过程中,要发生材料的买价、采购费用和增值税的进项税等相关问题。另外,由于材料取得方式的不同,材料成本的构成内容也不尽相同。

材料取得的计价一般遵循历史成本原则,即企业取得材料应当按照成本进行初始计量。制造业企业材料采购成本主要包括:

(1) 买价(供货单位的发票账单上列明的价款)。

(2) 运杂费(包括运输费、装卸费、保险费、包装费、仓储费等)。

(3) 运输途中的合理损耗,指企业与供应或运输部门所签订的合同中规定的合理损耗或必要的自然损耗。

(4) 入库前的挑选整理费用,指购入的材料在入库前需要挑选整理而发生的费用,包括挑选过程中所支付给挑选人员的工资支出和必要的损耗,但要扣除下脚残料的价值。入库后的挑选整理费用计入管理费用。

(5) 购入物资负担的税金和其他费用,指企业购买材料时发生的进口关税、消费税、资源税和不能抵扣的增值税进项税额以及相应的教育费附加等应计入材料采购成本的税费。

发生以上可归属于材料采购的费用,能分清负担对象的,应直接计入该材料的采购成本;不能分清负担对象的,应选择合理的分配方法,分配计入有关材料的采购成本。分配方法通常包括按所购材料的重量、体积或采购价格比例进行分配。

下列费用不应计入材料的采购成本:

(1) 市内零星运杂费。

(2) 采购人员的差旅费。

(3) 采购机构的经费及供应部门和仓库的经费。

根据企业经营规模的大小和核算资料是否完整,材料取得和发出的方法分为按实际成本计价和按计划成本计价。本教材主要讲解按实际成本计价;按计划成本计价,这里不加详述,留待以后进行学习。

(二) 设置的账户

1."在途物资"账户

"在途物资"账户性质属于资产类,是用来核算和监督企业外购材料的买价和各种采购费用(即材料采购的实际成本),但材料尚未验收入库。借方登记购入材料物资的买价和采购费用;贷方登记月末按实际采购成本转入"原材料"账户借方的数额;期末余额在借方,表示企业在途材料、商品等物资的采购成本。该账户可按供应单位和物资品种设置明细分类账。

借方	在途物资	贷方
期初余额 购入材料： 　买价 　采购费用	验收入库材料的实际采购成本	
期末余额：在途材料的采购成本		

2."原材料"账户

"原材料"账户性质属于资产类,用来核算和监督企业库存各种材料的收入、发出和结存情况,包括原料及主要材料、辅助材料、外购半成品(外购件)、修理用备件(备品备件)、包装材料、燃料等。借方登记已经验收入库材料的实际成本；贷方登记发出材料的实际成本；期末余额在借方,表示库存材料的实际成本。该账户应当按照材料的类别、品种和规格设置明细分类账。

借方	原材料	贷方
期初余额 验收入库材料的实际成本(材料增加)	发出库存材料的实际成本(材料减少)	
期末余额：库存材料结存实际成本		

3."应付账款"账户

"应付账款"账户性质属于负债类,是用来核算和监督企业因采购材料、商品和接受劳务而应付给供应单位的款项。贷方登记应付未付款项的数额,借方登记实际归还款项的数额,期末余额在贷方,表示应付未付给供应单位的款项。该账户应当按照供应单位设置明细分类账。

借方	应付账款	贷方
偿还供应单位款项(减少)	期初余额 应付供应单位款项(增加)	
	期末余额：尚未偿还的应付款项	

4."预付账款"账户

"预付账款"账户性质属于资产类,是用来核算和监督企业按照合同规定向供应单位预付购料款而与供应单位发生的结算债权的增减变动及其结余情况。借方登记企业按照合同规定预付给供应单位的款项(预付账款的增加)以及补付的款项；贷方登记收到供应单位提供的材料物资而应冲销预付账款(预付账款的减少)以及退回多预付给供应单位的款项；若期末余额在借方,表示企业实际已预付的款项,若期末余额在贷方,表示企业尚未补付的款项。该账户应按照供应单位设置明细分类账。

借方	预付账款	贷方
期初余额		
预付、补付供应单位的款项（增加）	冲销、退回已预付供应单位的款项（减少）	
期末余额：实际已预付的款项	期末余额：尚未补付的款项	

5."应付票据"账户

"应付票据"账户性质属于负债类，是用来核算和监督企业采用商业汇票结算方式购买材料物资等而开出、承兑商业汇票的增减变动及其结存情况。贷方登记企业开出、承兑商业汇票的增加，借方登记到期商业汇票的减少；期末余额在贷方，表示尚未到期的商业汇票的期末结余额。该账户企业应按照债权人的不同设置明细账户进行明细核算，同时设置"应付票据备查簿"，详细登记商业汇票的种类、号数和出票日期、到期日、票面金额、交易合同号和收款人姓名或收款单位名称以及付款日期和金额等资料。应付票据到期结清时，在备查簿中注销。

借方	应付票据	贷方
	期初余额	
到期应付票据的减少（不论是否已经付款）	开出、承兑商业汇票的增加	
	期末余额：尚未到期商业汇票的结余额	

6."应交税费"账户

"应交税费"账户性质属于负债类，是用来核算和监督企业应交纳的各种税费，包括增值税、消费税、营业税、所得税、资源税、土地增值税、城市维护建设税、房产税、土地使用税、车船税、个人所得税、教育费附加等。贷方登记应交纳的各种税金，借方登记已交纳的税金，期末余额通常在贷方，表示企业尚未缴纳的税金。该账户应按照应交税金的税种设置明细分类账。

需要说明的是：企业为了核算和监督应交增值税的增减情况，应设置"应交税费——应交增值税"明细账户。该账户借方登记企业购进货物或接受应税劳务支付的进项税额和实际已交纳的增值税，贷方反映销售货物或应税劳务所发生的销项税额。若期末余额在贷方，表示企业尚未交纳的增值税；若期末余额在借方，表示企业多交或尚未抵扣的增值税。

增值税是指纳税人销售货物和提供加工、修理修配劳务以及进口货物而就其产生的增值额征收的一种流转税，是一种价外税。按照纳税人的经营规模及会计核算制度的健全程度，增值税的纳税人分为一般纳税企业和小规模纳税企业。一般纳税企业应交纳的增值税，根据当期销项税额减去当期进项税额计算确定；小规模纳税企业应交纳的增值税额，按照销售额和规定的征收率计算确定。

（1）一般纳税人增值税应纳税额的计算。增值税一般纳税人销售货物或提供应税劳务，其应纳增值税税额为当期销项税额抵扣当期进项税额后的余额。应纳税额的计算公式为：

$$当期应纳税额 = 当期销项税额 - 当期进项税额$$

当期销项税额是纳税人销售货物或者提供应税劳务,按照销售额或应税劳务收入和规定的税率计算并向购买方收取的增值税额为销项税额。其基本税率为17%,低税率为13%。销项税额的计算公式是:

$$销项税额 = 销售额 \times 适用税率$$

$$销售额 = 含税销售额 \div (1 + 增值税税率)$$

根据税法的规定,准予从销项税额中抵扣的进项税额,限于下列增值税扣税凭证上注明的增值税额。

①从销售方取得的增值税专用发票上注明的增值税额;

②从海关取得的海关进口增值税专用缴款书上注明的增值税额。

③购进农产品,除取得增值税专用发票或者海关进口增值税专用缴款书外,按照农产品收购发票或者发票上注明的农产品买价和13%的扣除率计算的进项税额。进项税额=买价×扣除率(13%)。

④购进或销售货物以及在生产经营过程中支付运输费用,按照运输费用结算单据上注明的运输费用金额和7%的扣除率计算的进项税额。进项税额=运输费用金额×扣除率(7%)。

(2)小规模纳税人增值税应纳税额的计算。小规模纳税人销售货物或者提供应税劳务,按照销售额和《增值税暂行条例》规定的3%的征收率计算应纳税额,不得抵扣进项税额。应纳税额计算公式是:

$$应纳税额 = 销售额 \times 征收率$$

小规模纳税人销售货物或者应税劳务采用销售额和应纳税额合并定价方法的,按下列公式计算销售额:

$$销售额 = 含税销售额 \div (1 + 征收率)$$

借方	应交税费——应交增值税	贷方
期初余额	期初余额	
进项税额	销项税额	
已交税额	进项税额转出	
期末余额:企业多交的增值税 尚未抵扣的增值税	期末余额:尚未交纳的增值税	

(三)主要经济业务的会计处理

【例5.12】 2009年12月1日远大公司向甲公司购入A材料20 000千克,单价25元,总计500 000,增值税额85 000元,材料尚未验收入库,货款以银行存款支付。

该项经济业务发生,涉及"在途物资"、"应交税费——应交增值税"和"银行存款"三个账户。采购成本的增加,记入"在途物资"账户借方;支付进项增值税,记入"应交税费——应交增值税(进项税额)"账户借方;银行存款的减少,记入"银行存款"户的贷方。远大公司应编制的会计分录如下：

  借：在途物资——A 材料   500 000

    应交税费——应交增值税(进项税额) 85 000

   贷：银行存款   585 000

【例5.13】 2009 年 12 月 4 日远大公司向下列供应单位购进 B 材料，如表5.1 所示，材料已验收入库，但货款、增值税以及运杂费尚未支付。

表5.1 B 材料采购明细表

供应单位	数量(kg)	单价(kg/元)	货款(元)	运杂费(元)	增值税(元)	金额合计(元)
宏远公司	500	50	25 000	500	4 250	29 750
大力公司	200	52	10 400	200	1 768	12 368
合　　计	700		35 400	700	6 018	42 118

该项经济业务的发生，其购入材料的买价和运杂费均为材料采购成本的部分，应把合计数(35 400 + 700 = 36 100)记入材料采购成本，记入"原材料"账户的借方，支付的增值税 6 018 元，记入"应交税费——应交增值税(进项税额)"账户的借方；由于货款、增值税以及运杂费尚未支付，从而形成了企业对供应单位的一项负债，记入"应付账款"账户贷方。远大公司应编制的会计分录如下：

  借：原材料——B 材料   36 100

    应交税费——应交增值税(进项税额) 6 018

   贷：应付账款——宏远公司   29 750

       ——大力公司   12 368

【例5.14】 2009 年 12 月 5 日远大公司以银行存款支付上述购入 A 材料的装卸费、运输费、包装费等 500 元，A 材料验收入库。

该项经济业务的发生，所支付材料的装卸费、运输费、包装费等构成材料采购成本，记入"在途物资"账户借方；同时使得企业银行存款减少，记入"银行存款"账户贷方。材料已验收入库，将材料采购成本转入"原材料"账户的借方。远大公司应编制的会计分录如下：

(1)发生采购费用：

  借：在途物资——A 材料   500

   贷：银行存款   500

(2)材料验收入库：

  借：原材料——A 材料   500 500

   贷：在途物资——A 材料   500 500

【例5.15】 2009 年 12 月 10 日，远大公司向丙公司购进 A 材料 40 000 千克，单价 25 元，计 1 000 000 元，增值税额 170 000 元；购进 B 材料 20 000 千克，单价 50 元，计 1 000 000，增值

税额 170 000 元。材料尚未验收入库,企业开出一张商业承兑汇票,期限为 60 天。

这项经济业务发生,涉及"在途物资"、"应交税费——应交增值税(进项税额)"和"应付票据"三个账户。材料采购成本的增加,记入"在途物资"账户借方;支付增值税,记入"应交税费——应交增值税(进项税额)"账户借方;应付购货款及增值税款,记入"应付票据"账户贷方。远大公司应编制的会计分录如下:

借:在途物资——A 材料　　　　　　　1 000 000
　　　　　——B 材料　　　　　　　　1 000 000
　　应交税费——应交增值税(进项税额)　340 000
　贷:应付票据　　　　　　　　　　　　2 340 000

【例 5.16】 2009 年 12 月 12 日,远大公司以银行存款支付上述 A、B 两种材料的运杂费用 6 000 元,按材料重量标准进行分摊。

该项经济业务是在采购多种材料过程中,所发生的共用采购费用,不能只归属于某一种材料,必须按一定的标准进行分摊。本例中的分摊标准是按重量标准分摊,计算过程如下。

计算公式:

分配率 = 待分配的费用/分配标准之和 = 6 000/(40 000 + 20 000) = 0.10(元/千克)

$$分配额 = 某种分配标准 \times 分配率$$

A 材料分配额 = 40 000 × 0.1 = 4 000(元)
B 材料分配额 = 20 000 × 0.1 = 2 000(元)

远大公司应编制的会计分录如下:

借:在途物资——A 材料　　　　　　　4 000
　　　　　——B 材料　　　　　　　　2 000
　贷:银行存款　　　　　　　　　　　　6 000

【例 5.17】 2009 年 12 月 13 日,上述 A、B 材料到达远大公司并验收入库,结转其采购成本。A、B 材料到达到公司,计算其采购成本:

A 材料采购成本 = 1 000 000 + 4 000 = 1 004 000(元)
B 材料采购成本 = 1 000 000 + 2 000 = 1 002 000(元)

并将两种材料由"在途物资"账户的贷方转入"原材料"账户的借方。远大公司应编制的会计分录如下:

借:原材料——A 材料　　　　　　　　1 004 000
　　　　——B 材料　　　　　　　　　1 002 000
　贷:在途物资——A 材料　　　　　　　1 004 000
　　　　　　——B 材料　　　　　　　1 002 000

二、固定资产购置业务的核算

企业除了有上述材料采购业务以外,在生产经营过程中,还要购置厂房、机器设备、运输工具等长期资产来满足产品生产的需要。下面主要介绍企业所需的生产资料中的固定资产购置业务的核算。

(一)固定资产特征及入账价值

固定资产是指同时具有下列特征的有形资产:

①为生产商品、提供劳务、出租或经营管理而持有的;

②使用寿命超过一个会计年度;

③有形资产。

固定资产按取得方式的不同,主要包括外购、自行建造、投资者投入、融资租入、盘盈等。不同来源方式取得的固定资产,其入账价值和会计处理方法也不尽相同。下面重点介绍固定资产购置业务的两种情况,一是不需要安装固定资产核算,二是需要安装固定资产的核算。其入账价值的确定如下:

外购固定资产的成本,包括购买价款、相关税费、使固定资产达到预定可使用状态前所发生的可归属于该项资产的运输费、装卸费、安装费和专业人员服务费等。

企业用一笔款项购入多项没有单独标价的固定资产时,应按各项固定资产公允价值的比例对总成本进行分配,以确定各项固定资产的入账价值。

需要说明的是:自 2009 年 1 月 1 日起,我国增值税由原来的生产型转型为消费型。消费型增值税的核心是企业在计算应缴增值税时,允许企业扣除购入用于生产使用的机器设备所含的增值税,但是与企业技术更新无关且容易混为个人消费的自用消费品(如小汽车)以及作为不动产的固定资产所含的进项税额,不得予以抵扣。

(二)固定资产的会计核算

1. 设置的账户

为了总括地核算和监督企业固定资产的取得、使用和处置等情况,在会计上应设置"固定资产"账户。该账户属于资产类,借方登记固定资产的增加,贷方登记固定资产的减少;期末余额在借方,表示企业现有固定资产的总额。该账户应当按照固定资产的项目或类别设置明细账户进行明细分类核算。需要说明的是,为了反映企业固定资产的规模,该账户要求按照固定资产取得或形成时的实际成本(即原始价值)反映其增减变动。

借方	固定资产	贷方
期初余额		
取得固定资产原始价值的增加	处置固定资产原始价值的减少	
期末余额:现有固定资产原始价值的结余数		

企业外购或取得的机器、设备等劳动资料,有些需要建设安装以后才能投入使用,我们把这些项目称之为在建工程。为了总括地核算和监督企业在建工程的进行和完成情况,在会计上应设置"在建工程"账户,该账户属于资产类,借方登记基本建设、建筑安装、技术改造等工程的实际支出数,贷方登记项目完工结转的工程成本;期末余额在借方,表示尚未完工的工程成本。该账户应当按照建筑工程、安装工程、在安装设备以及单项工程等设置明细账户进行明细分类核算。

借方	在建工程	贷方
期初余额		
工程发生的全部支出	结转完工工程成本	
期末余额:未完工工程成本		

2. 会计处理

(1)购入不需要安装的固定资产。购入不需要安装的固定资产,指企业购入的固定资产不需要安装就可以直接交付使用。企业应按购入时实际支付的买价、包装费、运输费、装卸费、交纳的有关税金(如进口关税、耕地占用税、契税、车辆购置税等)等作为入账价值,借记"固定资产"账户,贷记"银行存款"等账户。

【例5.18】 远大公司以银行存款购入一台不需要安装的生产用机器设备,发票价格200 000元,增值税进项税额34 000元,包装费、运杂费2 000元,该设备已经交付使用。远大公司应编制的会计分录如下:

借:固定资产——生产经营用固定资产　　　　202 000
　　应交税费——应交增值税(进项税额)　　　34 000
　　贷:银行存款　　　　　　　　　　　　　　236 000

(2)购入需要安装的固定资产。购入需要安装的固定资产,指购入的固定资产需要经过安装以后才能交付使用。企业购入固定资产支付的买价、包装费、运输费以及发生的安装费等均应通过"在建工程"账户核算,待安装完毕达到预定可使用状态时,再由"在建工程"账户转入"固定资产"账户。企业购入固定资产时,按实际支付的价款,借记"在建工程"账户,贷记"银行存款"等账户;发生的安装费用等,借记"在建工程"账户,贷记"银行存款"等账户;安装完成达到预定可使用状态时,按其实际成本(包括买价、税金、包装费、运输费和安装费等)作为固定资产的原价入账,借记"固定资产"账户,贷记"在建工程"账户。

【例5.19】 远大公司购入需要安装的生产用机器设备一台,买价100 000元,适用增值税税率17%,包装费、运输费2 000元,发生安装费3 000元。所有款项均以银行存款支付。该机器安装完毕后交付使用。远大公司应编制的会计分录如下:

(1)购入机器时:

借:在建工程　　　　　　　　　　　　　　102 000

　　　　应交税费——应交增值税(进项税额)　　　17 000
　　　　　贷:银行存款　　　　　　　　　　　　　　　119 000
　　(2)发生安装费用时:
　　　　借:在建工程　　　　　　　　　　　3 000
　　　　　贷:银行存款　　　　　　　　　　　　　　　3 000
　　(3)安装完毕交付使用时:
　　　　借:固定资产——生产经营用固定资产　　105 000
　　　　　贷:在建工程　　　　　　　　　　　　　　　105 000

第四节　生产过程业务的核算

一、产品成本的构成

　　产品生产是制造业企业生产经营活动的中心环节,是生产经营过程的第二个阶段,是劳动者利用劳动资料对劳动对象进行加工的过程。这个过程既是产品的制造过程,又是物化劳动(劳动资料和劳动对象)和活劳动的耗费过程。

　　企业产品的生产过程,要耗费各种材料(主要材料、辅助材料、燃料和动力),支付生产工人工资及福利费,发生固定资产(厂房和机器设备)磨损以及其他费用。企业对发生的生产费用要按照产品种类并采用一定的方法进行归集和分配,能够予以对象化的部分计入产品生产成本,完工产品经检验合格后收入成品库,随之将生产成本转为库存商品。另一部分不能予以对象化部分计入当期损益。因此,企业在生产经营过程中所发生的各项费用,按其经济用途可以分为计入产品成本的生产费用和不计入产品成本的期间费用。

　　(一)生产费用

　　为了具体反映生产产品所发生的各项生产费用,可以将生产费用进一步划分为若干项目,这些项目构成了产品成本的内容,在会计上称为产品成本项目,简称料、工、费。

　　(1)直接材料。直接材料是指企业为制造各种产品并构成产品实体或主要成分的原料,包括构成产品的主要材料、有助于产品形成的辅助材料、外购半成品,以及直接用于产品生产的各种燃料和动力费用等。

　　(2)直接人工。直接人工是指直接参加产品制造的生产工人的工资以及按规定比例计提的职工福利费用等,包括生产工人的各种工资、奖金津贴、补贴及福利费用等。

　　(3)制造费用。制造费用是指各个生产车间为组织和管理生产所发生的各项间接费用,包括生产车间管理人员的工资、福利费、生产车间的房屋建筑物及机器设备的折旧费、修理费、办公费、水电费、机物料消耗、劳动保护费、季节性停工损失等。

（二）期间费用

期间费用是指企业在生产经营过程中发生的，与产品生产没有直接关系，而是在一定期间企业为组织和管理生产而发生的费用。这些费用不容易确定它们应归属的成本计算对象。所以，期间费用不应计入产品生产成本，而是直接计入当期损益，包括管理费用、财务费用、销售费用。

（1）管理费用。管理费用是指企业行政管理部门为组织和管理生产经营活动而发生的各项费用，包括行政管理部门职工薪酬、折旧费、业务招待费、修理费、物料消耗、办公费、差旅费、董事会费、聘请中介机构费、咨询费、诉讼费、矿产资源补偿费、排污费、房产税、车船税、土地使用税、印花税、技术转让费、无形资产摊销、研究开发费等。

（2）财务费用。财务费用是指企业为筹集生产经营所需资金等财务活动中所发生的各项费用，包括利息净支出、银行及其他金融机构的手续费、汇兑损益。

（3）销售费用。销售费用是指企业在销售产品过程中所发生的各项费用，包括应由本企业负担的包装费、运输费、广告费、展览费以及专设销售机构的职工薪酬和其他经费等。

二、设置的主要账户

（一）"生产成本"账户

"生产成本"账户，该账户性质属于成本类，是用来核算和监督企业生产各种产品（包括产成品、自制半成品等）在工业性生产过程中所发生的各项生产费用，并据以正确计算产品生产成本。借方登记应计入产品成本中各项费用（直接材料、直接人工和按一定方法分配计入产品成本中的制造费用）；贷方登记应结转完工产品的生产成本；期末余额在借方，表示尚未完工的在产品生产成本。该账户应按产品种类或类别设置明细分类账。

借方	生产成本	贷方
期初余额 发生的生产费用 　直接材料 　直接人工 　制造费用	结转完工验收入库产品的成本	
期末余额：在产品成本		

（二）"制造费用"账户

"制造费用"账户，该账户性质属于成本类，是用来归集和分配企业生产车间为组织和管理生产而发生的各项间接费用。借方登记本月实际发生的各种制造费用；贷方登记月末经分配结转应由各种产品生产成本负担的制造费用；结转以后，期末一般无余额。该账户应当按照不同车间、部门和费用项目设置明细分类账。

借方	制造费用	贷方
归集生产车间发生的各项间接费用	期末分配转入"生产成本"账户的数额	

(三)"应付职工薪酬"账户

"应付职工薪酬"账户,该账户性质属于负债类,是用来核算和监督企业应付给职工的各种薪酬总额和实际发放情况。其包括的内容有工资、奖金、津贴、职工福利费、社会保险费、住房公积金、工会经费、职工教育经费等。贷方登记应付职工薪酬总额;借方登记实际支付的职工薪酬;期末余额在贷方,表示应付但未付的职工薪酬。该账户应当按照"工资"、"职工福利"、"社会保险费"等设置明细分类账。

应付职工薪酬还包括职工在职期间和离职后提供给职工的全部货币性薪酬和非货币性福利,提供给职工配偶、子女或其他被赡养人的福利等。

借方	应付职工薪酬	贷方
实际支付的职工薪酬	期初余额 计算应分配的职工薪酬 期末余额:应付未付的职工薪酬	

(四)"累计折旧"账户

"累计折旧"账户是"固定资产"账户的调整账户,该账户性质属于资产类,是用来核算和监督固定资产因磨损而减少的价值。企业固定资产在使用过程中的价值损耗(有形和无形损耗),通过计提折旧的方式转移到产品成本或期间费用中去。贷方登记固定资产累计折旧增加数(即固定资产价值减少);借方登记已计提固定资产折旧累计减少或转销数;期末余额在贷方,表示现有固定资产已提取累计折旧数。

借方	累计折旧	贷方
固定资产折旧的减少或转销	期初余额 计提固定资产折旧的增加 期末余额:现有固定资产已计提累计折旧数	

(五)"管理费用"账户

"管理费用"账户性质属于损益类,是用来核算和监督企业行政管理部门为组织和管理生产经营活动而发生的各项费用。借方登记发生的各项管理费用;贷方登记期末转入"本年利润"账户的管理费用数额;结转以后,期末无余额。该账户应按照费用项目设置明细分类账。

借方	管理费用	贷方
发生管理费用	期末转入"本年利润"账户的数额	

(六)"库存商品"账户

"库存商品"账户性质属于资产类,是用来核算和监督企业库存的各种商品的实际成本(包括外购、自制商品等)。借方登记已经完工并验收入库的各种商品的实际生产成本;贷方登记已经出售的各种商品的实际生产成本;期末余额在借方,表示库存商品的实际成本。该账户应当按照商品的品种、规格或类别设置明细分类账。

制造业企业的库存商品主要指产成品。产成品是指企业已完成全部生产过程并已验收合格入库可供销售的产品。

借方	库存商品	贷方
期初余额		
结转验收入库商品的生产成本	结转已销商品的生产成本	
期末余额:结存库存商品的生产成本		

三、主要经济业务的核算

在整个生产过程中,发生的主要经济业务有:①发生的原材料;②发生的人工费用;③制造费用的归集和分配;④计算并结转完工产品成本等。

(一)发生的原材料

企业进行产品生产,必然要消耗材料。生产部门在领用材料时,应该填制有关的领料凭证,向材料仓库办理领料手续。然后,会计部门根据领料凭证编制领料汇总表,根据汇总表进行会计处理。

【例5.20】 2009年12月10日远大公司根据当月领料凭证,编制领料凭证汇总表,如表5.2所示。

表5.2 领料汇总表

用途	A材料			B材料			金额合计（元）
	数量(kg)	单价(元/kg)	金额(元)	数量(kg)	单价(元/kg)	金额(元)	
制造产品耗用							
W产品	5 000	25.00	125 000	1 000	50.00	50 000	175 000
P产品				4 000	50.00	200 000	200 000
生产车间一般耗用				24	50.00	1 200	1 200
合计	5 000	25.00	125 000	5 024	50.00	251 200	376 200

该项经济业务的发生,涉及三个账户,生产产品所用的直接材料记入"生产成本"账户借方;生产车间一般耗用材料记入"制造费用"账户借方;同时库存材料减少,记入"原材料"账户的贷方。远大公司应编制的会计分录如下:

借:生产成本——W产品　　　　　　175 000
　　　　——P产品　　　　　　　　200 000
　　制造费用　　　　　　　　　　　　1 200
　贷:原材料——A材料　　　　　　　125 000
　　　　——B材料　　　　　　　　　251 200

(二) 发生的人工费用

为了正确地计算产品成本,确定当期损益,企业必须正确地归集和分配人工费用。企业应根据所发生的职工薪酬不同用途,进行不同的分配。有的直接计入产品的生产,有的间接计入产品的成本,有的计入管理等。职工薪酬的核算程序包括分配工资及福利费、从银行提取现金、支付工资及福利费等环节。

【例 5.21】 月末,远大公司根据有关工资结算凭证,本月应付工资共 60 000 元,按用途汇总如下:

生产工人工资:
W产品生产工人工资　　　　　　24 000 元
P产品生产工人工资　　　　　　26 000 元
车间管理人员工资　　　　　　　 4 000 元
<u>企业行政管理部门人员工资　　　 6 000 元</u>
合　　计　　　　　　　　　　　60 000 元

该项经济业务的发生,涉及四个账户,一方面使生产工人工资增加,记入"生产成本"账户的借方;车间管理人员工资增加,记入"制造费用"账户的借方;企业行政管理部门人员工资增加,记入"管理费用"账户的借方;另一方面使公司本月发生的应付职工工资增加,使得企业负债的增加,记入"应付职工薪酬"账户的贷方。远大公司应编制的会计分录如下:

借:生产成本——W产品　　　　　　24 000
　　　　——P产品　　　　　　　　 26 000
　　制造费用　　　　　　　　　　　 4 000
　　管理费用　　　　　　　　　　　 6 000
　贷:应付职工薪酬——工资　　　　 60 000

【例 5.22】 远大公司开出一张现金支票,从银行提取现金 60 000 备发工资。

该项经济业务的发生,一方面使公司的库存现金增加 60 000 元,记入"库存现金"账户的借方;另一方面使公司的银行存款减少 60 000 元,记入"银行存款"账户的贷方。远大公司应编制的会计分录如下:

借:库存现金　　　　　　　　　　　　　　60 000
　　　　贷:银行存款　　　　　　　　　　　　　　60 000

【例5.23】 远大公司以现金60 000元发放职工工资。

该项经济业务的发生,一方面使库存现金减少60 000元,记入"库存现金"账户的贷方;另一方面使应付职工薪酬也减少了60 000元,记入"应付职工薪酬"账户的借方。远大公司应编制的会计分录如下:

　　借:应付职工薪酬——工资　　　　　　　　60 000
　　　　贷:库存现金　　　　　　　　　　　　　　60 000

【例5.24】 月末,远大公司按本月工资总额14%,提取职工福利费。本月提取的职工福利费如下:

制造W产品生产工人福利费	24 000×14%＝3 360(元)
制造P产品生产工人福利费	26 000×14%＝3 640(元)
车间管理人员福利费	4 000×14%＝560(元)
企业行政管理人员福利费	6 000×14%＝840(元)
合　　计	8 400(元)

该项经济业务的发生,涉及四个账户,按生产工人工资提取的职工福利费,记入"生产成本"账户的借方;按车间管理人员工资提取的福利费,记入"制造费用"账户的借方;按企业行政管理人员工资提取的福利费,记入"管理费用"账户的借方;计提职工福利费表明对职工负债的增加,记入"应付职工薪酬——职工福利"账户的贷方。

　　借:生产成本——W产品　　　　　　　　　3 360
　　　　　　　　——P产品　　　　　　　　　3 640
　　　　制造费用　　　　　　　　　　　　　　560
　　　　管理费用　　　　　　　　　　　　　　840
　　　　贷:应付职工薪酬——福利费　　　　　　　8 400

(三)制造费用的归集和分配

制造费用是制造企业为了生产产品和提供劳务而发生的各种间接费用。主要是指企业的生产车间为组织和管理生产活动而发生的费用,包括企业生产车间管理人员发生的工资和福利费、折旧费、修理费、办公费、水费、劳动保护费等。企业生产一种产品所发生的制造费用应直接计入该种产品的成本。在生产多种产品所发生的制造费用则属于间接计入费用,应采用适当的分配方法分配计入各产品生产成本中。分配制造费用的分配标准,常用这样几种分配方法:生产工人工时比例法、生产工人工资比例法、机器工时比例法等。分配方法一经确定,不宜任意变更。

【例5.25】 2009年12月10日远大公司以现金购买办公用品,其中,车间用办公用品340元,行政管理部门用办公用品500元。

该项经济业务的发生,一方面使库存现金减少 840 元,记入"库存现金"账户的贷方;另一方面使车间管理部门的费用增加 340 元,记入"制造费用"账户的借方;企业行政管理部门费用增加 500 元,记入"管理费用"账户借方。远大公司应编制的会计分录如下:

  借:制造费用   340
    管理费用   500
    贷:库存现金   840

【例 5.26】 2009 年 12 月 12 日远大公司开出一张现金支票支付 11 月份车间水电费共为 5 800 元。

该项经济业务的发生,一方面使银行存款减少 5 800 元,记入"银行存款"账户的贷方;另一方面使车间管理部门的水电费用增加 5 800 元,记入"制造费用"账户的借方。远大公司应编制的会计分录如下:

  借:制造费用   5 800
    贷:银行存款   5 800

【例 5.27】 2009 年 12 月 31 日,远大公司计提本月固定资产折旧费 30 000 元,其中:生产车间应计提折旧 22 000 元,行政管理部门使用的固定资产应计提折旧费 8 000 元。

该项经济业务发生,涉及三个账户。车间使用的固定资产应计提的折旧费是一种间接生产费用,记入"制造费用"账户的借方;行政管理部门使用的固定资产应计提的折旧费,记入"管理费用"账户的借方;计提固定资产折旧表明原有固定资产价值减少了,即累计折旧增加,记入"累计折旧"账户的贷方。远大公司应编制的会计分录如下:

  借:制造费用   22 000
    管理费用   8 000
    贷:累计折旧   30 000

【例 5.28】 2009 年 12 月 15 日远大公司行政管理部门人员李好报销差旅费 1 200 元,原预借 1 000 元。

该项经济业务发生,一方面使期间费用增加,记入"管理费用"账户的借方,另一方面由于报销差旅费使职工与企业的往来结算款项减少,记入"其他应收款"账户的贷方,同时,由于预借差旅费不足补付现金,使企业库存现金减少,记入"库存现金"账户的贷方。远大公司应编制的会计分录如下:

  借:管理费用   1 200
    贷:其他应收款——李好   1 000
      库存现金   200

【例 5.29】 2009 年 12 月 31 日远大公司把本月发生的制造费用按生产 W、P 产品的生产工时比例分配转入"生产成本"账户。

月末归集本月发生的制造费用,然后按照生产工时比例将全部"制造费用"账户的金额分

配转入"生产成本"账户借方。"制造费用"账户分配结转后,一般无余额。分配结转过程如下:

(1)本月"制造费用"账户借方发生额

制造费用 = 1 200 + 4 000 + 560 + 340 + 5 800 + 22 000 = 33 900(元)

(2)制造费用分配率

制造费用以生产 W、P 产品生产工时为分配标准,其中,W 产品工时为 4 000 工时,P 产品生产工时为 6 000 工时。

分配率 = 制造费用总额/分配标准总和 = 33 900/(4 000 + 6 000) = 3.39(元/工时)

(3)分配额

W 产品应负担的制造费用 = 4 000 × 3.39 = 13 560(元)

P 产品应负担的制造费用 = 6 000 × 3.39 = 20 340(元)

(4)编制会计分录

借:生产成本——W 产品　　　　　　　　　13 560
　　　　——P 产品　　　　　　　　　　　20 340
　　贷:制造费用　　　　　　　　　　　　　　33 900

(四)计算并结转完工产品成本

在制造业企业里,制造完工并经验收合格入库的产成品即成为企业可供销售的产品,月末应计算当月完工产品的生产成本,并从"生产成本"账户的贷方转入"库存商品"账户的借方。尚未制造完成的产品,属于在产品。

【例 5.30】　月末,W 产品 10 件全部制造完工,并已验收入库,若期初没有余额,按本月发生的实际生产成本予以转账;P 产品尚未完工,若期初没有余额,本月发生的生产成本均属于月末在产品成本。

根据上述发生的费用编制产品成本计算表,如表 5.3 所示。

表 5.3　产品成本计算表

2009 年 12 月 31 日

成本项目	W 产品		P 在产品成本(元)
	总成本(元)	单位成本(元/件)	
直接材料	110 000	11 000	48 000
直接人工	20 000	2 000	25 000
制造费用	8 000	800	15 000
合　计	138 000	13 800	88 000

编制会计分录如下:

借:库存商品——W 产品　　　　　　　　　138 000
　　贷:生产成本——W 产品　　　　　　　　138 000

第五节 销售过程业务的核算

销售过程是制造业企业生产经营的第三阶段,是产品价值的实现阶段。在这个阶段企业将生产出来的商品对外销售形成企业的销售收入,对已销售的商品要结转商品的成本,以及在销售过程中发生的运输、广告、包装、装卸费用等销售费用,还应按照税法规定交纳各种税金,最后结算出企业生产经营成果即实现利润还是发生亏损。

企业根据销售业务的主次分为主营业务收入和其他业务收入。主营业务收入是指企业为完成其经营目标所从事的经常性的经营活动所取得的收入。一般指企业营业执照上规定的主要业务范围确定,所以又称为基本业务收入。例如,工业企业的主营业务收入是指销售产成品、半成品、提供工业性劳务等形成的收入;商品流通企业主要是以销售商品为主形成的收入;主营业务形成的收入是企业收入的主要来源。其他业务收入是指企业除了主营业务以外的与经常性经营活动相关的其他经营活动所实现的收入。一般指企业营业执照上注明的兼营业务所取得的收入,所以又称为附营业务收入。如工业企业销售材料、出租包装物、转让无形资产使用权、提供非工业性劳务等。

一、设置的主要账户

在销售过程中,企业为了核算和监督实现的销售收入,结转已销商品的销售成本,支付各种销售费用,计算应交纳的税金,按期确定财务成果,所以应设置"主营业务收入"、"主营业务成本"、"营业税金及附加"、"其他业务收入"、"其他业务成本"、"销售费用"等账户。

(一)"主营业务收入"账户

"主营业务收入"账户,该账户性质属于损益类,是用来核算和监督企业销售产品、提供劳务以及让渡资产使用权等日常活动中所实现的收入。贷方登记已销售产品、提供劳务等的收入;借方登记期末转入"本年利润"账户的数额;结转以后,期末无余额。该账户应按已销产品类别设置明细分类账。

借方	主营业务收入	贷方
期末转入"本年利润"账户的数额		本期实现的销售收入

(二)"主营业务成本"账户

"主营业务成本"账户,该账户性质属于损益类,用来核算企业销售产品、提供劳务或让渡资产使用权等日常活动而发生的成本。借方登记已销售产品、劳务供应等的实际成本;贷方登记期末转入"本年利润"账户的数额;结转以后,期末无余额。该账户应按产品类别设置明细分类账。

借方	主营业务成本	贷方
本期已销产品的生产成本	期末转入"本年利润"账户的数额	

(三)"销售费用"账户

"销售费用"账户,该账户性质属于损益类,是用来核算和监督企业在产品销售过程中所发生的各种费用,包括运输费、装卸费、包装费、保险费、展览费、广告费和为销售本企业产品而专设的销售机构的职工薪酬、业务经费等。借方登记本月发生的各种销售费用;贷方登记期末转入"本年利润"账户的数额;结转以后,期末无余额。该账户应按费用项目设置明细分类账。

借方	销售费用	贷方
发生销售费用	期末转入"本年利润"账户的数额	

(四)"营业税金及附加"账户

"营业税金及附加"账户性质属于损益类,是用来核算和监督企业日常活动应负担的税金及附加,包括除增值税以外的消费税、营业税、城市维护建设税、资源税、土地增值税和教育费附加。借方登记按规定税率计算应负担的各种税金及附加;贷方登记期末转入"本年利润"账户的数额;结转以后,期末无余额。该账户应按产品类别设明细分类账。

借方	营业税金及附加	贷方
按税法规定计算应交各种税金及附加	期末转入"本年利润"账户的数额	

(五)"应收账款"账户

"应收账款"账户性质属于资产类,是用来核算和监督企业因销售产品或提供劳务对购货单位或接受劳务单位发生的债权。借方登记应向购货单位或接受劳务单位收取的款项;贷方登记收回的款项。期末余额在借方,表示购货单位或接受劳务单位暂欠的货款。该账户应按债务人设置明细分类账。

借方	应收账款	贷方

期初余额
发生的应收账款:
    应收货款
    应收税款
    应收代垫的款项
	实际收回的应收账款	

期末余额:尚未收回的应收账款		

(六)"预收账款"账户

在产品适销对路供不应求的情况下,企业经常采用先收取定金或部分货款的方式销售产品。"预收账款"账户是负债类,用来核算和监督企业按照合同的规定预收购货单位货款的增减变动及其结余情况。贷方登记预收购货单位货款的增加,借方登记销售实现时冲减的预收货款。期末余额如果在贷方,表示企业预收货款的结余额;期末余额如果在借方,表示购货单位应补付的货款数。该账户应当按照购货单位名称设置明细账户进行明细分类核算。

借方	预收账款	贷方
预收货款的减少	预收货款的增加	
期末余额:购货单位应补付的款项	期末余额:预收账款结余额	

(七)"其他业务收入"账户

"其他业务收入"账户性质属于损益类,是用来核算和监督企业除主营业务收入以外的其他业务收入,包括工业企业销售材料、出租包装物的收入等。贷方登记本期实现各项其他业务收入的发生数;借方登记期末转入"本年利润"账户的数额;结转以后,期末无余额。该账户应按其他业务的品种或类别开设明细分类账。

借方	其他业务收入	贷方
期末转入"本年利润"账户的数额	本期实现的其他业务收入	

(八)"其他业务成本"账户

"其他业务成本"账户性质属于损益类,是用来核算和监督除主营业务成本以外的其他业务所发生的支出,包括销售材料、对外出租而发生的相关成本、费用等。借方登记本期各项其他业务支出的发生数;贷方登记期末转入"本年利润"账户的数额;结转以后,期末无余额。

借方	其他业务成本	贷方
本期发生的其他业务成本	期末转入"本年利润"账户的数额	

二、主要经济业务的核算

【例5.31】 2009年12月10日远大公司销售给宏远公司W产品200件,每件售价16 000元,增值税544 000元,货款及税款均已收到并存入银行。

该项经济业务的发生,一方面表明企业销售产品实现收入3 200 000元及应交增值税544 000元,记入"主营业务收入"和"应交税费"账户的贷方;另一方面表明收到销货款及增值税3 744 000元,记入"银行存款"账户的借方。远大公司应编制的会计分录如下:

借:银行存款　　　　　　　　　　　　　　　3 744 000
　　贷:主营业务收入——W产品　　　　　　　　　3 200 000
　　　　应交税费——应交增值税(销项税额)　　　　544 000

【例5.32】 2009年12月16日远大公司以银行存款支付W产品展览费用2 000元。

该项经济业务的发生,一方面使销售费用增加了2 000元,记入"销售费用"账户的借方;另一方面使银行存款减少,记入"银行存款"账户的贷方。远大公司应编制的会计分录如下:

借:销售费用　　　　　　　　　　　　　　　2 000
　　贷:银行存款　　　　　　　　　　　　　　　2 000

【例5.33】 2009年12月16日远大公司向环宇公司销售P产品10件,每件售价10 000元,增值税17 000元,货款和税款尚未收回,该产品属于应税消费品,消费税税率为10%。

该项经济业务的发生,涉及两笔会计分录。第一笔分录是销售收入的实现:一方面表明销售产品实现收入100 000元及应交增值税17 000元,记入"主营业务收入"及"应交税费——应交增值税"账户的贷方;另一方面表明应收回销货款及增值税117 000元,记入"应收账款"账户的借方。第二笔分录是本例涉及应交消费税的问题,计算应交的消费税和营业税金及附加都增加,一方面记入"营业税金及附加"账户的借方;另一方面记入"应交税费——应交消费税"账户的贷方。远大公司应编制的会计分录如下:

(1)销售收入实现

借:应收账款——环宇公司　　　　　　　　　117 000
　　贷:主营业务收入——P产品　　　　　　　　　100 000
　　　　应交税费——应交增值税(销项税额)　　　　17 000

(2)计算应交消费税

消费税 = 100 000 × 10% = 10 000(元)

借:营业税金及附加　　　　　　　　　　　　10 000
　　贷:应交税费——应交消费税　　　　　　　　　10 000

【例5.34】 2009年12月17日收到环宇公司开来一张面值为117 000元,期限三个月,利率为5%的商业承兑汇票,用于抵偿所欠款项。远大公司应编制的会计分录如下:

借:应收票据　　　　　　　　　　　　　　　117 000
　　贷:应收账款——环宇公司　　　　　　　　　　117 000

【例5.35】 2009年12月18日远大公司销售一批原材料,价款10 000元,增值税1 700元,收到款项并存入银行。该项材料成本为8 000元。

该项经济业务的发生,涉及两笔会计分录。第一笔分录是销售材料收入的实现(属于其他业务收入):一方面表明其他业务收入和应交增值税的增加,记入"其他业务收入"及"应交税费——应交增值税"账户的贷方;另一方面表明银行存款的增加,记入"银行存款"账户的借方。第二笔分录涉及结转已销材料的成本:一方面使得其他业务成本增加,记入"其他业务成

本"账户的借方;另一方面使得库存材料减少,记入"原材料"账户的贷方。远大公司应编制的会计分录如下:

(1)销售材料收入的实现

借:银行存款　　　　　　　　　　　　　　11 700
　　贷:其他业务收入　　　　　　　　　　　　　　10 000
　　　　应交税费——应交增值税(销项税额)　　1 700

(2)结转已销售材料成本

借:其他业务成本　　　　　　　　　　　　8 000
　　贷:原材料　　　　　　　　　　　　　　　　　8 000

【例5.36】 月末,远大公司计算应交城市维护建设税7 000元,教育费附加3 000元。

该项经济业务的发生,一方面使得公司的营业税金及附加增加10 000元(7 000+3 000),记入"营业税金及附加"账户的借方;另一方面使得公司的应交税费增加10 000元,记入"应交税费"账户的贷方。远大公司应编制的会计分录如下:

借:营业税金及附加　　　　　　　　　　　10 000
　　贷:应交税费——应交城市维护建设税　　　　7 000
　　　　　　　　——应交教育费附加　　　　　　3 000

【例5.37】 月末,远大公司结转已销售W、P产品的实际生产成本,如表5.4所示。

表5.4　已销产品成本明细表

产品名称	销售数量(件)	单位成本(元/件)	总成本(元)
W产品	200	15 000	3 000 000
P产品	10	7 000	70 000
合计	210	—	3 070 000

本例中的单位成本是加权平均单位成本。本月由于销售产品使销售收入增加,同时也使库存商品减少,因而企业在月末把已售产品的实际生产成本从"库存商品"账户贷方转入"主营业务成本"账户借方。远大公司应编制的会计分录如下:

借:主营业务成本　　　　　　　　　　　　3 070 000
　　贷:库存商品——W产品　　　　　　　　　　3 000 000
　　　　　　　　——P产品　　　　　　　　　　　70 000

【例5.38】 2009年12月31日远大公司收到宏伟公司购买W产品的预付款50 000元,款项存入银行。

该项经济业务发生,一方面使银行存款增加,记入"银行存款"账户的借方,另一方面使企业的预收账款也增加,记入"预收账款"账户的贷方。远大公司应编制的会计分录如下:

借:银行存款　　　　　　　　　　　　　　50 000
　　贷:预收账款　　　　　　　　　　　　　　　　50 000

第六节 利润形成与分配业务的核算

一、利润形成业务的核算

（一）利润及其构成

利润是指企业在一定会计期间的经营成果。利润包括收入减去费用后的净额、直接计入当期利润的利得和损失等。其中直接计入当期利润的利得和损失，是指应当计入当期损益、会导致所有者权益发生增减变动的、与所有者投入资本或者向所有者分配利润无关的利得或者损失，如营业外支出等。

对利润进行核算，可以及时反映企业在一定会计期间的经营业绩和获利能力，反映企业的投入产出效果和经济效益，有助于企业投资者和债权人据此进行盈利预测，评价企业经营绩效，作出正确的决策。

在利润表中，利润分为营业利润、利润总额和净利润三个层次。

1. 营业利润

营业利润是指企业在一定会计期间从事日常经营活动所取得的利润。其具体构成可用下列公式表示：

营业利润 = 营业收入 − 营业成本 − 营业税金及附加 − 销售费用 − 管理费用 − 财务费用 − 资产减值损失 + 公允价值变动收益 + 投资收益

其中：

营业收入是指企业经营业务所确认的收入总额，包括主营业务收入和其他业务收入。

营业成本是指企业经营业务所发生的实际成本总额，包括主营业务成本和其他业务成本。

资产减值损失是指企业计提各项资产减值准备所形成的损失。

公允价值变动收益（或损失）是指企业交易金融资产等公允价值变动形成的应计入当期损益的利得（或损失）。

投资收益（或损失）是指企业以各种方式对外投资所取得的收益（或发生的损失）。

2. 利润总额

利润总额 = 营业利润 + 营业外收入 − 营业外支出

其中：

营业外收入是指企业发生的与日常活动无直接关系的各项利得，包括固定资产盘盈、处置固定资产净收益、处置无形资产收益、无法支付的应付款项、罚款净收入等。

营业外支出是指企业发生的与日常活动无直接关系的各项损失，包括固定资产盘亏、处置固定资产净损失、处置无形资产净损失、罚款支出、捐赠支出、非常损失等。

3. 净利润

$$净利润 = 利润总额 - 所得税费用$$

其中:所得税费用是指企业确认的应从当期利润总额中扣除的所得税费用。

(二)设置的主要账户

1."本年利润"账户

"本年利润"账户性质属于所有者权益类,是用来核算和监督企业在本年度内实现的净利润或发生的亏损数额。贷方登记由"主营业务收入"、"其他业务收入"、"营业外收入"、"投资收益"等账户转入的数额;借方登记由"主营业务成本"、"其业务成本"、"销售费用"、"管理费用"、"财务费用"、"营业税金及附加"、"营业外支出"及"所得税费用"账户转入的数额;期末企业应将本期的收入和支出相抵后结出累计余额,若期末余额在贷方,表示企业当期实现的净利润,若期末余额在借方,表示当期发生的净亏损。年度终了,将本年实现的利润(或净亏损)转入"利润分配"账户。年度结转后,"本年利润"账户应无余额。

借方	本年利润	贷方
结转本期各项费用、支出数额 包括: 　主营业务成本 　其他业务成本 　营业税金及附加 　销售费用 　管理费用 　财务费用 　营业外支出 　所得税费用	结转本期各项收入、收益数额 包括: 　主营业务收入 　其他业务收入 　投资收益 　营业外收入	
期末余额:本期发生的亏损数额	期末余额:本期实现的利润数额	

2."营业外收入"账户

"营业外收入"账户性质属于损益类,是用来核算和监督企业发生的与企业生产经营无直接关系的各项收入。贷方登记本期各项营业外收入的发生额;借方登记期末转入"本年利润"账户的数额;结转以后,期末应无余额。该账户应按具体收入项目设置明细分类账。

借方	营业外收入	贷方
期末转入"本年利润"账户的数额	本期实现的营业外收入数额	

3."营业外支出"账户

"营业外支出"账户性质属于损益类,是用来核算和监督企业发生的与企业生产经营无直接关系的各项支出。借方登记本期各项营业外支出的发生额;贷方登记期末转入"本年利润"账户的数额;结转以后,期末应无余额。该账户应按具体支出项目设置明细分类账。

借方	营业外支出	贷方
本期发生的营业外支出数额	期末转入"本年利润"账户的数额	

4."投资收益"账户

"投资收益"账户性质属于损益类,是用来核算和监督企业对外投资获得的收益或发生的损失。贷方登记企业取得投资的收益数和期末转入"本年利润"账户的投资净损失;借方登记发生的亏损数和期末转入"本年利润"账户的投资净收益。结转以后,期末应无余额。该账户按投资收益种类设置明细分类账。

借方	投资收益	贷方
本期发生的投资损失 期末转入"本年利润"账户的投资净收益数额	本期实现的投资收益 期末转入"本年利润"账户的投资净损失数额	

5."所得税费用"账户

"所得税费用"账户性质属于损益类,是用来核算和监督企业按规定从本期损益中扣除的所得税费用。借方登记计算出应计入本期的所得税费用;贷方登记期末转入"本年利润"账户的数额;结转以后,期末应无余额。

借方	所得税费用	贷方
计算应交的所得税费用数额	期末转入"本年利润"账户的数额	

(三) 主要经济业务的核算

【例5.39】 2009年12月5日远大公司以银行存款支付税收罚款500元。

该项经济业务的发生,一方面使公司税收罚款增加,记入"营业外支出"账户的借方;另一方面使公司银行存款减少,记入"银行存款"账户的贷方。远大公司应编制的会计分录如下:

借:营业外支出　　　　　　　　　　500
　　贷:银行存款　　　　　　　　　　　　500

【例5.40】 2009年12月15日远大公司收到丙公司合同违约金收入30 000元,存入银行。

该项经济业务的发生,一方面使得公司银行存款增加,记入"银行存款"账户的借方;另一方面使公司取得违约金收入增加,记入"营业外收入"账户的贷方。远大公司应编制的会计分录如下：
借：银行存款　　　　　　　　　　　　　　30 000
　　贷：营业外收入　　　　　　　　　　　　　30 000

【例5.41】 2009年12月25日远大公司收到被投资企业分来的红利30 000元，存入银行。

该项经济业务的发生，一方面使得公司的银行存款增加，记入"银行存款"账户的借方；另一方面使得公司的"投资收益"增加，记入"投资收益"账户的贷方。远大公司应编制的会计分录如下：

借：银行存款　　　　　　　　　　　　　　30 000
　　贷：投资收益　　　　　　　　　　　　　　30 000

【例5.42】 期末，远大公司结转本期各损益类账户。

根据以上所发生的经济业务，将本期发生的成本、费用、税金、营业外支出转入"本年利润"账户的借方；将本期发生的收入、收益转入"本年利润"账户的贷方。远大公司应编制的会计分录如下：

（1）结转本期取得的收入和收益
　　　　　主营业务收入 = 3 200 000 + 100 000 = 3 300 000(元)
借：主营业务收入　　　　　　　　　　　　3 300 000
　　其他业务收入　　　　　　　　　　　　　10 000
　　营业外收入　　　　　　　　　　　　　　30 000
　　投资收益　　　　　　　　　　　　　　　30 000
　　贷：本年利润　　　　　　　　　　　　　3 370 000

（2）结转本期发生的费用
　　　　　营业税金及附加 = 10 000 + 10 000 = 20 000(元)
　　　　　管理费用 = 6 000 + 840 + 500 + 8 000 + 1 200 = 16 540(元)
借：本年利润　　　　　　　　　　　　　　3 118 540
　　贷：主营业务成本　　　　　　　　　　　3 070 000
　　　　其他业务成本　　　　　　　　　　　　8 000
　　　　营业税金及附加　　　　　　　　　　20 000
　　　　销售费用　　　　　　　　　　　　　2 000
　　　　管理费用　　　　　　　　　　　　　16 540
　　　　财务费用　　　　　　　　　　　　　1 500
　　　　营业外支出　　　　　　　　　　　　500

将损益类账户结转到"本年利润"账户，用"T"型账户表示如下：

借方		本年利润	贷方
		12月初余额	1 500 000
	3 070 000		3 300 000
	8 000		10 000
	20 000		30 000
	2 000		30 000
	16 540		
	1 500		
	500		
本期发生额	3 118 540	本期发生额	3 370 000
		期末余额	1 751 460

【例5.43】 假设远大公司企业所得税税率为25%，计算企业应交所得税并予以结转。(假设无纳税调整事项)

企业应纳所得税计算公式：

$$应纳所得税额 = 应纳税所得额 \times 所得税税率$$

$$应交纳所得税费用 = 1\,751\,460 \times 25\% = 437\,865(元)$$

该项经济业务的发生，首先计算应交所得税费用数额，然后作出应交税费和将所得税费用转入本年利润的会计处理。公司计算应交未交的所得税，一方面使得所得税费用增加，记入"所得税费用"账户的借方；另一方面使得应交税费增加，记入"应交税费——应交所得税"账户的贷方。结转所得税费用，将"所得税费用"转入"本年利润"账户的借方。远大公司应编制的会计分录如下：

(1)计算应交的所得税

　　借：所得税费用　　　　　　　　　　437 865

　　　　贷：应交税费——应交所得税　　　　437 865

(2)结转所得税费用

　　借：本年利润　　　　　　　　　　　437 865

　　　　贷：所得税费用　　　　　　　　　　437 865

$$净利润 = 1\,751\,460 - 437\,865 = 1\,313\,595(元)$$

二、利润分配业务的核算

(一)利润分配的内容

企业当期实现的净利润，加上年初未分配利润(或减去年初未弥补亏损)后的余额，构成可供分配的利润。可供分配的利润，一般按下列顺序分配：

(1)提取法定盈余公积,是指企业根据有关法律的规定,按照净利润的10%提取的盈余公积。法定盈余公积累计金额超过企业注册资本的50%以上时,可以不再提取。

(2)提取任意盈余公积,是指企业按股东大会决议提取的任意盈余公积。

(3)应付现金股利或利润,是指企业按照利润分配方案分配给股东的现金股利,也包括非股份有限公司分配给投资者的利润。

(4)转作股本的股利,是指企业按照利润分配方案以分派股票股利的形式转作股本的股利,也包括非股份有限公司以利润转增的资本。企业如发生亏损,可以按规定由以后年度利润进行弥补。

(二)设置的主要账户

1."利润分配"账户

"利润分配"账户性质属于所有者权益类,是用来核算和监督企业利润的分配(或亏损的弥补)以及历年积存的未分配利润(或未弥补亏损)。借方登记提取的盈余公积、应付股利等实际分配数额以及由"本年利润"账户转入的本年累计亏损数;贷方登记年末由"本年利润"账户转来的本年累计的净利;若期末余额在贷方,表示未分配利润,若期末余额在借方,表示未弥补亏损。该账户应按分配项目设置明细分类账。

借方	利润分配	贷方

1.实际分配的利润数
    提取法定盈余公积
    应付现金股利或利润
    转作股本股利
2.年末从"本年利润"转入的全年发生的净亏损
	年末从"本年利润"转入的全年实现的净利润	

期末余额:
  年内为已分配的利润额
  年末为未弥补亏损
	期末余额:
	  年末未分配利润	

2."盈余公积"账户

"盈余公积"账户性质属于所有者权益类,是用来核算和监督企业从税后利润中提取的盈余公积金,包括法定盈余公积、任意盈余公积的增减变动及其结余情况。贷方登记提取的各项盈余公积金数;借方登记实际使用的盈余公积金数。期末余额在贷方,表示企业提取的盈余公积结存数。该账户应按"盈余公积"的项目设置明细账。

借方	盈余公积	贷方
实际使用的盈余公积(减少)	期初余额 年末从税后净利中提取的盈余公积(增加)	
	期末余额:盈余公积的结存数	

3. "应付股利"账户

"应付股利"账户,该账户性质属于负债类,是用来核算和监督企业股东大会或类似机构决议中确定分配给投资者的现金股利或利润。贷方登记应付给投资者的股利或利润数;借方登记实际支付给投资者的股利或利润数。若期末余额在贷方,表示尚未支付的股利或利润数。

借方	应付股利	贷方
实际支付的现金股利或利润	期初余额 计算应付的现金股利或利润	
	期末余额:应付未付的现金股利或利润	

(三)主要经济业务的核算

【例5.44】 远大公司在年度终了,将税后利润转入"利润分配"账户。

远大公司在本年度实现净利润为 1 313 595 元。结转本年实现的净利润,一方面使得公司"本年利润"账户的累计净利润减少,记入"本年利润"账户的借方;另一方面使得公司可供分配的利润增加,记入"利润分配"账户的贷方(如果结转亏损数额,则进行相反的会计处理)。远大公司应编制的会计分录如下:

借:本年利润　　　　　　　　　　　1 313 595
　　贷:利润分配——未分配利润　　　　1 313 595

【例5.45】 远大公司按税后净利的10%提取法定公积金。

该项经济业务的发生,一方面使得企业法定盈余公积的增加,记入"盈余公积"账户的贷方;另一方面使得企业利润分配减少,记入"利润分配"账户的借方。远大公司应编制的会计分录如下:

提取法定盈余公积 = 1 313 595 × 10% = 131 359.50(元)

借:利润分配——提取法定盈余公积　　131 359.50
　　贷:盈余公积——法定盈余公积　　　131 359.50

【例5.46】 远大公司根据股东大会决议,向股东宣告分派现金股利100 000元。

该项经济业务的发生,一方面使得企业应付股利增加,记入"应付股利"账户的贷方;另一方面使得企业利润分配减少,记入"利润分配"账户的借方。远大公司应编制的会计分录如下:

借:利润分配——应付现金股利或利润　　100 000
　　贷:应付股利　　　　　　　　　　　100 000

【例5.47】 将上述有关利润分配所属明细分类账户余额转入"利润分配——未分配利润"明细分类账户。远大公司应编制的会计分录如下:

借:利润分配——未分配利润　　　　231 359.50
　　贷:利润分配——提取法定盈余公积　131 359.50

——应付现金股利或利润　　　100 000

　　通过上述结转后,"本年利润"账户无余额。而"利润分配"账户的余额在贷方为 1 082 235.50元(1 313 595 – 131 359.50 – 100 000),表示未分配利润,如为借方余额,则表示发生亏损。

本章小结

　　【重点】　本章主要内容是运用我们已经学习并掌握的账户和借贷记账法的知识对制造企业发生的主要经济业务进行核算。

　　【难点】　企业在生产经营的各环节所涉及的有关账户的内容及具体应用。

　　本章主要介绍制造业企业主要经济业务的核算。理解并掌握企业资金循环过程(即货币资金→采购资金→生产资金→成品资金→货币资金);明确生产经营的过程(即供应过程、生产过程、销售过程);掌握资金循环与生产经营过程之间的关系。

　　具体业务内容如下:

　　(1)资金筹集业务:企业接受投资人投入的资金或从债权处借入债务,形成企业生产经营筹集资金。

　　(2)供应过程业务:企业为生产产品准备材料即进行材料采购并计算材料的采购成本;由于结算方式不同所进行的相应账务处理也不尽相同;购置固定资产,进行设备的安装,固定资产入账价值的确定(注意增值税)及会计处理。

　　(3)生产过程业务:组织产品生产,使用设备、消耗材料、发生人工费用;计算并结转完工产品成本;办理产成品验收入库手续等。

　　(4)产品销售过程业务:对外销售产品;结算销售产品货款;计算并交纳税金;计算并结转销售产品成本等。

　　(5)财务成果形成与分配业务:计算形成的利润或发生的亏损(包括营业利润、利润总额、净利润);按规定办法进行利润分配等。实际缴纳税金、支付已分配利润,资金即退出企业。

自测题

一、单项选择题

1. 企业从净利润中提取法定盈余公积时,应通过核算的账户是　　　　　　　　(　　)
　　A. 法定盈余公积　　　　　　　　B. 任意盈余公积
　　C. 盈余公积　　　　　　　　　　D. 应付股利
2. 企业从税后利润中提取法定盈余公积时,应贷记的账户是　　　　　　　　　(　　)
　　A. "实收资本"账户　　　　　　　B. "资本公积"账户
　　C. "盈余公积"账户　　　　　　　D. "营业外支出"账户
3. 企业的净利润是企业一定会计期间的财务成果,应在利润总额中扣除的项目是　(　　)

A. 营业外收支净额 B. 投资收益
C. 所得税 D. 资产减值损失后的净额
4. 不影响本期营业利润的项目是 (　　)
A. 营业税金及附加 B. 管理费用
C. 主营业务收入 D. 所得税费用
5. 企业接受实物资产投入的资本,应按下列标准确定金额作为实收资本入账的是 (　　)
A. 原始价值数额 B. 实物净值数额
C. 计划价值数额 D. 合同、协议的约定的价值或评估确认的价值
6. 下列各项不属于期间费用的是 (　　)
A. 制造费用 B. 管理费用
C. 财务费用 D. 销售费用
7. 工业企业的其他业务收入包括 (　　)
A. 销售自制半成品销售收入 B. 营业外收入
C. 提供工业性劳务收入 D. 销售材料收入
8. 下列不属于营业外支出的项目的是 (　　)
A. 处置固定资产净损失 B. 非常损失
C. 捐赠支出 D. 坏账损失
9. 下列不属于营业外收入的项目 (　　)
A. 处置固定资产净收益 B. 无法支付的应付款项
C. 出售无形资产所有权收益 D. 出租固定资产的收入
10. 企业收到投资者投入的资金或收到股东的股本时所涉及的贷记科目是 (　　)
A. 短期借款或实收资本 B. 实收资本或长期借款
C. 实收资本或股本 D. 固定资产或实收资本
11. 企业购入材料发生的运杂费用,应记入的账户是 (　　)
A. "制造费用"账户 B. "管理费用"账户
C. "生产成本"账户 D. "原材料"账户
12. 分配车间管理人员的工资及福利费用应借记的会计科目是 (　　)
A. "制造费用"科目 B. "管理费用"科目
C. "生产成本"科目 D. "制造成本"科目
13. 企业取得银行存款的利息收入应记入的账户是 (　　)
A. "营业外收入" B. "财务费用"
C. "其他业务收入" D. "主营业务收入"
14. 企业行政管理人员的工资和福利费应记入 (　　)
A. "管理费用"账户的借方 B. "应付职工薪酬"账户的借方

C. "应付福利费"账户的借方　　　　　D. "制造费用"账户的借方
15. 企业按规定于本月末计算出应交的教育费附加，应借记"主营业务税金及附加"账户，贷记的账户是　　　　　　　　　　　　　　　　　　　　　　　　　　　　（　　）
　　A. "应交税费"账户　　　　　　　　B. "其他应交款"账户
　　C. "应付账款"账户　　　　　　　　D. "其他应付款"账户

二、多项选择题

1. "短期借款"账户的结构是　　　　　　　　　　　　　　　　　　　　　（　　）
　　A. 借方登记借款的增加数　　　　　B. 贷方登记借款的归还数
　　C. 贷方登记借款的增加数　　　　　D. 借方登记借款的归还数
2. 企业接受投资者投入的资金会引起　　　　　　　　　　　　　　　　　（　　）
　　A. 负债的增加　　　　　　　　　　B. 收入的增加
　　C. 所有者权益的增加　　　　　　　D. 资产的增加
3. 下列属于直接费用的有　　　　　　　　　　　　　　　　　　　　　　（　　）
　　A. 车间固定资产的折旧　　　　　　B. 生产产品耗用材料
　　C. 生产工人的工资和福利费　　　　D. 管理人员的工资
4. 企业资本取得和形成的途径有　　　　　　　　　　　　　　　　　　　（　　）
　　A. 投资者投入的资本　　　　　　　B. 接受捐赠
　　C. 企业取得的净利润　　　　　　　D. 提取的福利费
5. 下列属于管理费用的项目有　　　　　　　　　　　　　　　　　　　　（　　）
　　A. 厂部管理人员的办公费用　　　　B. 车间固定资产的折旧费
　　C. 企业厂部发生的保险费　　　　　D. 业务招待费
6. 期间费用包括　　　　　　　　　　　　　　　　　　　　　　　　　　（　　）
　　A. 管理费用　　　　　　　　　　　B. 销售费用
　　C. 财务费用　　　　　　　　　　　D. 制造费用
7. 企业生产经营过程是由几个过程组成的　　　　　　　　　　　　　　　（　　）
　　A. 资金筹集　　　　　　　　　　　B. 生产准备
　　C. 产品生产　　　　　　　　　　　D. 产品销售
　　E. 财务成果
8. 短期借款应按哪些项目设置明细账，进行明细分类核算　　　　　　　（　　）
　　A. 债权人　　　　　　　　　　　　B. 债务人
　　C. 借款期限　　　　　　　　　　　D. 借款种类
　　E. 借款金额
9. 采购材料的实际成本包括　　　　　　　　　　　　　　　　　　　　　（　　）
　　A. 材料的买价　　　　　　　　　　B. 增值税进项税额

    C. 运输费 D. 装卸费
    E. 包装费
10. 产品的生产成本包括 ( )
    A. 直接材料 B. 直接人工
    C. 管理费用 D. 制造费用
11. 影响企业营业利润的因素有 ( )
    A. 主营业务收入 B. 主营业务成本
    C. 营业税金及附加 D. 销售费用
    E. 营业外收入
12. "本年利润"账户结构所反映的内容有 ( )
    A. 借方为转入的各项成本费用数额 B. 贷方为转入的各项收入、收益
    C. 贷方余额为实现的净利润 D. 借方余额为发生的亏损
    E. 期末结转后无余额

三、判断题

1. 工业企业的生产经营过程由供应过程、生产过程、销售过程、财务成果结算过程和筹资过程五个过程组成。( )
2. "在途物资"账户是一个资产类账户。( )
3. 期间费用是指不能直接归属于某个特定产品成本中的费用。如销售费用、管理费用、财务费用和制造费用。( )
4. "短期借款"账户是一个负债类账户,用来核算企业向银行或其他金融机构借入的偿还期限在一年以内的各种借款。( )
5. 企业预付广告费,计入本期的销售费用。( )
6. 企业本月发生的直接费用全部计入本月的完工产品成本。( )
7. 企业某产品的制造成本是当期直接费用、间接费用和期间费用的总和。( )
8. "生产成本"账户的期末借方余额表示期末在产品成本。( )
9. 对于预付账款不多的企业,可以不设"预付账款"账户,而将预付账款记入"应付账款"账户的借方。( )
10. 企业出售商品、材料及出租包装物等获取的收入均记入"主营业务收入"账户。( )
11. 企业月末将"制造费用"分配结转到"生产成本",再由"生产成本"结转到"本年利润"账户的借方。( )

四、计算题

1. 某企业基本生产车间生产甲、乙两种产品。1月份该车间发生制造费用共计100 000元,生产工人工资50 000元(其中:甲产品20 000元,乙产品30 000元)。
    要求:按生产工人工资比例分配并结转本月的制造费用。

2. 某企业期初资产总额 80 万元,本期发生以下业务:
   (1) 收到外单位投资 8 万元并存入银行;
   (2) 用银行存款支付所欠货款 2 万元;
   (3) 从银行提取现金 1 万元。
   要求:计算期末资产总额。

五、业务处理题

根据下列经济业务编制会计分录。

1. 企业接受投资人投入的货币资金 20 000 元存入银行;投入的固定资产原值 100 000 元,已计提累计折旧 20 000 元,双方协商价 90 000 元,固定资产已交付使用。
2. 企业从银行取得借款 50 000 元,期限 6 个月,存入银行。
3. 企业购入原材料,增值税专用发票注明价款 10 000 元,增值税 1 700 元,用库存现金支付运杂费 300 元,价款和税款尚未支付,材料已验收入库。
4. 生产 A 产品领用原材料 2 000 元。
5. 用库存现金购买办公用品 800 元。
6. 分配工资,其中:生产工人工资 10 000 元,车间管理人员工资 2 000 元,行政管理人员工资 3 000 元,销售人员工资 1 500 元。
7. 按生产工人工资标准分配制造费用 20 000 元,其中:A 产品生产工人工资 6 000 元,B 产品生产工人工资 4 000 元。
8. 计提固定资产累计折旧,生产用固定资产折旧 3 000 元,车间用固定资产折旧 2 000 元,行政管理部门用固定资产折旧 1 500 元。
9. 结转本月完工产品的成本 30 000 元。
10. 企业销售 A 产品,增值税专用发票上注明价款 50 000 元,增值税税率 17%,代购买方垫付运杂费 1 000 元,用银行存款支付,价款和税款尚未收回。
11. 企业用银行存款支付广告费 5 000 元。
12. 企业收到银行付款通知,用银行存款支付本季度借款利息 900 元。(未预提)
13. 企业销售材料取得收入 2 000 元,增值税 340 元,款项存入银行。
14. 用银行存款支付交通违章罚款 200 元。
15. 月末,结转主营业务收入 100 000 元,其他业务收入 3 000 元,营业外收入 500 元,主营业务成本 60 000 元,其他业务成本 2 000 元,销售费用 10 000 元,财务费用 900 元,管理费用 8 000 元,营业税金及附加 2 000 元。

第六章
Chapter 6

账户的分类

【学习要点及目标】

本章主要介绍了账户分类的几种基本方法。通过本章的学习,掌握账户分类的意义和作用,账户按其经济内容的分类和按其用途和结构的分类;熟悉每一类账户的核算内容和分类;理解各类账户之间的区别和联系,进一步提高运用账户处理各种经济业务的能力。

【导入案例】

小李是某企业的会计人员,该企业对原材料核算采用实际成本计价,该企业购入了一批材料,收到了对方单位发来的有关结算凭证,但是材料还未运到企业,小李根据材料的实际成本记入到了"材料采购"账户。数日后,材料运到企业并办妥了验收入库手续,小李按材料的实际成本记入到了"原材料"账户。

讨论题:小李的上述处理正确吗?如果不正确应如何处理?"原材料"账户和"材料采购"账户之间有什么区别?

第一节 账户分类的意义

一、账户分类的意义与标志

会计信息使用者要想了解某一企业的财务状况和经营成果等情况,就要获得与该企业有关的会计信息。为了满足会计信息使用者使用会计信息的需求,需要运用会计科目在账簿中开设一系列的账户。开设账户之后,需要进一步了解各类账户能够提供什么性质的经济指标,理解各类账户之间的区别和联系,掌握各类账户的内容、结构和用途,因此就需要对账户进一步分类。每个账户因为核算的内容各不相同,所以都有它独特的经济性质、用途和结构,一般不能用其他账户来替代,正因为这样,每个账户才会有区别于其他账户的特征。但从我们前面所学过的知识来看,每一个会计要素不是孤立存在的,六大会计要素之间虽然有区别,但有着密切的联系。因此,作为反映各种会计要素手段的账户之间,也必然不是相互孤立的,它们之间必然相互依存,互为条件,它们的增减变动在数量金额上是相互关联的。由于每一个账户只能记录和反映经济活动的一个方面,无法反映企业的整体情况,所以只有把全部账户有机地结合起来,才能对企业会计对象的全部内容进行有效的反映和监督。为了正确地设置和运用账户,就要从不同角度按一定标准对账户进行分类。

账户分类是对全部账户按照会计核算要求所进行的科学概括和归纳。通过账户分类,可以在了解各个账户特性的基础上,总结出某些账户的共性,探讨账户之间内在的联系与区别,掌握各类账户在提供核算指标方面的规律性。

账户进行分类时可以采用不同的标志,运用不同的标志对账户进行分类,可以从不同的角度全方位观察账户体系的全貌。账户分类的标志一般有三种:按经济内容分类;按用途和结构分类;按账户与会计报表的关系分类。

二、账户分类的作用

(一)便于正确的设置和运用账户,全面反映单位经营活动和资金运动情况

由于各单位经营活动特点的不同,所设置的账户就不同,要想全面反映企业的经济业务,有效地反映和监督企业的经营活动,就要从本单位经营活动的特点出发,设置适合本单位经营活动的账户体系,使它们能全面、系统地记录本单位的经济活动的过程和结果。这就要求会计工作者了解账户的分类情况,了解不同账户反映的经济内容是什么,提供什么样的核算资料。

(二)便于掌握各账户在提供核算指标方面的规律性

通过设置账户可以提供会计核算上所需要的各种指标,比如增加额、减少额和余额等。每个账户都有其相应的结构,但有些账户在结构上是相同的,比如"库存现金"和"银行存款"账户,它们的借方都登记增加额,贷方都登记减少额,余额都在借方;再比如"应付股利"和"实收资本"账户,它们的贷方都登记增加额,借方都登记减少额,余额都在贷方。这说明账户在提供增加额、减少额和余额等会计核算指标方面具有一定的规律性。对账户进行分类,可以使我们更好地把握这个规律性,从而更好地理解和运用账户。

(三)便于设计规划会计账簿的格式

账户提供的会计信息最终通过会计账簿体现出来,有些账户既提供金额信息又提供实物方面的信息,在设计相应的会计账簿格式时,就应设置数量金额式账页格式;对于只提供金额信息的账户,应设置三栏式账页格式。

（四）便于编制会计报表

企业经营活动的变动过程及结果，最终都通过会计报表反映出来，编制会计报表所需要的相关资料是由账户提供的。不同的报表反映的经济内容不同，其相关资料的来源就不同，为了正确的编制会计报表，就要对账户进行不同的分类。

第二节 账户按经济内容分类

账户的经济内容是指账户所反映的会计对象的具体内容，账户之间的最本质区别在于其反映的经济内容的不同，因而按账户的经济内容对账户进行分类是对账户的最基本的分类。通过账户按经济内容分类，可以了解各类账户核算和监督的内容，另外，不同的会计报表包含不同的会计要素，明确了账户的经济内容，就能正确掌握会计账户和相应会计报表之间的关系，可以更好地运用借贷记账法。账户按经济内容分类，可以分为资产类账户、负债类账户、所有者权益类账户、成本类账户、损益类账户和共同类账户六类。

一、资产类账户

资产类账户是核算企业各项资产的增减变动及其结存情况的账户。资产按流动性分为流动资产和非流动资产两大类，因而资产类账户按照流动性分为流动资产账户和非流动资产账户两类。反映流动资产的账户有"库存现金"、"银行存款"、"应收账款"、"应收票据""原材料"、"库存商品"等。反映非流动资产的账户有"长期股权投资"、"固定资产"、"累计折旧"、"在建工程"、"无形资产"、"长期待摊费用"等账户。

二、负债类账户

负债类账户是核算企业各项负债增减变动及其结存情况的账户。负债按流动性分为流动负债和非流动负债两大类，因而负债类账户按照流动性分为流动负债账户和非流动负债账户两类。反映流动负债的账户有"短期借款"、"应付票据"、"应付账款"、"应付职工薪酬"、"应交税费"等；反映非流动负债的账户有"长期借款"、"应付债券"、"长期应付款"等。

三、所有者权益类账户

所有者权益类账户是核算企业所有者权益增减变动及其结存情况的账户。按照所有者权益形成方式的不同，此类账户又可以分为投入资本类账户和留存收益类账户两类。反映投入资本类账户的有"实收资本"（或"股本"）和"资本公积"账户。反映留存收益的账户有"本年利润"、"利润分配"、"盈余公积"等。

四、成本类账户

成本类账户是核算企业为生产产品、提供劳务而发生的各种耗费的增减变动及其结转情况的账户,具体包括生产过程的成本类账户和对外提供劳务的成本类账户两大类。反映生产过程的成本类账户有"生产成本"、"制造费用"等;反映对外提供劳务的成本类账户有"劳务成本"账户。

五、损益类账户

损益类账户是核算企业收入、费用等损益的增减变化及其结转情况的账户。按照损益的组成内容,具体分为收益类账户和费用损失类账户。

(一)收益类账户

收益类账户是核算企业在生产经营过程中所取得的各种经济利益的账户。按照收益的不同性质和内容,可以分为核算营业收入的账户和核算非营业收入的账户两类。核算营业收入的账户有"主营业务收入"、"其他业务收入"、"投资收益"等;核算非营业收入(利得)的账户有"营业外收入"账户。

(二)费用损失类账户

费用损失类账户是用来反映企业费用、损失的增减变动及其结转情况的账户。该类账户有"主营业务成本"、"营业税金及附加"、"其他业务成本"、"销售费用"、"管理费用"、"财务费用"、"资产减值损失"和"营业外支出"等。

六、共同类账户

共同类账户是反映具有资产和负债双重性质的账户。共同类账户的特点是需要从其期末余额所在方向界定其性质,如果期末余额在借方是反映资产的账户,如果期末余额在贷方是反映负债的账户。属于共同类账户的有"清算资金往来"、"货币兑换"、"衍生工具"、"套期工具"、"被套期项目"等。该类账户的应用本书不涉及。

账户按经济内容分类建立的账户体系的主要构成如图6.1所示。

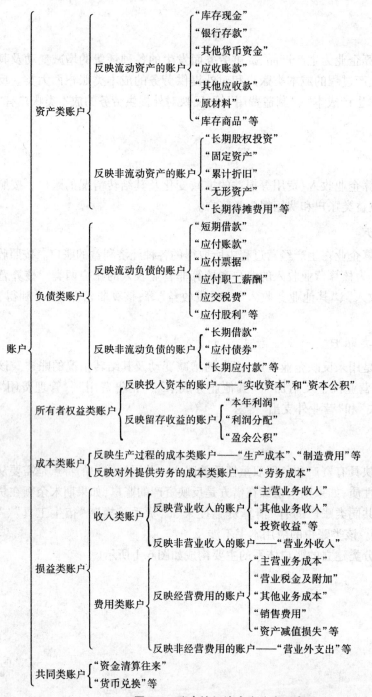

图 6.1 账户按经济内容分类示意图

第三节 账户按用途和结构分类

按账户反映的经济内容对账户进行分类,可以使我们了解完整的账户体系包括哪些账户,各类账户反映什么内容,明确账户的性质,这对于合理设置和运用账户以满足经营管理的需要具有重要意义。但按经济内容对账户进行分类,不能使我们了解各种账户的作用,为了正确地运用账户记录经济业务,就需要在按经济内容分类的基础上,进一步研究账户按用途和结构分类。

账户的用途是指通过账户的记录能够提供哪些核算指标,也就是开设和运用账户的目的。比如设置"原材料"、"库存商品"等账户的目的就是反映企业的实物资产,通过这些账户记录能够提供相应的实物资产的增减变动及结存余额等方面的核算资料。

账户的结构是指在账户中如何记录经济业务,以取得必要的核算指标,也就是账户的借方和贷方登记的内容,余额的方向及其表示的内容。

由于企业发生的经济业务活动比较复杂,企业所需的会计数据资料需要通过账户来加以记录和反映,而每一个账户都是根据企业经营管理和对外报告会计信息的需要而设置的,都有其特定的用途和结构,账户按用途和结构分类是对账户按经济内容分类的必要补充。制造业企业账户按用途和结构分类可以分为盘存账户、投资权益账户、结算账户、跨期摊配账户、调整账户、集合分配账户、计价对比账户、成本计算账户、收入计算账户、费用计算账户、财务成果计算账户等十类。

一、盘存账户

盘存账户是用来核算和监督各项财产物资和货币资金的增减变动及其结存情况的账户。该类账户的结构是:借方登记各项财产物资和货币资金的增加数,贷方登记各项财产物资和货币资金的减少数,期末余额在借方,表示期末各项财产物资和货币资金的实有数。盘存账户的基本结构如下:

借方	盘存账户	贷方
期初余额:财产物资或货币资金的期初实有数 本期发生额:财产物资或货币资金的增加数	本期发生额:财产物资或货币资金的减少数	
期末余额:财产物资或货币资金的期末实有数		

属于盘存类的账户有:"原材料"、"库存商品"、"固定资产"、"库存现金"、"银行存款"等。盘存账户的特点为:该账户所反映的内容属于资产性质;该类账户仅是资产类账户中的一部分,即表示有实物形体的那部分资产,除货币资金账户外,其他可运用数量金额式明细账,提供数量和金额两项指标;该类账户可以通过实地盘点或对账的方法,检查各项实物资产和货币资

金的账面结存数额是否与实存数额相符。

二、投资权益账户

投资权益账户也称资本账户,是用来核算和监督企业所有者投资的增减变动及其结存情况的账户。该类账户的结构是:贷方登记所有者投资的增加数或其他所有者权益的增加数,借方登记所有者投资的减少数或其他所有者权益的减少数,期末余额在贷方,表示期末所有者权益的实有数额。投资权益账户的基本结构如下:

借方	投资权益账户	贷方
本期发生额:所有者权益的减少数	期初余额:所有者权益的期初实有数 本期发生额:所有者权益的增加数 期末余额:所有者权益的期末实有数	

属于投资权益类的账户有:"实收资本"、"资本公积"、"盈余公积"等账户。投资权益账户的特点为:反映的内容是所有者投入企业的资本或经营中形成的资本,即所有者权益的性质;投资权益账户只提供价值指标。

三、结算账户

结算账户是用来核算和监督企业与其他单位或个人以及企业内部各单位之间往来款项结算业务的账户。由于结算业务性质的不同,结算账户具有不同的用途和结构,结算账户按用途和结构分类,具体分为债权结算账户、债务结算账户和债权债务结算账户三类。

(一)债权结算账户

债权结算账户,也称资产结算账户,是用来核算和监督企业债权的增减变动和结存情况的账户。该类账户的结构是:借方登记债权的增加数,贷方登记债权的减少数,期末余额在借方,表示尚未收回债权的实有数。债权结算账户的基本结构如下:

借方	债权结算账户	贷方
期初余额:债权的期初实有数 本期发生额:债权的增加数 期末余额:债权的期末实有数		本期发生额:债权的减少数

属于债权结算账户的有"应收账款"、"应收票据"、"预付账款"、"其他应收款"等。现以"应收账款"账户为例进行说明。假设某企业期初应收账款账户余额为 50 000 元,本期销售商品一批价税共计 46 800 元,款项尚未收到,本期未发生其他与应收账款有关的业务,则该账户的结构如下:

借方	应收账款		贷方
期初余额:50 000			
本期发生额:46 800	本期发生额:		
期末余额:96 800			

表明该企业期末应收销货款 96 800 元。

(二) 债务结算账户

债务结算账户,也称负债结算账户,是用来核算和监督企业债务的增减变动和结存情况的账户。该类账户的结构:贷方登记债务的增加数,借方登记债务的减少数,期末余额在贷方,表示尚未偿还的债务的实有数。债务结算账户的基本结构如下:

借方	债务结算账户	贷方
	期初余额:债务的期初实有数	
本期发生额:债务的减少数	本期发生额:债务的增加数	
	期末余额:债务的期末实有数	

属于债务结算账户的有:"短期借款"、"长期借款"、"应付账款"、"应付职工薪酬"、"应交税费"、"应付股利"、"预收账款"、"其他应付款"等。现以"应付账款"账户为例,举例说明。假设某企业期初应付账款账户余额为 60 000 元,本期购入一批材料价税共计 35 100 元,款项尚未支付,本期未发生其他与应付账款有关的业务,则该账户的结构如下:

借方	应付账款	贷方
	期初余额:60 000	
本期发生额:	本期发生额:35 100	
	期末余额:95 100	

表明该企业期末应付购货款 95 100 元。

(三) 债权债务结算账户

债权债务结算账户,也称资产负债结算账户,是用来核算和监督企业与其他单位或个人之间发生的债权和债务往来结算业务的账户。在实际工作中,由于这种相互之间往来结算业务经常发生变动,某些与企业经常发生业务往来的单位,有时处于债权人的地位,有时又处于债务人的地位。如企业向同一单位销售商品,如果是先发货后收款,发生的应收而未收到的款项就构成了企业的债权;如果合同规定购买方先预付货款,企业预收的款项就构成了企业的债务。为了能在同一账户中集中反映企业与同一单位发生的债权和债务的往来结算情况,简化核算手续,就有必要设置同时具有债权债务双重性质的结算账户。该类账户的结构是:借方登记债权的增加数和债务的减少数,贷方登记债务的增加数和债权的减少数,期末余额如在借方,表示尚未收回的债权净额,债权净额指尚未收回的债权大于尚未偿还的债务的差额;期末余额如在贷方,表示尚未偿还的债务净额,债务净额指尚未偿还的债务大于尚未收回的债权的差额。债权债务结算账户的基本结构如下:

借方	债权债务结算账户	贷方
期初余额:期初债权大于债务的差额	期初余额:期初债务大于债权的差额	
本期发生额:债权的增加或债务的减少数	本期发生额:债务的增加或债权的减少数	
期末余额:净债权	期末余额:净债务	

　　如果企业不单独设置"预收账款"账户,可以将预收账款业务合并到"应收账款"账户,"应收账款"账户同时核算企业应收账款和预收账款的增减变动及结果;如果企业不单独设置"预付账款"账户,可以将预付账款业务合并到"应付账款"账户,"应付账款"账户同时核算企业应付账款和预付账款的增减变动及结果。此时,"应收账款"和"应付账款"账户实际上就是一个债权债务结算账户。可以将"其他应收款"和"其他应付款"合并,设置"其他往来"账户,用来核算其他应收款和其他应付款的增减变动及结果,此时,"其他往来"账户就是一个债权债务结算账户。现以"应收账款"账户为例,举例说明。假设某企业不单设"预收账款"账户,有关预收款项的业务通过"应收账款"账户核算,期初应收账款账户余额为 40 000 元,本期销售商品一批价税共计 46 800 元,款项尚未收到,本期未发生其他与应收账款有关的业务。本期预收购货款 30 000 元,款项已收到存入了本企业的开户银行,则应收账款账户的结构如下:

借方	应收账款	贷方
期初余额:40 000		
本期发生额:46 800	本期发生额:30 000	
期末余额:56 800		

　　由于期末"应收账款"账户余额在借方,表明该企业期末应收销货款这项债权有 56 800 元,此时,"应收账款"账户是债权结算账户。

　　结算账户的特点为:按照结算业务的对方单位或个人设置明细分类账;结算账户只提供价值指标;结算账户要根据期末余额的方向来判断其性质,当期末余额在借方时,是债权结算账户,当期末余额在贷方时,是债务结算账户。

四、调整账户

　　调整账户是用来调整被调整账户的余额,以求得被调整账户的实际余额的账户。在实际工作中,由于管理或其他方面的原因,对于某些资产、负债、所有者权益项目,需要开设两个账户,用两种数字从不同的方面进行反映,其中一个账户用来反映资产、负债、所有者权的原始数字,这种账户称为被调整账户;另一个账户用来反映对原始数字的调整数字,这种账户称为调整账户。

调整账户按其调整方式不同,可分为备抵账户、附加账户和备抵附加账户。

(一) 备抵账户

备抵账户也称抵减账户,是用来抵减被调整账户的余额,以反映被调整账户的实际余额的账户。其调整方法是:

被调整账户余额 – 备抵账户余额 = 被调整账户的实际余额

由于备抵账户是对被调整账户余额的抵减,因此,备抵账户的余额方向与被调整账户的余额方向正好相反,被调整账户如果是借方(或贷方)余额,备抵账户一定是贷方(或借方)余额。

"累计折旧"、"固定资产减值准备"、"坏账准备"等账户是比较典型的抵减账户。"累计折旧"、"固定资产减值准备"是"固定资产"账户的抵减账户,用"固定资产"账户的账面余额与"累计折旧"、"固定资产减值准备"账户的账面余额相抵减,其差额就是固定资产的账面价值即固定资产现有的实际价值。通过这三个账户余额的对比分析,可以了解固定资产的新旧程度、减值等情况。"坏账准备"是"应收账款"等账户的备抵账户,用"应收账款"等账户的账面余额与"坏账准备"账户的账面余额相抵减,其差额就是可收回的相关债权额。现以"固定资产"、"累计折旧"和"固定资产减值准备"三个账户为例说明被调整账户与调整账户之间的关系。假设某企业固定资产账户期初余额为 400 000 元,累计折旧账户期初余额为 50 000 元,固定资产减值准备账户期初余额为 10 000 元。本期购入机器设备一台,设备价值为 230 000 元,期末计提折旧费用 4 000 元,计提固定资产减值准备 6 000 元。各账户的结构如下:

借方	固定资产	贷方
期初余额:400 000		
本期发生额:230 000	本期发生额:	
期末余额:630 000		

借方	累计折旧	贷方
	期初余额:50 000	
本期发生额:	本期发生额:4 000	
	期末余额:54 000	

借方	固定资产减值准备	贷方
	期初余额:10 000	
本期发生额:	本期发生额:6 000	
	期末余额:16 000	

固定资产的原始价值 – 累计折旧 – 固定资产减值准备 = 固定资产账面价值

即: 630 000 – 54 000 – 16 000 = 560 000(元)

"存货跌价准备"、"长期股权投资减值准备"、"累计摊销"等账户也属于备抵账户。

(二) 附加账户

附加账户是用来增加被调整账户的余额，以求得被调整账户的实际余额的账户。这类账户的调整方式与备抵账户的调整方式正好相反，其调整方法是：

被调整账户余额＋附加账户余额 ＝被调整账户的实际余额

由于附加账户是对被调整账户余额的增加，因此，附加账户的余额方向与被调整账户的余额方向相同，被调整账户如果是借方（或贷方）余额，附加账户也一定是借方（或贷方）余额。

在我国会计实务中，附加账户应用比较少。如溢价发行债券时利息调整账户是应付债券账户的附加账户。两者期末贷方余额之和表示该项应付债券的实际余额。两者的关系如下：

借方	应付债券——面值	贷方
	期末余额:600 000	

借方	应付债券——利息调整	贷方
	期末余额:50 000	

这说明债券发行面值为 600 000 元，利息调整（溢价）为 50 000 元，债券实际发行金额为 650 000 元。

(三) 备抵附加账户

备抵附加账户也称抵减附加账户是既用来抵减又用来增加被调整账户的余额，以求得被调整账户实际余额的账户。备抵附加账户同时具有备抵账户和附加账户两种调节功能，这类账户在某一时刻执行的是哪种功能，取决于该账户的余额与被调整账户的余额方向是否一致，当账户的余额与被调整账户的余额方向相反时，它所起的是抵减作用；当账户的余额与被调整账户的余额方向相同时，它所起的是附加作用。

工业企业按计划成本对原材料进行核算时，"材料成本差异"账户就是"原材料"账户的备抵附加账户。"原材料"账户按计划成本计价核算，为了反映原材料的实际成本，需要设置"材料成本差异"账户，以调整"原材料"账户的账面余额。这样，"材料成本差异"账户与"原材料"账户之间就建立了一种调整与被调整的关系。当"材料成本差异"账户出现借方余额时，表示实际成本大于计划成本的超支数，以附加的方式，将"原材料"账户所反映的材料的计划成本调整为实际成本；相反，当"材料成本差异"账户出现贷方余额时，表示实际成本小于计划成本的节约数，则以抵减的方式，将"原材料"账户所反映的材料的计划成本调整为实际成本。

"材料成本差异"账户与"原材料"账户之间的关系如下：

借方	材料成本差异	贷方	借方	原材料	贷方
期末余额:6 000			期末余额:70 000		

$$原材料的实际成本 = 70\ 000 + 6\ 000 = 76\ 000(元)$$

此时,"材料成本差异"账户是"原材料"账户的附加账户。

相反,如果是下列情况:

借方	材料成本差异	贷方	借方	原材料	贷方
	期末余额:6 000		期末余额:70 000		

$$原材料的实际成本 = 70\ 000 - 6\ 000 = 64\ 000(元)$$

此时,"材料成本差异"账户是"原材料"账户的抵减账户。

五、集合分配账户

集合分配账户是用来归集和分配企业生产经营过程中某个阶段所发生的间接费用,反映和监督有关费用计划执行情况和费用的分配情况的账户。企业在生产经营过程中发生的应由几个成本核算对象共同负担的间接费用,应先在集合分配账户中进行归集,然后再采用一定的标准在各个成本核算对象之间进行分配。集合分配账户的结构是:借方登记费用的发生数,贷方登记费用的分配数,一般情况下,该类账户一般期末无余额。集合分配账户的基本结构如下:

借方	集合分配账户	贷方
本期发生额:归集经营过程中间接费用的本期发生额		本期发生额:本期分配到有关成本核算对象的费用额

属于集合分配账户的有:"制造费用"账户等。

六、计价对比账户

计价对比账户是用来对某项经济业务按照两种不同的计价标准进行对比,借以确定其业务成果的账户。如工业企业材料日常收发按计划成本核算时所设置的"材料采购"账户,就属于计价对比账户。该账户的借方登记材料的实际采购成本,贷方登记按计划价格核算的材料的计划成本,通过借贷双方面计价的对比,可以确定材料采购业务的成果。计价对比账户的基本结构(以"材料采购"账户为例)如下:

借方	材料采购	贷方
期初余额:尚未入库材料的实际成本		
本期发生额:本期尚未入库材料的实际成本及转入"材料成本差异"账户贷方的实际成本小于计划成本的节约差	本期发生额:验收入库材料的计划成本及转入"材料成本差异"账户借方的实际成本大于计划成本的超支差	
期末余额:在途材料的实际成本		

计价对比账户的特点为:该类账户借贷方采用两种不同的计价,其差额反映业务成果。

七、成本计算账户

成本计算账户是用来核算和监督生产经营过程中某一阶段所发生的全部费用,并确定该阶段各个成本核算对象实际成本的账户。设置和运用成本计算账户,对于正确计算材料采购、产品生产和产品销售的实际成本,考核有关成本计划的执行和完成情况具有重要作用。成本计算账户的结构是:借方登记生产经营过程中某一阶段所发生的应计入成本核算对象的全部费用,其中一部分费用发生时可以直接计入,另一部分费用要先计入集合分配账户,在会计期末通过一定的方法分配计入到成本计算账户。贷方登记转出的实际成本,期末余额在借方,表示尚未完成某一阶段的成本核算对象的实际成本。成本计算账户的基本结构如下:

借方	成本计算账户	贷方
期初余额:尚未转出成本核算对象的实际成本		
本期发生额:经营过程中发生的应由成本核算对象负担的费用	本期发生额:转出成本核算对象的实际成本	
期末余额:尚未转出的成本核算对象的成本		

属于成本计算账户的有:"材料采购"、"生产成本"、"在建工程"等。成本计算账户的特点为:除了设置总分类账户外,还应按各个成本核算对象和成本项目设置专栏,分别设置明细分类账户,进行明细分类核算;既可提供某一成本核算对象的金额指标,又可提供其实物指标。

八、收入计算账户

收入计算账户是用来核算和监督企业在某一时期(月份、季度或年度)内所取得的各种收入和收益的账户。这里的收入指广义的概念,不仅包括营业收入(主营业务收入和其他业务收入),还包括投资收益和营业外收入。收入计算账户的结构是:贷方登记取得的收入和收益数,借方登记收入和收益的减少数和期末转出数,由于当期实现的全部收入和收益都已结转到"本年利润"账户,所以该类账户期末无余额。收入计算账户的基本结构如下:

借方	收入计算账户	贷方
本期发生额:收入或收益的减少数及期末转入到"本年利润"账户的收入或收益数	本期发生额:本期收入或收益的增加数	

属于收入计算账户的有:"主营业务收入"、"其他业务收入"、"营业外收入"等。收入计算账户的特点为:不仅要设置总分类账,还要按照业务类别设置明细分类账,进行明细分类核算;收入计算账户只提供价值指标。

九、费用计算账户

费用计算账户是用来核算和监督企业在某一时期(月份、季度或年度)内所发生的应计入当期损益的各项费用、成本、支出的账户。这里的费用是广义的概念,不仅包括为取得主营业务收入而发生的各项耗费,还包括营业外支出和所得税费用。费用计算账户的结构是:借方登记费用支出的增加额,贷方登记费用支出的减少额和期末转入"本年利润"账户的费用支出数额,由于当期实现的全部费用支出都已结转到"本年利润"账户,所以该类账户期末无余额。费用计算账户的基本结构如下:

借方	费用计算账户	贷方
本期发生额:本期费用支出的增加数		本期发生额:费用支出的减少数及期末转入到"本年利润"账户的费用支出数

属于费用计算账户的有:"主营业务成本"、"营业税金及附加"、"销售费用"、"管理费用"、"财务费用"、"营业外支出""所得税费用"等。费用计算账户的特点为:不仅要设置总分类账,还要按照业务内容、费用支出项目等设置明细分类账,进行明细分类核算;费用计算账户只提供价值指标。

十、财务成果计算账户

财务成果计算账户是用来核算和监督企业在一定时期(月份、季度或年度)内全部经营活动最终成果的账户。财务成果计算账户的结构是:贷方登记期末从各收入或收益类账户转入的数额,借方登记期末从各费用支出类账户转入的数额,期末余额如果在借方,表示企业发生的亏损总额,期末余额如果在贷方,表示实现的净利润额。年末,该账户余额应结转到"利润分配——未分配利润"账户,年末结转后该账户无余额。财务成果计算账户的基本结构如下:

借方	财务成本计算账户	贷方
本期发生额:本期转入的各项费用支出数		本期发生额:本期转入的各项收入、收益数
期末余额:发生的亏损数(1~11月份)		期末余额:实现的利润数(1~11月份)

财务成果计算账户包括"本年利润"账户。财务成果计算账户的特点为:借方和贷方所登记的内容,应遵循权责发生制和配比要求;反映的内容是从年初到报告期末累计实现的净利润或亏损;1~11月份该账户期末有余额,贷方余额是利润数,借方余额是亏损数,年终结账后无余额;该账户只提供价值指标。

下面将制造企业按用途和结构分类建立的账户体系的主要构成列示如图 6.2 所示。

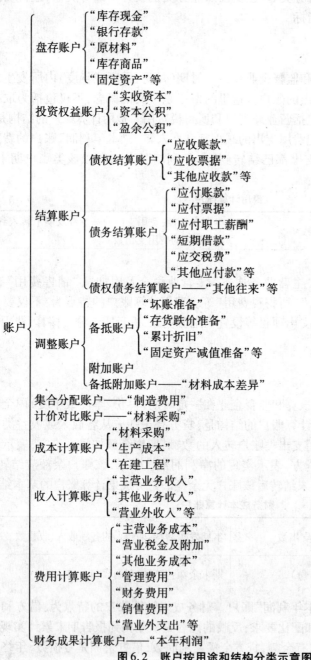

图 6.2 账户按用途和结构分类示意图

以上重点介绍了账户按经济内容和按用途、结构分类的情况,账户按上述两种标准进行分类对于我们正确设置和运用账户来核算和监督企业经营过程和经营成果,为管理提供有用的会计信息具有重要意义。

会计期末,企业要编制会计报表,会计报表是根据账户的日常核算资料编制的,企业通过设置和运用账户,能为会计报表的编制提供资料。按照账户与会计报表的关系,还可以将账户分为资产负债表账户和利润表账户等。资产类账户、负债类账户和所有者权益类账户的期末余额表示期末各项资产、负债和所有者权益的实有数额,期末根据这些数额编制资产负债表,资产类账户、负债类账户和所有者权益类账户是编制资产负债表的主要依据,为此,资产类账户、负债类账户和所有者权益类账户被称为资产负债表账户。收入类、费用类账户的发生额反映企业一定期间损益的形成情况,期末根据这些账户编制利润表,收入类、费用类账户是编制利润表的主要依据,为此,收入类、费用类账户被称为利润表账户。

本章小结

【重点】 账户按经济内容的分类和账户按用途和结构的分类。

【难点】 账户按用途和结构的分类以及每一类账户的核算内容。

账户分类就是按照账户的本质特性,依据一定的原则,将全部账户进行科学的概括和归类。通过账户的分类可以了解各类账户的性质和特征,掌握各类账户运用的规律性,正确地提供会计核算资料。

制造业企业账户按经济内容分类,可以分为资产类账户、负债类账户、所有者权益类账户、成本类账户、损益类账户和共同类账户六类。制造业企业账户按用途和结构分类可以分为盘存账户、投资权益账户、结算账户、跨期摊配账户、调整账户、集合分配账户、计价对比账户、成本计算账户、收入计算账户、费用计算账户、财务成果计算账户等十一类。按照账户与会计报表的关系,还可以将账户分为资产负债表账户和利润表账户等。

自测题

一、单项选择题

1. 按照账户的经济内容分类,"原材料"账户属于 （　　）
   A. 流动资产账户　　　　　　　　B. 非流动资产账户
   C. 盘存账户　　　　　　　　　　D. 成本计算账户
2. 按照账户的用途和结构分类,"固定资产"账户属于 （　　）
   A. 资产类账户　　　　　　　　　B. 成本类账户
   C. 盘存账户　　　　　　　　　　D. 投资权益账户
3. 下列属于投资权益账户的是 （　　）
   A. 银行存款　　　　　　　　　　B. 交易性金融资产

C. 实收资本 D. 固定资产

4. 账户按用途和结构分类,属于债权结算账户的是 （　）
   A. 交易性金融资产 B. 长期股权投资
   C. 盈余公积 D. 应收账款

5. 账户按用途和结构分类,费用计算账户期末结转后 （　）
   A. 一般无余额 B. 无余额
   C. 有借方余额 D. 有贷方余额

6. 用以反映企业负债增减变动情况的账户是 （　）
   A. 资产类账户 B. 负债类账户
   C. 所有者权益类账户 D. 成本类账户

7. 下列属于抵减调整账户的是 （　）
   A. 存货跌价准备 B. 盈余公积
   C. 资产减值损失 D. 财务费用

8. 按账户的经济内容分类,材料采购账户属于 （　）
   A. 资产类账户 B. 所有者权益类账户
   C. 收入类账户 D. 费用类账户

9. 下列账户属于集合分配账户的是 （　）
   A. 应收账款 B. 生产成本
   C. 财务费用 D. 制造费用

二、多项选择题

1. 按照账户的经济内容分类,下列账户中属于资产类账户的有 （　）
   A. 应收账款 B. 原材料
   C. 财务费用 D. 制造费用

2. 按照账户的用途和结构分类,下列账户中属于调整账户的有 （　）
   A. 制造费用 B. 管理费用
   C. 累计折旧 D. 坏账准备

3. 下列账户按用途结构分类属于收入计算账户的有 （　）
   A. 主营业务收入 B. 投资收益
   C. 营业外收入 D. 其他业务收入

4. 下列属于盘存账户的有 （　）
   A. 固定资产 B. 库存现金
   C. 应收账款 D. 库存商品

5. 下列属于账户按经济内容分类的有 （　）
   A. 资产账户 B. 投资权益账户

C. 负债账户　　　　　　　　　　D. 所有者权益账户
6. 收入计算账户　　　　　　　　　　　　　　　　　　　　（　　）
　　A. 贷方登记增加数　　　　　　　B. 借方登记减少数
　　C. 余额总是在借方　　　　　　　D. 余额有时在贷方
7. 下列账户中反映企业流动负债的有　　　　　　　　　　　（　　）
　　A. 预收账款　　　　　　　　　　B. 短期借款
　　C. 利润分配　　　　　　　　　　D. 应付账款
8. 下列不属于投资权益账户的有　　　　　　　　　　　　　（　　）
　　A. 本年利润　　　　　　　　　　B. 实收资本
　　C. 银行存款　　　　　　　　　　D. 资本公积
9. 下列账户按用途结构分类属于费用计算账户的有　　　　　（　　）
　　A. 主营业务成本　　　　　　　　B. 销售费用
　　C. 制造费用　　　　　　　　　　D. 营业税金及附加

三、判断题

1. 固定资产减值准备账户是固定资产账户的抵减调整账户。（　　）
2. 债权结算账户的借方登记债权的增加数，贷方登记债务的增加数。（　　）
3. 账户按经济内容分类，应收账款属于资产类账户。（　　）
4. 成本计算账户的期末余额一般在借方。（　　）
5. 资产负债表账户包括资产类账户、负债类账户和所有者权益类账户。（　　）
6. 累计折旧账户按经济内容分类属于资产类账户，按用途和结构分类属于调整账户。（　　）
7. "累计摊销"账户不属于备抵账户。（　　）
8. 费用计算账户除了能提供货币指标外，还可以提供实物指标。（　　）
9. 对于某一个账户而言，当其分类标志不同时，其归属的类别也是不同的。（　　）
10. 调整账户按其调整方式的不同可以分为备抵账户和备抵附加账户。（　　）

四、计算题

资料：某企业"固定资产"账户的期末余额为 460 000 元，"累计折旧"账户的期末余额为 90 000 元，"固定资产减值准备"账户的期末余额为 70 000 元。

要求：(1) 计算固定资产的账面价值。
　　　(2) 说明"固定资产"账户与"累计折旧"账户和"固定资产减值准备"账户之间的关系。

第七章
Chapter 7

会计凭证

【学习要点及目标】

本章介绍了会计凭证的意义及种类、原始凭证和记账凭证的填制与审核以及会计凭证的传递和保管等内容。通过本章的学习,要求掌握会计凭证的分类以及原始凭证和记账凭证的填制内容与要求;理解会计凭证、记账凭证、原始凭证的概念;了解会计凭证的传递和保管。

【导入案例】

刘云是企业财务主管,一次在复核时发现,会计小李不小心丢了两张记账凭证,刘云在审核原始凭证后,批评小李工作过于马虎、不够认真,随后责令小李重新编制丢失的两张记账凭证。之后在另外一次的复核中,发现会计小张编制的银行存款付款凭证所附15万元的现金支票存根丢失,还发现有几张付款凭证所附原始凭证与凭证张数不符,刘云马上让小张回忆、追查丢失的支票去向。小张对此很不高兴,认为刘云这样没有必要,小题大做。

讨论题:在此案例中刘云的处理方法是否符合相关规定?

第一节 会计凭证的意义和种类

一、会计凭证的意义

会计凭证,简称凭证,是记录经济业务、明确经济责任的书面证明,是登记账簿的依据。

在会计工作中,每一项经济业务都要办理凭证手续,由执行或完成该项业务的有关人员填制会计凭证,说明经济业务发生的日期,反映经济业务的内容、数量和金额,并在会计凭证上签名或盖章,以明确经济责任。另外,为了保证会计记录的真实性、可靠性,还需要对会计凭证的真实性和合法性进行审核,经审核无误并由审核人员签章后,才能作为记账的依据。因此,填制和审核凭证,是会计核算的专门方法之一,是整个会计核算工作的起点和基础。

填制和审核会计凭证作为会计核算的一项重要内容,在经济管理中具有重要的意义,主要体现在以下几个方面:

（一）会计凭证是提供原始资料、传导经济信息的工具

会计凭证详细记录了经济业务发生的具体内容,是记录经济活动的最原始资料。通过会计凭证的加工、整理和传递,对日常大量、分散的各种经济业务,进行分类、整理、汇总,并经过会计处理,为经济管理提供有用的经济和会计信息,既协调了会计主体内部各部门、各单位之间的经济活动,保证生产经营各个环节的正常运转,又为会计分析和会计检查提供了基础资料。

（二）会计凭证是登记账簿的依据

经济业务一旦发生,都必须通过填制会计凭证来如实记录经济业务的内容、数量和金额。随着业务的执行与完成,记载业务完成情况的会计凭证就陆续按规定的程序集中到财务会计部门,经过审核无误后,作为登记账簿的基本依据。因此,做好会计凭证的填制和审核工作,也是保证会计账簿资料真实性、正确性的重要前提。

（三）会计凭证是明确经济责任,强化内部控制的手段

经济业务发生后所取得、填制并审核的会计凭证,须由有关经办的部门和人员在会计凭证上签名、盖章,以表明他们对经济活动的真实性、准确性、合法性应承担的法律责任和经济责任,这就增强了有关部门和人员的法律意识和责任感,确保经济业务的记录真实可靠、准确无误;促使企业严格按照国家政策、财经制度等办事,提高管理水平,加强内部控制,分清经济责任,从而加强经济责任制,强化企业的内部控制。

（四）会计凭证是监督、控制经济活动的必要条件

会计凭证是对经济业务的发生、进程和完成等具体情况的记录和反应。通过会计凭证的审核,可以查明每一项经济业务是否符合国家有关法律、法规、制度的规定,是否符合计划、预算进度,是否有铺张浪费行为等,从而及时发现企业在资金管理上存在的漏洞,对于检查出的问题,应积极采取措施予以纠正,实现对经济活动的事中控制,保证经济活动健康进行。

二、会计凭证的种类

会计凭证作为一种证明文件,在企业的经济活动中的表现形态是多种多样的,内容也是非常丰富的。由于会计凭证在会计核算中的作用不同,一般情况下,会计凭证按其用途和填制程序的不同,可分为原始凭证和记账凭证两类。

（1）原始凭证。原始凭证是指有关部门或人员在经济业务发生或完成时取得或填制的凭证,载明经济业务具体内容、明确经济责任的书面证明。原始凭证具有很强的法律效力,是编

制记账凭证、组织会计核算的原始资料和重要依据。

(2)记账凭证。记账凭证是指会计人员根据审核无误的原始凭证或原始凭证汇总表编制的用以记载经济业务简要内容并按照登记账簿的要求,确定账户名称、记账方向和金额的一种记录,它是进一步登记各种账簿的依据。

第二节 原始凭证的填制和审核

一、原始凭证的种类

原始凭证又称为单据,是在经济业务发生或完成时取得或填制的,用以记录、证明经济业务发生或完成情况的书面证明。原始凭证记载着大量的经济信息,是证明经济业务发生的初始文件,也是进行会计核算的原始资料。与记账凭证相比,具有较强的法律效力,所以原始凭证是一种重要的会计凭证,如购货发票、银行结算凭证、借款单、差旅费报销单、收料单和领料单等。原始凭证在整个企业经营活动中,随着经济业务的发生而取得或填制,由于种类繁多,可以将原始凭证按以下标准进行分类。

1. 按其来源渠道分类

原始凭证按其来源渠道不同,分为外来原始凭证和自制原始凭证。

(1)外来原始凭证。外来原始凭证是指与外部单位或个人发生经济业务往来关系时,从对方单位取得的原始凭证。如购货时取得的发货票、银行收付款结算凭证、出差取得的飞机票、车船票、住宿和用餐发票、对外支付款项时取得的收据等。一般格式如表7.1、表7.2所示。

表7.1 现金支票

表 7.2 增值税专用发票 No

发 票 联   开票日期:2009 年 2 月 1 日

购货单位	名称:华丰股份有限公司																						
	纳税人识别号:330015790557878									密码区													
	地址、电话:杭海市光辉路 112 号、88855500																						
	开户行及账号:工商行杭海支行									×××													

货物或应税劳务名称	规格型号	单位	数量	单价	金 额								税率	税 额								
					百	十	万	千	百	十	元	角	分		百	十	万	千	百	十	元	角	分
B 材料		千克	5000	19.30			9	6	5	0	0	0	0	17%			1	6	4	0	5	0	0
合 计					¥		9	6	5	0	0	0	0	17%	¥		1	6	4	0	5	0	0

价税合计(大写)   壹拾壹万贰仟玖佰零伍元整   (小写)¥112 905.00

销货单位	名 称:光辉公司		
	纳税人识别号:20002568068899		备注
	地 址、电 话:东南市江北路 120 号、88660000		
	开户行及账号:工商行东南支行、20020062012933590 79		

收款人: 复核: 开票人: 销货单位(未盖章无效):

(2)自制原始凭证。自制原始凭证是指由本单位内部经办业务的部门或人员,在办理经济业务时所填制的原始凭证。如商品、材料入库时,由仓库保管人员填制的入库单;商品销售时,由业务部门开出的提货单、生产车间领用材料的领料单、差旅费报销单、工资结算单等,领料单如表 7.3 所示。

表 7.3 领料单

领用部门: 仓库:
用   途:生产甲产品   2009 年 2 月 16 日   编号:

材料类别	材料编号	材料名称	规格	数量(kg)		金额	
				请领	实发	单位成本(元/kg)	总金额(元)
		A 材料		10 500	10 500	40	420 000
合 计				10 500	10 500	40	420 000
备 注:							

部门负责人: 材料库保管员: 记账员: 领料人:

133

2. 按其填制的手续分类

原始凭证按其填制的手续不同，分为一次凭证、累计凭证、汇总原始凭证。

（1）一次凭证。一次凭证是指填制手续一次完成，用以记录一项或若干同类业务的原始凭证。外来原始凭证一般都是一次凭证，如发货票、银行结算凭证等。自制原始凭证的大部分也是一次凭证，如收料单、领料单、费用报销单等，如表7.4所示。

表7.4 差旅费报销单

报销部门： 报销日期：2009年2月18日

姓名		李林		职务		业务员	出差事由		开展销会	
出差起止日期		自2009年1月5日起至2009年1月9日止共5天附单据5张								
日期		起讫地点		车船费			住宿费	杂费	途中伙食补助	合计
月	日	起点	终点	交通工具	张数	金额（元）			补助金额	（元）
1	5	杭海	江阳	火车	1	100	500	100	300	1 000
1	9	江阳	杭海	火车	1	100				100
合计						200	500	100	300	1 100

负责人： 会计： 审核：王青 主管： 出差人：李林

（2）累计凭证。累计凭证是指在一定时期内，连续地在一张凭证中登记若干项同类经济业务的原始凭证。这种凭证的填制手续是多次完成的，记录相同性质的经济业务，可以随时结算出累计数及结余数，并按照费用限额进行费用控制，期末按实际发生额记账。但因这种凭证要反复使用，必须严格制定凭证的保管制度。累计凭证一般是自制原始凭证，如工业企业的限额领料单、管理费用限额表等，如表7.5所示。

表7.5 限额领料单

领料部门：加工车间 发料仓库：5号
用　　途：制造A产品　　　2009年3月　　　计划产量：300台

材料类别	材料编号	材料名称	规格	计量单位	单价	领料限额（kg）	全月实领	
							数量（kg）	金额（元）
金属	3305	圆钢	2 mm	（kg）	3（元/kg）	1 000	900	2 700

日期	请领		实发		代用材料			限额节余（kg）
	数量（kg）	领料单位负责人签章	领料人签章	数量（kg）	发料人签章	数量	单价	金额	
1	500	刘丽	张艳辉	500	郑爽				500
5	300	刘丽	张艳辉	300	郑爽				200
8	100	刘丽	张艳辉	100	郑爽				100

生产计划部门负责人：刘伟　　　　　　　　　仓库负责人：张顺

(3)汇总凭证。汇总凭证又称原始凭证汇总表,它是将记载同类经济业务的若干张原始凭证,定期汇总而编制的一种原始凭证。这种原始凭证可以简化记账工作,但其本身不具有法律效力。主要适用于处理那些在一定时期内重复发生的经济业务,如工资汇总表、发出材料汇总表、差旅费报销单等。发出材料汇总表基本格式如表7.6所示。

注意:有些原始凭证单据不是原始凭证,由于它们不能证明经济业务已经发生或完成情况,所以不能作为编制记账凭证和登记账簿的依据,如银行存款余额调节表、派工单等。

表7.6 发出材料汇总表

年　　月　　日

领料部门		原材料甲	原材料乙	合　　计
基本生产车间	一车间			
	二车间			
	小计			
辅助生产车间	供电车间			
	锅炉车间			
	小计			
动力制造费用	一车间			
	二车间			
	小计			
管理费用				
合　　计				

会计负责人(签章)　　　　　　　复核(签章)　　　　　　　制表(签章)

3. 按照格式不同分类

原始凭证按照格式不同,可以分为通用原始凭证和专用原始凭证。

(1)通用原始凭证。通用原始凭证是指由有关部门统一印制、在一定范围内使用的具有统一格式和使用方法的原始凭证。这里的一定范围,可以是全国范围,也可以是某地区或某系统。如全国统一使用的银行承兑汇票,税务部门统一规定使用的增值税专用发票等。

(2)专用原始凭证。专用原始凭证是指由单位根据经营管理的需要而自行设计、印制,仅在本单位内部使用的具有特定内容和专门用途的原始凭证,如差旅费报销单、收料单、领料单等。

二、原始凭证的填制

(一)原始凭证的基本内容

由于经济业务的种类和内容不同,经营管理的要求不同,原始凭证的格式和内容也不同。原始凭证一般是由国家有关部门统一印制的,如各种税务票据由国家税务部门监制,普通票据由国家工商管理部门监制,转账结算票据由中国人民银行和各种专业银行共同监制等。也有些原始凭证是由会计主体按照业务需要自行印制的,比如材料入库单、个人借款借据等。为了能够客观反映经济业务的发生或完成情况,表明经济业务的性质,各种原始凭证都要做到载明的经济业务清晰,经济责任明确,要具备以下基本内容:

①原始凭证的名称;
②原始凭证的编号和填制原始凭证的日期;
③填制原始凭证的单位名称或填制人姓名;
④接受原始凭证单位的名称;
⑤经济业务的内容摘要;
⑥经济业务的数量、单价、金额;
⑦经办部门和人员的签名或盖章。

(二)原始凭证的填制要求

由于原始凭证的种类不同,其内容和格式千差万别,因此具体填制方法也就有所不同。一般来说,外来原始凭证,是由外单位根据经济业务的执行和完成情况填制的。自制原始凭证,一部分是根据实际发生或完成的经济业务,由经办人员直接填制的,如收料单、领料单等;还有一部分是根据已经入账的经济业务,由会计人员利用有关账簿记录进行归类、整理而编制的,如各种汇总原始凭证。为保证原始凭证反映经济业务内容的准确性,填制原始凭证时应按照下列要求进行:

1. 记录真实

填制原始凭证,必须符合真实性会计原则的要求,要以事实为依据,根据经济业务发生的实际情况,如实填写经济业务的内容,发生的日期、数量和金额,使原始凭证上所记载的内容与经济业务的真实情况相符,不得弄虚作假。为了保证原始凭证记录真实可靠,经办业务的部门或人员要在原始凭证上签字或盖章,以对凭证的真实性和正确性负责。

2. 内容完整

在填制原始凭证的时候,应该填写的项目要逐项填写(接受凭证方应注意逐项验明),不可缺漏,尤其需要注意的是:年、月、日要按照填制原始凭证的实际日期填写;名称要写全,不能简化;品名或用途要填写明确,不允许含糊不清;有关人员的签章必须齐全。

3. 填制及时

经济业务执行和完成后必须及时填制原始凭证,经签字盖章后即递交会计部门,以便会计部门审核后及时入账。

4. 手续完备

财会人员在填制或取得原始凭证时,必须做到填写手续齐备。例如,从外单位取得的原始凭证,必须盖有填制单位的财务章;从个人取得的原始凭证,必须有填制人员的签名或盖章。自制原始凭证必须有经办单位负责人或其指定人员的签名或盖章。对外开出的原始凭证,必须加盖本单位财务章。购买实物的原始凭证,必须有验收证明;支付款项的原始凭证,必须有收款单位和收款人的收款证明等。

5. 书写规范

(1)原始凭证必须用蓝色或黑色笔填写,字迹清楚、规范。填写支票必须使用碳素笔,属于需要套写的凭证,必须一次套写清楚。发生填写错误不能随意涂改,应采用规定的方法予以改正。对于已预先印定编号的原始凭证,在写错作废时,应当加盖"作废"戳记,要单独保管,不得撕毁。

(2)在书写阿拉伯数字时,每一个数字都要占有一个数位,逐个填写不能连笔,书写时的顺序是自大到小,从左到右。人民币符号"￥"和阿拉伯数字之间不能有空白,阿拉伯数字前加注人民币符号"￥"的,则数字后面无须再写"元"字。所有以"元"为单位的阿拉伯数字,一律写到角位和分位,没有角分的数字,可以填写"00"或符号"—",有角位无分位的情况,分位上写"0",不能用符号"—"来代替。

(3)大写金额数字只能用正楷或行书字来填写,必须用"会计体"汉字,即"壹、贰、叁、肆、伍、陆、柒、捌、玖、拾、佰、仟、万、亿、元、角、分、零、整"等来填写,不应用"一、二、三、四、五、六、七、八、九、十、百、千、另(或令)"等,更不能使用谐音字来代替。大写金额写到"元"或"角"的,在"元"或"角"之后要写"整"字,大写金额有"分"的,"分"字后面不写"整"字。

(4)凡是规定填写大写金额的凭证,如发票、提货单、银行结算凭证等,都必须同时填写大小写金额,大写和小写金额必须相符。阿拉伯金额数字中间有"0"或者连续有几个"0"时,汉字大写金额只写一个"零"字即可,如￥7 008.25,汉字大写金额应写为:人民币柒仟零捌元贰角伍分。

三、原始凭证的审核

经过审核无误的原始凭证,才能作为记账的依据,这也是发挥会计监督作用的重要环节。为了保证会计凭证的合法、合规、准确、完整,要求会计部门的经办人员必须严格审核各项原始凭证,主要包括以下几个方面的内容:

1. 真实性审核

审核原始凭证是否真实地记录所发生的经济业务,有无弄虚作假、名不副实的情况,有无伪造、涂改、刮擦原始凭证的情况,原始凭证真实性审核的内容主要是其记载的经济业务的日期、数量、单价、金额、业务程序、业务手续等是否正常,是否符合有关规定要求等。

2. 合理、合法性审核

审核原始凭证所记录的经济业务是否符合国家的有关法令、制度、政策及企业间的合同、企业内部的预算、计划等规定,是否合理、合法,有无违反法律、制度的违法乱纪行为;审核经济业务是否符合审批权限以及费用开支范围和标准是否符合有关规定;审核经济活动是否符合提高经济效益的要求等。

3. 完整性、正确性审核

首先应审核原始凭证是否具备作为合法凭证须具备的基本内容。如经济业务的内容摘要、数量、单价、金额的填写是否齐全，书写是否清晰，手续是否完备，是否签章。其次是审核原始凭证的有关数量、单价、金额是否正确，注意小计、合计的加总是否准确无误，大小写的书写是否正确等。

原始凭证的审核直接关系着会计信息的准确性，是一项十分重要的会计工作。因此，审核原始凭证时，会计人员应当坚持原则，按规章制度办事。在审核中，对于内容填写不全、手续不齐、数字不准、书写不清的原始凭证，要退还给有关的业务单位或个人，并令其补办有关手续或进行更正后再予受理；对于违反国家法规政策和财经制度、审批手续不全、伪造涂改、弄虚作假的原始凭证应拒绝受理并向领导报告，严肃处理。

第三节 记账凭证的填制和审核

一、记账凭证的种类

记账凭证是根据审核无误的原始凭证或原始凭证汇总表编制的会计凭证，是登记账簿的直接依据。

由于经济业务的种类和数量繁多，与其相关的原始凭证的格式和内容也各不相同，加上原始凭证一般都不能具体表明经济业务应记入的账户及其借贷方向，直接根据原始凭证登记账簿容易发生差错。所以，在记账之前需要根据审核无误的原始凭证，经过归类整理，填制具有统一格式的记账凭证，确定经济业务应借应贷的会计科目和金额，并将相关的原始凭证附在记账凭证的后面。这样，既方便了记账，又减少了差错，也有利于原始凭证的保管，从而提高对账和查账的效率。

记账凭证按不同的标准可分为不同的种类。

1. 按其用途不同分类

记账凭证按其用途不同可以分为通用记账凭证和专用记账凭证。

（1）通用记账凭证。通用记账凭证是各类经济业务均可使用的、具有统一格式的一种记账凭证。它既可以用来登记涉及现金、银行存款的收付款业务，也可以登记一般的转账业务，这种会计凭证适用于规模小、经济业务比较简单的企业的会计核算。一般格式如表7.7所示。

表7.7 通用记账凭证

2009年3月1日　　　　　　　　　　　　　　　　　　凭证编号:012号

摘要	总账科目	明细科目	借方金额 千 百 十 万 千 百 十 元 角 分	贷方金额 千 百 十 万 千 百 十 元 角 分
从中华工厂购入甲材料	材料采购	甲材料	6 0 0 0 0 0 0	
	银行存款			6 0 0 0 0 0 0
合　计			￥　6 0 0 0 0 0 0	￥　6 0 0 0 0 0 0

财务主管：　　　　记账：　　　　审核：　　　　制单：

(2)专用记账凭证。专用记账凭证是专门用来记录某一特定种类经济业务的记账凭证。按其所记录的经济业务是否与货币资金收付有关,又可以进一步分为收款凭证、付款凭证和转账凭证三种。

收款凭证是用来反映货币资金增加的经济业务而编制的记账凭证,也就是记录现金和银行存款等收款业务的凭证。收款凭证不仅是出纳人员收款的依据,也是登记现金日记账、银行存款日记账以及其他相关的总账和明细账的依据,如收到销货款存入银行,就应该编制银行存款的收款凭证,一般格式如表7.8所示。

表7.8 收款凭证

借方科目：库存现金　　　　2009年3月2日　　　　　　　　收字第8号

摘　要	贷方科目		金　额	记账
	总账科目	明细科目	千 百 十 万 千 百 十 元 角 分	√
出售材料收入	其他业务收入	材料收入	4 6 0 0 0	
合　计			￥　　4 6 0 0 0	

附件　张

财务主管：　　　记账：　　　出纳：　　　审核：　　　填制：

付款凭证是用来反映货币资金减少的经济业务而编制的记账凭证,也就是记录现金和银行存款等付款业务的凭证。付款凭证既是出纳人员据以付款的依据,也是登记现金日记账、银行存款日记账以及相关的总账和明细账的依据。如用银行存款发放职工工资、以现金购买办公用品等,就应该编制付款凭证,一般格式如表7.9所示。

表 7.9　付款凭证

贷方科目：库存现金　　　　　2009 年 3 月 3 日　　　　　付字第 6 号

摘　要	借方科目		金　额									记账	
	总账科目	明细科目	千	百	十	万	千	百	十	元	角	分	√
总务部王尧预借差旅费	其他应收款	王尧						8	0	0	0	0	
合　计								¥ 8	0	0	0	0	

附件　张

财务主管：　　　记账：　　　出纳：　　　审核：　　　填制：

转账凭证是指根据有关转账业务的原始凭证填制而成的,用以反映与货币资金收付无关的转账业务的记账凭证。转账凭证是登记总分类账簿的依据,一般格式如表 7.10 所示。

表 7.10　转账凭证

2009 年 3 月 5 日　　　　　转字第　　号

摘　要	总账科目	明细科目	√	借方金额									√	贷方金额								
				千	百	十	万	千	百	十	元	角	分	千	百	十	万	千	百	十	元	角	分
生产 A 产品领用	生产成本	A 产品				1	8	0	0	0	0	0											
甲材料	原材料	甲材料															1	8	0	0	0	0	0
合计						¥ 1	8	0	0	0	0	0				¥ 1	8	0	0	0	0	0	

财务主管：　　　记账：　　　出纳：　　　审核：　　　填制：

2. 按其填制方式不同分类

记账凭证按其填制的方式不同,分为复式记账凭证和单式记账凭证。

(1)复式记账凭证。复式记账凭证是指把某项经济业务所涉及的全部会计科目都集中填列在一张凭证上的记账凭证。其优点可以在一张凭证上集中反映账户的对应关系,有利于了解经济业务的全貌,便于查账,同时可以减少凭证的工作量。不足之处在于不便于分工记账和归类汇总。上述所列举的收款凭证、付款凭证和转账凭证的格式和内容,均为复式记账凭证的格式和内容。

(2)单式记账凭证。单式记账凭证,又称单科目记账凭证,是指把某项经济业务所涉及的会计科目,分别登记在两张或两张以上的记账凭证,每张记账凭证上只填列一个会计科目的记账凭证。单式记账凭证中的对方科目只供参考,不凭以记账。一笔经济业务涉及多少个会计科目,就填制多少张凭证,内容单一,便于按科目汇总,有利于分工记账。但制证工作量大,不利于在一张凭证上完整地反映经济业务的全貌,出了差错不便于查找,因而一般适于业务量较大、会计部门内部分工较细的会计主体。单式记账凭证的基本格式如表7.11所示。

表7.11 借项记账凭证

2009年3月5日　　　　　　　　　　　　　　　　　　　　　　　凭证编号：

摘　要	总账科目	明细科目	账页	金额	记账√
从银行提取现金	库存现金			2 000	
对应总账科目:银行存款		合计金额		￥2 000	

财务主管：　　　　　记账：　　　　　审核：　　　　　制单：

二、记账凭证的填制

（一）记账凭证的内容

记账凭证虽然有多种形式,但各种记账凭证的作用都在于对原始凭证进行归类整理,确定会计分录,并作为登记账簿的直接依据。因此,为满足记账要求,记账凭证虽然种类不同,格式各异,但一般都要具备下列基本内容：

①记账凭证的名称；
②填制凭证的日期和凭证的编号；
③填制单位的名称；
④经济业务的内容摘要；
⑤会计科目,包括一级科目、二级科目和明细科目的名称、方向和金额；
⑥所附原始凭证的张数；
⑦填制、审核、记账和会计负责人签章,收入款的记账凭证还应有出纳人员的签名或盖章。

（二）记账凭证的填制要求

填制记账凭证是记账工作的开始,记账凭证填制的正确与否,直接关系到记账是否真实和准确,这就要求会计人员把记账凭证应具备的基本内容按照一定的会计方法填写齐全,对会计信息予以正确归类,便于进行账簿登记。在填制记账凭证时,除了要严格遵照原始凭证的填制要求外,还要遵守以下基本要求：

1. 摘要填写应该简明扼要

记账凭证的"摘要"栏是对经济业务的简要说明,必须认真填写,应简要概括经济业务内容的要点,以便审计查阅时,通过摘要就能了解到该项经济业务的性质、特征,判断会计处理的正确性。

2. 业务记录正确

一张记账凭证只能反映一项经济业务或若干项同类经济业务,不能把不同类型的经济业务合并填制。采用借贷记账法编制会计凭证时,一般是编制一借多贷或一贷多借分录的记账凭证,不应填制多借多贷会计分录的记账凭证。

3. 会计科目运用准确

在记账凭证上,要根据经济业务的性质,按会计制度的规定,正确确定每一项经济业务应借应贷的会计科目,不得任意更改或简化会计科目的名称和核算内容,以确保会计科目使用的正确性和核算口径的一致性。

4. 注明所附原始凭证张数

每张记账凭证要注明所附原始凭证的张数,以便于日后查对。如果根据一张原始凭证编制两张记账凭证,则应在未附原始凭证的记账凭证上注明"单据×张,附在第×号记账凭证上",以便复核和查对。

5. 记账凭证必须连续编号

记账凭证在一个月内应当连续编号,以便查阅。在使用通用记账凭证时,可按经济业务发生的先后顺序编号。采用收款凭证、付款凭证和转账凭证的,可采用"字号编号法",即按凭证类别顺序编号。例如,收字第×号、付字第×号、转字第×号等。也可采用"双重编号法",即按总字顺序编号与按类别编号相结合。例如,某收款凭证为"总字第×号、收字第×号"。一笔经济业务需要编制多张记账凭证时,可采用"分数编号法",即每一项经济业务编一总号,再按凭证张数编几个分号。例如,第六项经济业务需要填制 2 张记账凭证,则可编为转字第 $6\frac{1}{2}$ 号、转字第 $6\frac{2}{2}$ 号,前面的整数表示业务顺序,分子表示二张中的第一张和第二张。单式记账凭证的编号,也可采用"分数编号法"。每月最后一张记账凭证的编号旁边,可加注"全"字,以免凭证失散。

6. 检查、核对记账凭证的内容

在记账凭证填制完毕、登记账簿之前,要对记账凭证中的各项目进行检查和核对,有关人员要签名盖章,出纳人员根据收款凭证收款,或根据付款凭证付款,要在凭证上盖"收讫"或"付讫"的戳记,以免重收重付,防止差错,从而保证账簿记录的正确性。

三、记账凭证的审核

如前所述,记账凭证是登记账簿的依据,是编制报表的基础,其准确性决定着会计信息的质量。为了使记账凭证符合会计基础工作规范的有关要求,除了要严格按填制记账凭证的要求进行填制,还要有专人对记账凭证进行审核,经过审核无误后的记账凭证,才能据以记账。记账凭证审核的主要内容有:

1. 内容的真实性与完整性

主要审核记账凭证与所附的原始凭证的内容是否相符、金额是否准确等,并按原始凭证审核的要求,再次对所附的原始凭证进行复核。

2. 书写的正确性与规范性

主要审核记账凭证中会计科目的使用是否准确,应借、应贷的金额是否一致;记账凭证中的记录是否文字工整、数字清晰;核算的内容是否符合会计制度的规定等。

3. 手续的完备性与合法性

主要审核记账凭证所需要填写的项目是否齐全、完整,此外还要审查记账凭证所反映的经济业务是否合法、合规。这就要求审核人员要熟悉和掌握国家的政策、法令和规章制度等规定,同时还要熟悉和了解本单位的计划、预算等有关规定及其生产经营情况。

记账凭证经过审核,如发现错误,应及时查明原因,按规定办法予以更正。只有经过审核无误的记账凭证才能作为登记账簿的依据。

第四节 会计凭证的传递与保管

一、会计凭证的传递

会计凭证的传递是指凭证从取得或填制时起,经过审核、记账、装订到归档保管时止,在单位内部各有关部门和人员之间按规定的时间、路线办理业务手续和进行处理的过程。

由于各种会计凭证记载的经济业务不同,涉及的部门和人员不同。因此,为了保证会计核算的正常进行,以及对会计工作的监督、控制,应明确会计凭证传递的程序、时间和手续等问题。这样既可以保证及时地反映经济业务的发生和完成情况,又可以督促各个经办部门和人员及时正确地完成经济业务和办理凭证手续,并且有利于加强经济管理的责任制度,实现会计监督。

会计凭证的传递主要包括传递程序、传递时间和传递手续三个方面。必须从满足经营管理和会计核算的需要出发,合理制订凭证传递程序,使一切会计凭证在传递过程中只经过必要的部门和人员,规定最长停留时间,指定专人负责,这样才能保证凭证传递的畅通无阻。

1. 会计凭证的传递程序

会计凭证传递的一般程序为:填制凭证—审核凭证—根据凭证记账—凭证归档等几个步骤。各单位应根据经济业务的特点、机构设置、人员分工情况,以及经营管理的需要,科学设计会计凭证的传递流程。既要使会计凭证经过必要的环节进行审核和处理,又要避免会计凭证在不必要的环节停留,从而保证会计凭证沿着最简捷、最合理的路线传递。

2. 会计凭证的传递时间

为了保证会计信息的时效性,会计凭证在传递过程中应使传递程序合理有效,尽量节约时间,减少传递的工作量,避免在不必要环节滞留的时间。明确规定各种凭证在传递环节之间停留的最长时间,确保有关部门和人员按规定手续履行职责,不得拖延、积压会计凭证的处理,以免影响会计工作的正常程序,提高会计工作的效率。

3. 会计凭证的传递手续

会计凭证在传递过程中,其衔接手续应该做到既完备严密,又简便易行。会计凭证的收发、交接都应按一定的手续制度办理,以保证会计凭证的安全和完整。

会计凭证传递涉及单位内部各个部门及环节,因此,必须加强对会计凭证传递的管理,要制订一套既完备、严密,又简单易行的凭证收发、交接相互协调衔接的手续和办法,并将传递程序,传递时间和衔接手续绘制成凭证流程图,监督各部门和人员遵守执行,使凭证传递工作有条不紊,迅速而有效地进行。

二、会计凭证的保管

会计凭证的保管,是指会计凭证在登记入账后的整理、装订和归档存查。会计凭证属于重要的经济档案和历史资料,任何单位都要按规定建立立卷归档制度,形成会计档案资料,妥善保管。会计凭证的保管原则是:既要保护凭证的安全完整,又要便于日后查阅,实现科学管理。

1. 会计凭证的整理、装订

各种记账凭证,连同所附原始凭证和原始凭证汇总表,要分类按顺序编号,定期(每天、每旬或每月)装订成册,并加具封面、封底,注明单位名称、凭证种类、所属年月和起讫号码、凭证张数等。为防止任意拆装,应在装订处贴上封签,并由经办人员在封签处加盖骑缝章。对一些非常重要、数量很多而又随时需要查阅的原始凭证,可以单独装订保管,在封面上注明所属记账凭证的种类、日期、编号。同时在记账凭证上注明"附件另存"字样和原始凭证名称、编号,以便备查。各种经济合同、存出保证金收据以及涉外文件等重要原始凭证,应当另编目录,单独登记保管,并在有关的记账凭证和原始凭证上相互注明日期和编号。

2. 会计凭证的归档

会计凭证存档后,保管责任随之转移到档案保管人员身上。保管人员应当按照会计档案管理的要求,对装订成册的会计凭证定期归类整理,以便查阅。作为会计档案,会计凭证不得外借,其他单位如因特殊原因需要使用原始凭证时,经本单位领导批准可以复制。向外单位提供的会计凭证复制件,应在备查簿中登记,由提供人和收取人共同签章。

3. 会计凭证的保管期限和销毁

会计凭证的保管期限和销毁手续必须严格遵守会计制度的有关规定,任何人无权自行销毁凭证,以防止会计凭证散失错乱、残缺不全或损坏。会计凭证按规定应保管15年,对于涉外和其他重要的会计凭证要求永久保存。当年的会计档案,在会计年度终了后,暂由会计部门保管1年,期满后,应由会计部门移交给本单位档案室保管。会计凭证保管期满后,必须按规定手续,报经批准后才能销毁。

本章小结

【重点】 原始凭证的填制与审核,记账凭证的填制与审核。

【难点】 原始凭证与记账凭证的审核。

会计核算是以账户和复式记账为核心的一个完整系统,而填制和取得会计凭证是会计核算工作的开始,是会计核算中直接的、重要的依据。只有规范的、合法的会计凭证才能保证账户记录和会计报表数据的真实和完整。

会计凭证按照编制的程序和用途不同,分为原始凭证和记账凭证。原始凭证是在经济业务发生或完成时取得或填制的,用以记录、证明经济业务发生或完成情况的书面证明,是进行会计核算的原始资料。原始凭证具有较强的法律效力,是一种重要的会计凭证;记账凭证是会计人员根据审核无误的原始凭证或原始凭证汇总表编制的、用以记载经济业务简要内容,并按照登记账簿的要求,确定账户名称、记账方向和金额的一种记录,它是进一步登记各种账簿的依据。企业日常会计工作中应加强会计凭证的填制与审核以及传递与保管工作。

自测题

一、单项选择题

1. 下列原始凭证属于外来原始凭证的是 （　　）
   - A. 入库单
   - B. 出库单
   - C. 银行收账通知单
   - D. 领料汇总表

2. "工资结算汇总表"是一种 （　　）
   - A. 一次凭证
   - B. 累计凭证
   - C. 汇总凭证
   - D. 复式凭证

3. 下列凭证中不能作为编制记账凭证依据的是 （　　）
   - A. 收货单
   - B. 发票
   - C. 发货单
   - D. 购销合同

4. 销售产品收到商业汇票 1 张,应该填制 （　　）
   - A. 银收字记账凭证
   - B. 现付字记账凭证
   - C. 转账凭证
   - D. 单式凭证

5. 下列不能作为会计核算的原始凭证的是 （　　）
   - A. 发货票
   - B. 合同书
   - C. 入库单
   - D. 领料单

6. 货币资金之间的划转业务只编制 （　　）
   - A. 付款凭证
   - B. 收款凭证
   - C. 转账凭证
   - D. 记账凭证

7. "限额预料单"属于 （   ）
   A. 累计凭证   B. 外来凭证
   C. 汇总凭证   D. 付款凭证

8. 在一笔经济业务中,如果既涉及收款业务,又涉及转账业务,应 （   ）
   A. 编制收款凭证   B. 编制付款凭证
   C. 编制转账凭证   D. 同时编制收款凭证和转账凭证

9. 下列不属于原始凭证的是 （   ）
   A. 销货发票   B. 差旅费报销单
   C. 现金收据   D. 银行存款余额调节表

10. 下列属于汇总原始凭证(或原始凭证汇总表)的是 （   ）
    A. 销货发票   B. 领料单
    C. 限额领料单   D. 发料凭证汇总表

11. 在实际工作中,规模小、业务简单的单位,为了简化会计核算工作,可以使用一种统一格式的 （   ）
    A. 转账凭证   B. 收款凭证
    C. 付款凭证   D. 通用记账凭证

12. 企业购进材料 60 000 元,款未付、该笔业务应编制的记账凭证是 （   ）
    A. 收款凭证   B. 付款凭证
    C. 转账凭证   D. 以上均可

13. 企业销售产品一批,售价 30 000 元,款未收。该笔业务应编制的记账凭证是 （   ）
    A. 收款凭证   B. 付款凭证
    C. 转账凭证   D. 以上均可

14. 下列经济业务,应该填制现金收款凭证的是 （   ）
    A. 从银行提取现金   B. 以现金发放职工工资
    C. 出售报废的固定资产收到现金   D. 销售积压材料收到 1 张转账支票

15. 下列经济业务,应该填制银行存款收款凭证的是 （   ）
    A. 销售产品一批,款未收
    B. 转让设备一台,受到转账支票并已送交银行
    C. 购入材料一批,开出支票
    D. 将现金存入银行

16. 付款凭证左上角的"贷方科目"可能登记的科目是 （   ）
    A. 应付账款   B. 银行存款
    C. 预付账款   D. 其他应付款

二、多项选择题

1. 会计凭证按其填制的程序和用途的不同,可分为　　　　　　　　　　　　(　　)
   A. 原始凭证　　　　　　　　　　B. 记账凭证
   C. 一次凭证　　　　　　　　　　D. 累积凭证

2. 记账凭证按其反映经济业务内容的不同,可分为　　　　　　　　　　　　(　　)
   A. 一次凭证　　　　　　　　　　B. 付款凭证
   C. 收款凭证　　　　　　　　　　D. 转账凭证

3. "收料单"是　　　　　　　　　　　　　　　　　　　　　　　　　　　　(　　)
   A. 外来原始凭证　　　　　　　　B. 自制原始凭证
   C. 一次凭证　　　　　　　　　　D. 累计凭证

4. "限额领料单"是　　　　　　　　　　　　　　　　　　　　　　　　　　(　　)
   A. 外来原始凭证　　　　　　　　B. 自制原始凭证
   C. 一次凭证　　　　　　　　　　D. 累计凭证

5. 原始凭证应具备的基本内容有　　　　　　　　　　　　　　　　　　　　(　　)
   A. 原始凭证的名称和填制日期　　B. 接受凭证单位名称
   C. 经济业务的内容　　　　　　　D. 数量、单价和大小写金额

6. 收款凭证中"借方科目"可能涉及的账户有　　　　　　　　　　　　　　(　　)
   A. 库存现金　　　　　　　　　　B. 银行存款
   C. 应付账款　　　　　　　　　　D. 应收账款

7. 记账凭证必须具备的基本内容有　　　　　　　　　　　　　　　　　　　(　　)
   A. 记账凭证的名称　　　　　　　B. 填制日期和编号
   C. 经济业务的简要说明　　　　　D. 会计分录

8. 对记账凭证审核的要求有　　　　　　　　　　　　　　　　　　　　　　(　　)
   A. 内容是否真实　　　　　　　　B. 书写是否正确
   C. 科目是否正确　　　　　　　　D. 金额是否正确

9. 下列经济业务中,应填制转账凭证的有　　　　　　　　　　　　　　　　(　　)
   A. 国家以厂房对企业投资　　　　B. 外商以货币资金对企业投资
   C. 购买材料未付款　　　　　　　D. 销售商品收到商业汇票1张

10. 下列经济业务中,应填制付款凭证的有　　　　　　　　　　　　　　　 (　　)
    A. 提现金备用　　　　　　　　　B. 购买材料预付定金
    C. 购买材料未付款　　　　　　　D. 以存款支付前欠某单位账款

11. 下列说法正确的有　　　　　　　　　　　　　　　　　　　　　　　　 (　　)
    A. 原始凭证必须记录真实,内容完整
    B. 一般原始凭证发生错误,必须按规定办法更正

147

C.有关现金和银行存款的收支凭证,如果填写错误,必须作废
D.购买实物的原始凭证,必须有验收证明

12.原始凭证按其填列的方法不同,可分为 (　　)
A.一次凭证　　　　　　　　B.累计凭证
C.原始凭证汇总表　　　　　D.收款凭证

13.原始凭证的填制要求包括 (　　)
A.记录真实　　　　　　　　B.内容完整
C.填制及时　　　　　　　　D.书写清楚

14.记账凭证按其填列方式不同,可分为 (　　)
A.付款凭证　　　　　　　　B.复式凭证
C.收款凭证　　　　　　　　D.单式凭证

15.应在现金收、付款记账凭证上签字的有 (　　)
A.制证人员　　　　　　　　B.登账人员
C.审核人员　　　　　　　　D.会计主管

16.会计凭证的传递要做到 (　　)
A.程序合理　　　　　　　　B.时间节约
C.手续严密　　　　　　　　D.责任明确

17.对原始凭证审核的内容包括 (　　)
A.审核真实性　　　　　　　B.审核合理性
C.审核及时性　　　　　　　D.审核完整性

18.下列属于外来原始凭证的有 (　　)
A.购货发票　　　　　　　　B.出差人员车船票
C.银行结算凭证　　　　　　D.领料单

三、判断题
1.任何会计凭证都必须经过有关人员的严格审核,确认无误后,才能作为记账的依据。(　　)
2.原始凭证和记账凭证都是具有法律效力的证明文件。(　　)
3.采用累计原始凭证可以减少凭证的数量和记账的次数。(　　)
4.一张累计凭证可连续记录所发生的经济业务。(　　)
5.记账凭证的编制依据是审核无误的原始凭证。(　　)
6.会计凭证的保管期满以后,企业可自行进行处理。(　　)
7.原始凭证所要求填列的项目必须逐项填列齐全,不得遗漏和省略,年、月、日要按照经济业务发生的实际日期填写。(　　)
8.原始凭证上面可以不需写明填制日期和接受凭证的单位名称。(　　)
9.原始凭证必须按规定的格式和内容逐项填写齐全,同时必须由经办业务的部门和人员签字

盖章。( )
10. 有关现金、银行存款收支业务的凭证,如果填写错误,不能在凭证上更改,应加盖作废戳记,重新填写,以免错收错付。( )
11. 原始凭证可以由非财会人员填制,但记账凭证只能由财会部门和人员填制。( )
12. 付款凭证左上角"借方科目"处,应填写"现金"或"银行存款"科目。( )
13. 从银行提取现金,既可以编制现金收款凭证,也可编制银行存款付款凭证。( )
14. 所有的记账凭证都应附有原始凭证。( )
15. 会计部门应在记账后,定期对各种会计凭证进行分类整理,并将各种记账凭证按编号顺序排列,连同所附的原始凭证一起加具封面,装订成册。( )

Chapter 8 第八章

会计账簿

【学习要点及目标】

本章主要介绍了账簿设置的意义与种类、账簿设置和登记的方法、账簿的启用与错账更正的方法,对账与结账,账簿的更换与保管。通过本章学习,掌握账簿登记的方法、对账和结账的内容及方法、错账更正的方法;熟悉日记账、总账和明细账的格式;了解账簿的分类,对账的意义,账簿启用的规定以及账簿的更换和保管的基本要求。

【导入案例】

小王是某公司新来的会计,他在该公司记账过程中遇到下面两种情况:其一,他在登记"原材料"总账时由于疏忽遗漏了一页,于是他将这张空白账页撕掉了;其二,他在登记完账簿后,发现据以登记账簿的记账凭证有错误,凭证上所用会计科目正确,但金额记小了,于是他在原有记账凭证和账簿上作了修改。

讨论题:小王的上述做法正确吗?如果不正确应如何处理?

第一节 会计账簿的意义和种类

一、会计账簿的含义

各单位通过会计凭证的填制和审核,可以将每天发生的经济业务如实地记录下来,反映每一笔经济业务的发生、执行和完成情况,明确各部门和有关人员的经济责任。但会计凭证数量很多、内容分散,缺乏系统性,不能完整地反映一定时期某类经济业务的情况,更不能完整地核算和监督企业资金运动的整体情况,不便于对会计信息的整理与报告。为了全面、系统、连续地核算和监督单位的经济活动和财务收支情况,应设置会计账簿。

会计账簿(简称账簿)是指由一定格式的账页组成的,以会计凭证为依据,序时、连续、系统、全面地记录各项经济业务的簿籍。设置和登记账簿,是编制会计报表的基础,是连接会计凭证和会计报表的中间环节,在会计核算中具有重要意义。

二、设置会计账簿的意义

设置账簿是会计工作的一个重要环节,登记账簿是会计核算的一种专门方法,科学的设置和登记账簿对于全面完成会计核算工作具有重要意义。

(一)会计账簿可以记载、储存会计信息

设置账簿并将会计凭证所记录的经济业务计入到有关账簿中,能够全面、连续、系统地反映会计主体在一定时期内所发生的经济业务,储存所需要的各项会计信息。

(二)会计账簿可以分类、汇总会计信息

通过会计凭证的传递和审核,可以反映和监督每项经济业务的完成情况,但会计凭证所提供的信息是零星的、不连续的,不能把某一时期的全部经济业务完整地反映出来。会计账簿是由相互关联的不同账户构成的,通过账簿记录,既能够提供总括性的核算资料,又能够提供详细的明细分类资料。

(三)会计账簿是考核企业经营情况的主要依据

通过登记账簿,可以记载企业经营活动的整体运行情况,反映企业的经营成果和财务状况,通过账簿记录,可以评价企业整体经营情况。

(四)会计账簿是会计报表资料的主要来源

会计期末,企业要编制资产负债表、利润表和现金流量表等会计报表,编制这些会计报表时依据的各项数据都来源于会计账簿的记录。会计报表编制是否及时,会计报表的资料是否真实,都同会计账簿密切相关。

三、会计账簿的种类

为了全面认识各种账簿的特点,可以将账簿按其用途、外表形式和账页格式等不同标准进行分类。

(一)账簿按用途分类

账簿按用途的不同可以分为序时账簿、分类账簿和备查账簿三大类。

(1)序时账簿。又称日记账,它是按照经济业务的发生或完成时间的先后顺序逐日逐笔登记的账簿。日记账又可分为普通日记账和特种日记账两种。普通日记账是用来记录全部经济业务的日记账,它对企业每天发生的所有经济业务,不论其性质如何,按其时间先后顺序登

记入账;特种日记账是用来记录某一类经济业务的日记账,它只把特定业务按时间先后顺序登记入账。特种日记账一般又包括库存现金日记账和银行存款日记账。在我国,大多数企业只设库存现金日记账和银行存款日记账,而不专设普通日记账,以加强对货币资金的核算和管理。

(2)分类账簿。对全部经济业务按照所反映经济业务内容的详略程度,分为总分类账簿和明细分类账簿。按照总分类账户分类登记经济业务的是总分类账簿,简称总账;按照明细分类账户分类登记经济业务的是明细分类账簿,简称明细账。总分类账提供总括的会计信息,是根据总分类科目开设的;明细分类账提供详细的会计信息,是根据明细分类科目开设的。两者相辅相成,互为补充。分类账簿提供的核算信息是编制会计报表的主要依据。

(3)备查账簿。又称辅助账簿,简称备查账,是指对某些在日记账簿和分类账簿等主要账簿中都不予登记或登记不够详细的经济业务进行补充登记时使用的账簿,如租入固定资产登记簿,是用来登记那些以经营租赁方式租入、所有权不属于本企业,不能作为本企业固定资产核算的机器设备等。备查账簿的记录与编制会计报表没有直接关系,其格式可以由各单位根据实际需要自行设置,没有固定格式化。

(二)账簿按外表形式分类

账簿按外表形式的不同,可以分为订本账、活页账和卡片账三种。

(1)订本账,是把具有一定格式的账页加以编号装订成册的账簿。这类账簿的优点是能够避免账页散失或被抽换;其缺点是不能准确地为各账户预留账页,不能根据需要增减账页,不便于会计人员分工记账。这种账簿一般适用于总分类账、现金日记账和银行存款日记账。

(2)活页账,是指由若干零散的具有专门格式的账页组成的账簿。即是在账簿登记完毕之前并不固定装订在一起,而是把零散的账页装在账夹中。这类账簿的优点是记账时可以根据实际需要随时增减账页,也便于分工记账;其缺点是如果管理不善,可能会造成账页散失或故意抽换账页。各种明细分类账一般采用活页式账簿。

(3)卡片账,是一种将账户所需格式印刷在硬卡上的账簿。卡片账实际上也是一种活页账,只不过它不是装在活页账夹中,而是装在卡片箱内。卡片账除了具有活页账的优缺点外,它不需要每年更换,可以跨年度使用。在我国,企业一般只对固定资产明细账采用卡片账形式。

(三)账簿按账页格式分类

账簿按账页格式的不同,一般可以分为三栏式账簿、多栏式账簿和数量金额式账簿三种。

(1)三栏式账簿,是指账簿的账页是由借方、贷方和余额三个金额栏组成的账簿。总分类账、日记账以及资本、债权、债务明细账一般采用三栏式账簿。

(2)多栏式账簿,是指在账页的借方和贷方两个金额栏内按需要分设若干专栏的账簿。收入、费用明细账一般采用这种账簿格式。

(3)数量金额式账簿,是指在账页的借方、贷方和余额三个栏目内,又分别设置有数量、单价、金额三个小栏的账簿。数量金额式账簿既反映财产物资的实物数量和又反映其价值量。原材料、库存商品等明细账一般都采用数量金额式账簿。

第二节 会计账簿的设置和登记

一、会计账簿的设置要求与基本内容

（一）会计账簿的设置要求

企业应当根据经济业务的特点和管理上的要求确定设置账簿。设置账簿应当符合下列要求:

(1)企业设置的账簿要具有合法性。各单位应当按照会计法和企业会计准则的规定设置会计账簿,严格禁止私设会计账簿。

(2)企业设置的账簿要具有实用性。要能保证系统、全面地反映和监督企业的经济活动,满足企业经济管理的需要,为企业经济管理提供总括的和明细的核算资料。

(3)企业设置的账簿要具有科学合理性。各单位设置的所有会计账簿要形成一个有机的会计账簿体系,在满足需要的前提下,考虑本单位人力物力的节约,保证各账簿之间既有明确的分工,又有密切的联系,避免账簿的重复设置。

(4)企业设置的账簿的格式应简明适用,便于登记、查找和保管。

（二）会计账簿的基本内容

在实际工作中,由于管理的要求不同,企业设置的账簿格式是多种多样的,不同格式的账簿所包括的具体内容也不尽相同,但各种账簿一般都应具备以下基本内容:

(1)封面。主要写明账簿的名称和记账单位名称。

(2)扉页。主要写明账簿启用的日期和截止的日期,账簿的页数、册次、经管人员一览表和账户目录等。其格式如表8.1所示。

表8.1 账簿启用和经管人员一览表

账簿名称：							单位名称：			
账簿编号：							账簿册数：			
账簿页数：							启用日期：			
会计主管：							记账人员：			
移交日期			移交人		接管日期			接管人	会计主管	
年	月	日	姓名	签章	年	月	日	姓名	签章	姓名	签章

(3) 账页。账页是账簿用来记录经济业务的载体,其格式因记录经济业务的内容不同而有所不同,但基本内容包括:①账户的名称;②记账日期;③凭证种类和号数栏;④摘要栏;⑤金额栏;⑥总页次和分户页次等。

二、会计账簿的格式和登记

(一) 日记账的格式和登记

如前所述,日记账是按照经济业务的发生或完成时间的先后顺序逐日逐笔登记的账簿,也称序时账簿。设置日记账的目的是为了使经济业务的时间顺序清晰地反映在账簿记录中。日记账又可分为普通日记账和特种日记账两种。普通日记账是用来记录全部经济业务的日记账,它对企业每天发生的所有经济业务,不论其性质如何,按其时间先后顺序登记入账,普通日记账的记账工作量较大,在实际工作中采用较少。

1. 普通日记账的格式与登记

普通日记账是用来序时登记全部经济业务的日记账,又称分录簿,一般只设置借方和贷方两个金额栏,以便分别记入各项经济业务所确定的账户名称及借方和贷方的金额,普通日记账的格式如表8.2所示。

表8.2 普通日记账　　　　　　　　　　第　页

2009年		凭证号数	摘　要	账户名称	借方金额	贷方金额
月	日					
3	2	略	销售商品,款项尚未收到	应收账款	35 100	
				主营业务收入		30 000
				应交税费		5 100
	6	略	收回宏达公司所欠购货款	银行存款	79 000	
				应收账款		79 000
			……			

2. 库存现金日记账的格式和登记

库存现金日记账是用来核算和监督库存现金每天的收入、支出和结存情况的账簿。其格式有三栏式和多栏式两种,企业一般采用三栏式,即在同一张账页上分设收入、支出和结余三栏。由于库存现金日记账的重要性,无论采用三栏式还是多栏式库存现金日记账,都必须使用订本账。库存现金日记账的格式如表8.3所示。

表 8.3 库存现金日记账(三栏式)   第 页

2009 年		凭证号数	摘要	对方账户	收入	支出	结余
月	日						
3	1		月初余额				750
	4	现付 1	支付材料运费	材料采购		200	550
	7	现收 1	从银行提取现金	银行存款	14 000		14 550
	11	现付 2	职工预借差旅费	其他应收款		1 000	13 550
	18	现付 3	购买办公用品	管理费用		400	13 150
			……				

现金日记账由出纳人员根据审核无误的有关收款凭证和付款凭证,按时间先后顺序逐日逐笔进行登记,即根据现金收款凭证和与现金有关的银行存款付款凭证登记现金收入金额,根据现金付款凭证登记现金支出金额。每日业务终了,应分别计算出现金收入金额、现金支出金额和现金结余额。现金结余的计算公式为

本日余额 = 上日余额 + 本日收入金额 − 本日支出金额

结出本日现金余额后,还应将现金账面余额数与库存现金实存数进行核对,以检查每日现金收付是否有误,如不符应查明原因,并予以恰当处理,做到日清月结。

3. 银行存款日记账的格式和登记

银行存款日记账是用来核算和监督银行存款每日的收入、支出和结余情况的账簿。其格式有三栏式和多栏式两种,企业一般采用三栏式,其基本结构与现金日记账基本相同,只是由于银行存款的收付业务都是根据有关银行结算凭证进行登记的,所以在银行存款日记账中增设了"结算凭证"栏。银行存款日记账的格式如表 8.4 所示。

表 8.4 银行存款日记账(三栏式)   第 页

2009 年		凭证号数	结算凭证		摘要	对应账户	收入	支出	结余
月	日		种类	号数					
3	1				月初余额				90 000
	2	银付 1	略		偿还借款	短期借款		30 000	60 000
	7	银付 2	略		提取现金	库存现金		5 000	55 000
	10	银收 1	略		收回货款	应收账款	4 0000		95 000
		银收 2	略		向银行借款	长期借款	100 000		195 000
					……				

银行存款日记账应按企业在银行开立的账户和币种分别设置,每个银行账户设置一本日记账,由出纳员根据与银行收付业务有关的记账凭证,按时间先后顺序逐日逐笔进行登记,即根据银行存款收款凭证和有关的现金付款凭证登记银行存款收入金额,根据银行存款的付款

155

凭证登记银行存款的支出金额,每日结出存款余额。

（二）分类账的格式和登记

分类账包括总分类账和明细分类账两种。

1. 总分类账的格式和登记

总分类账是按照总分类账户设置,提供总括会计信息的账簿。运用总分类账,可以全面、系统、综合地反映企业经济业务的活动情况和财务收支情况,是编制会计报表的重要依据。任何企业都必须设置总分类账。总分类账最常用的格式为三栏式,即设置借方、贷方和余额三个基本金额栏目。现举例说明总分类账的登记方法,假设某企业2009年4月初"应付账款"账户期初余额为160 000元,4月2日和9日发生两笔经济业务,如下：

4月2日：购入材料一批,材料价款为40 000元,增值税税率17%,货款尚未支付。会计分录如下：

  借：材料采购　　　　　　　　　　　　　40 000
    应交税费——应交增值税(进项税额)　　6 800
   贷：应付账款　　　　　　　　　　　　　46 800

4月9日：用银行存款偿还前欠的购货款30 000元。会计分录如下：

  借：应付账款　　　　　　　　　　　　　30 000
   贷：银行存款　　　　　　　　　　　　　30 000

现根据上述两笔经济业务登记总分类账,其格式如表8.5所示。

表8.5　总分类账

账户名称：应付账款　　　　　　　　　　　　　　　　　　　　　　　　　　　　单位：元

2009年		凭证号数	摘　要	借方	贷方	借或贷	余额
月	日						
4	1		期初余额			贷	160 000
	2	略	购买材料款未付		46 800		
	9	略	偿付货款	30 000			
			……				
			本期发生额及余额	70 000	60 000	贷	150 000

总分类账的记账依据和登记方法取决于企业采用的账务处理程序,也就是说,总分类账既可以根据记账凭证逐笔登记,也可以根据经过汇总的科目汇总表或汇总记账凭证等登记。

2. 明细分类账的格式和登记

明细分类账是按照二级账户或明细账户设置,对经济业务进行连续、分类的记录以提供明细核算资料的账簿。明细分类账是依照总分类账的核算内容,按照更加详细的分类,反映某一具体类别经济活动的财务收支情况,它既可以提供价值指标,又可以提供实物指标。明细分类账是对总分类账的补充说明,它提供的资料也是编制会计报表的依据。

根据管理的需要,明细分类账可以依据记账凭证、原始凭证或原始凭证汇总表登记。其主要格式有以下三种:

(1)三栏式明细账。三栏式明细账是账页内设有借方、贷方和余额三个栏目,用以分类核算各项经济业务,提供详细核算资料的账簿,其格式与三栏式总账格式基本相同,适用于只进行金额核算的账户,如应收账款、应付账款、其他应收款等。现举例说明三栏式明细账的登记方法,假设某企业2009年4月初应收宏达工厂的货款为90 000元,4月2日和10日发生两笔经济业务,如下:

4月2日:收到宏达工厂前欠的购货款30 000元,款项已存入银行。会计分录如下:

借:银行存款　　　　　　　　　　　　　　30 000
　　贷:应收账款——宏达工厂　　　　　　　　　　30 000

4月10日:向宏达工厂销售一批商品,售价50 000元,增值税税率17%,款项尚未收到。会计分录如下:

借:应收账款——宏达工厂　　　　　　　　58 500
　　贷:主营业务收入　　　　　　　　　　　　　　50 000
　　　　应交税费——应交增值税(销项税额)　　　8 500

现根据上述两笔经济业务登记应收账款的明细账,其格式如表8.6所示。

表8.6　应收账款明细账

单位名称:宏达工厂　　　　　　　　　　　　　　　　　　　　　　　　　单位:元

2009年		凭证号数	摘　要	借方	贷方	借或贷	余额
月	日						
4	1		期初余额			借	90 000
	2	略	收到货款		30 000	借	60 000
	10	略	应收货款	58 500		借	118 500
			……				
	30		本期发生额及余额	70 000	40 000	借	120 000

(2)多栏式明细账。多栏式明细账是根据经济业务的特点和经营管理的要求,将属于同一个总账科目的各个明细科目合并在一张账页上进行登记,集中反映各有关明细项目的详细资料。它主要适用于成本费用和收入成果类科目的明细核算。现举例说明多栏式明细账的登记方法,假设某企业2009年4月2日和6日发生两笔经济业务,如下:

4月2日:用银行存款支付办公费4 000元。会计分录如下:

借:管理费用　　　　　　　　　　　　　　4 000
　　贷:银行存款　　　　　　　　　　　　　　　4 000

4月6日:用银行存款支付厂部的水费560元。会计分录如下:
借:管理费用　　　　　　　　　　　　　560
　　贷:银行存款　　　　　　　　　　　　560

现根据上述两笔经济业务登记管理费用明细账,其格式如表8.7所示。

表8.7　管理费用明细账　　　　　　　　　　　　　　　　　单位:元

| 2009年 | | 凭证号数 | 摘要 | 工资 | 福利费 | 办公费 | 水费 | … | 合计 |
月	日								
4	2	略	支付办公费			4 000			
	6	略	支付水费				560		
			…						
			…						

(3)数量金额式明细账。数量金额式明细账在收入、发出和结存三栏内又分别设有数量、单价和金额三个专栏。其适用于既要进行金额核算又要进行数量核算的账户,比如"原材料"、"库存商品"等科目的明细核算。现举例说明数量金额式明细账的登记方法,假设某企业2009年4月初库存甲原材料900公斤,甲材料每公斤10元,4月3日和10日发生两笔经济业务,如下:

4月3日:生产车间领用甲材料100公斤。会计分录如下:
借:制造费用　　　　　　　　　　　　　10 000
　　贷:原材料——甲材料　　　　　　　　10 000

4月10日:该企业购入甲材料一批共计400公斤,甲材料单价每公斤10元,货款用银行存款支付,材料已验收入库。会计分录如下:
借:原材料——甲材料　　　　　　　　　4 000
　　应交税费——应交增值税(进项税额)　 680
　　贷:银行存款　　　　　　　　　　　　4 680

现根据上述两笔经济业务登记原材料明细账,其格式如表8.8所示。

表8.8 原材料明细账

材料名称：甲材料　　　　　　　　　　　　　　　　　　　　　　　　　　　计量单位：公斤
材料规格：　　　　　　　　　　　　　　　　　　　　　　　　　　　　　　　最高储备：
　　　　　　　　　　　　　　　　　　　　　　　　　　　　　　　　　　　　最低储备：

2009年		凭证号数	摘要	收入			发出			结存		
月	日			数量	单价	金额	数量	单价	金额	数量	单价	金额
4	1		期初余额							900	10	9 000
	3	略	车间领用				100	10	1 000	800		8 000
	10	略	购入	400	10	4 000				1 200	10	12 000
	…											
	30		本月合计	600	10	6 000	500	10	5 000	1 000	10	10 000

第三节　会计账簿的启用、登记规则和错账的更正

一、会计账簿的启用和交接

新的会计年度开始，企业应该启用新的会计账簿。为了保证账簿记录的合法性和账簿资料的完整性，明确记账责任，会计人员启用新账簿时，除订本账不另设封面外，各种活页账应设置封面和封底，在账簿封面上写明单位名称、账簿名称和所属会计年度等内容。在账簿的扉页上填写账簿启用日期和经管人员一览表。在会计人员发生变动时，应办理交接手续，注明接管日期和移交人、接管人姓名，并由双方签名盖章。

使用订本式账簿应当从第一页到最后一页顺序编定页数，不得跳页、缺号。使用活页式账簿应当按账页的顺序编号，并须定期装订成册，装订后填写"账簿启用、交接登记表"并加目录，记明每个账户的名称和页次。

二、会计账簿的登记规则

(1) 项目填写齐全。登记会计账簿时，应当将会计凭证日期、凭证号数、摘要、金额和其他有关资料逐项记入账簿内，做到数字准确、摘要清楚、登记及时、字迹工整。每一项会计事项，不仅要登记总账，还要登记总账所属的明细账。登记完毕后，要在记账凭证上签名或者盖章，并注明已经登账的符号表示已经记账，避免记账重复或遗漏。

(2) 字迹清晰、整洁。账簿记录的数字或文字应清晰、整洁。摘要栏的文字要简明，应该使用标准的简化汉字；金额栏的数字应该采用阿拉伯数字，"0"不能省略和连写；对数字或文字书写时不要写满格，字应紧靠行格的底线书写，一般约占全格的1/2。

(3) 登记账簿必须使用蓝黑墨水或者黑色墨水书写，除复写以外，不得使用圆珠笔或者铅

笔。下列情况,可以使用红色墨水书写:

①按照红字冲账的记账凭证,冲销错误记录;

②在不设借贷等栏的账页中,登记减少数;

③在三栏式账户的余额栏前,如未印明余额方向的,在余额栏内登记负数余额;

④根据国家统一规定可以用红字登记的其他情况。另外期末结账划线和改错时可以使用红墨水。

(4)各种账簿应按页码顺序连续登记,不得跳行、隔页。如果不慎发生跳行、隔页,应当将空行、空页划线注销,或者注明"此行空白"、"此页空白"字样,并由记账人员签名或者盖章,不得任意撕掉或抽换账页。

(5)凡需要结出余额的账户,结出余额后,应当在"借或贷"栏目内注明"借"或"贷"字样,以示余额的方向;对于没有余额的账户,应在"借或贷"栏内写"平"字,并在余额栏内用"0"表示。现金日记账和银行存款日记账必须逐日结出余额。

(6)每登满一账页时,应当结出本页发生额合计及余额,在该账页最末一行"摘要"栏注明"转次页"或"过次页",并将这一金额计入下一页第一行有关金额栏内,在该行"摘要"栏注明"承前页",以保持账簿记录的连续性,便于对账和结账。

(7)账簿记录如发生错误,不得刮、擦、挖、补,而应采用规定的方法更正。

三、错账的更正

在实际工作中,记账时不可避免会发生一些错误,在发现错账之后,要根据产生错账的不同原因,使用不同的更正方法。常用的错账更正方法主要有划线更正法、红字更正法和补充登记法。

(一)查找错账的方法

在对账过程中,可能发生各种各样的差错。产生差错的原因可能是重记、漏记、数字颠倒、数字错位、数字记错、科目记错、借贷方向记反,差错的产生会影响会计信息的正确性,所以,一旦发现差错,会计人员应及时查找并予以更正。常见的查找错账的方法有以下几种:

1. 差数法

差数法是按照错账的差数查找错账的方法。这种方法对于发现重记、漏记账目比较有效。如会计凭证上记录的是:

借:应付账款——宏达工厂　　　　　50 000
　　　　　　——星海公司　　　　　30 000
　　　　　　——明源公司　　　　　25 000
　　贷:银行存款　　　　　　　　　105 000

如果会计人员在记账时漏记了偿还明源公司的 25 000 元货款,那么在进行应付账款总账和明细账核对时,就会出现总账贷方余额比明细账贷方余额合计少 25 000 元的现象。对于类似差错,可由会计人员通过回忆相关金额的记账凭证进行查找。

2. 尾数法

如果账簿记录发现是金额错误,并且差错金额不大是角、分,对于发生的角、分的差错可以只查找小数部分,以提高查错的效率。如只差 0.04 元,只需看一下尾数是否有是"0.04"元的金额,查看是否已将其登记入账。

3. 除 2 法

除 2 法是将差额数字除以 2,按商数来查找差错的方法,这种方法适用于查找记账方向记反了的错误。如:

借:应收账款——辽源公司　　　　　　　46 800
　贷:应收票据——辽源公司　　　　　　　46 800

登记明细账时,错把应收账款 46 800 登记到了贷方,那么在进行应收账款总账与明细账核对时,就会出现总账借方余额大于明细账借方余额 93 600 元,将 93 600 元除以 2,正好是贷方记错的 46 800 元。

4. 除 9 法

除 9 法是指用差额数字除以 9,来查找差错的一种方法,主要适用于下列几种错误的查找:

(1)将数字记小。如将 1 280 误记成 128,差数是 1 152,用差数除以 9,商为 128,此时应在账簿上查找是否将 1 280 误记为 128。

(2)将数字记大。如将 260 误记成 2 600,差数是 2 340,用差数除以 9,商为 260,将 260 乘以 10 后得 2 600,此时应在账簿中查找是否将 260 误记为 2 600。

(3)相邻数字颠倒。如将 32 错记为 23,差数是 9,用差数除以 9,商为 1,这就是相邻颠倒两数的差值,我们可以从与差值相同的两个相邻数范围内去查找。

(二)错账更正的方法

1. 划线更正法

划线更正法适用于结账前发现账簿记录有文字或数字错误,而记账凭证没有错误的情况。更正的方法是:在错误的文字或数字上划一条红线予以注销,在红线的上方填写正确的文字或数字,并由记账人员在更正处盖章,以明确责任。但应注意的是:更正时不得只划销错误数字,应将全部数字划销,并保持原有数字清晰可辨,以便审查,对于文字错误,可只划去错误的部分。

2. 红字更正法

红字更正法适用以下两种情况:

(1)记账后发现记账凭证中的应借、应贷会计科目有错误。更正的方法是:用红字填写一张与原错误记账凭证完全相同的记账凭证,并用红字登记入账以冲销原有的错误记录,然后用蓝字填写一张正确的记账凭证,并用蓝字登记入账。

【例8.1】 某企业以现金支票支付广告费38 000元。据以登记入账的记账凭证上编制的会计分录为：

借：销售费用　　　　　　　　　　　　38 000
　　贷：库存现金　　　　　　　　　　　　　38 000

更正时用红字编制一张与原错误记账凭证完全相同的记账凭证，并用红字登记入账以冲销原有的错误记录。

借：销售费用　　　　　　　　　　　　|38 000|
　　贷：库存现金　　　　　　　　　　　　　|38 000|

然后用蓝字编制一张正确的记账凭证并用蓝字登记入账，分录为：

借：销售费用　　　　　　　　　　　　38 000
　　贷：银行存款　　　　　　　　　　　　　38 000

（2）记账后发现记账凭证中应借、应贷会计科目无误，只是所记金额大于应记金额。更正的方法是：按多记金额用红字编制一张与原记账凭证应借、应贷科目完全相同的记账凭证，并用红字登记入账，以冲销多计金额。

【例8.2】 仍以上题为例，某企业以现金支票支付广告费38 000元。据以登记入账的记账凭证上编制的会计分录为：

借：销售费用　　　　　　　　　　　　39 000
　　贷：银行存款　　　　　　　　　　　　　39 000

更正时用红字编制一张与原记账凭证会计科目相同，金额为1 000元的凭证，并用红字登记入账以冲销多计的金额。

借：销售费用　　　　　　　　　　　　|1 000|

　　贷：银行存款　　　　　　　　　　　　　|1 000|

3. 补充登记法

补充登记法适用于记账时发现记账凭证中应借、应贷会计科目无误，只是所记金额小于应记金额的情况。更正的方法是：按少记的金额用蓝字编制一张与原记账凭证应借、应贷科目完全相同的记账凭证，并据以用蓝字登记入账。

【例8.3】 某企业以库存现金支付办公费3 800元。据以登记入账的记账凭证上编制的会计分录为：

借：管理费用　　　　　　　　　　　　380
　　贷：库存现金　　　　　　　　　　　　　380

更正时用蓝字编制一张与原记账凭证科目相同，金额为3 420元的凭证，并用蓝字登记入账。

借：管理费用　　　　　　　　　　　　3 420
　　贷：库存现金　　　　　　　　　　　　　3 420

第四节 对账与结账

一、对账

会计人员在日常的记账过程中由于种种原因,有时会出现一些差错,影响账簿记录的真实性。为了保证账簿记录的真实可靠,记完账后,还应定期做好对账工作。对账就是指会计人员对账簿记录进行核对的工作。对账的内容一般包括如下几个方面:

(一)账证核对

账证核对是指账簿记录与会计凭证进行核对。核对的重点是会计账簿记录与原始凭证、记账凭证的时间、凭证号数、业务内容、金额和会计分录是否相符,如果发现账证不符,应重新对账簿记录和会计凭证进行复核,直到查出错误的原因为止,以保证账证相符。

(二)账账核对

账账核对是指对不同会计账簿之间的有关数字进行核对。账账核对包括:

(1)总分类账簿之间的核对,是指全部总分类账户的期末借方余额合计数应与全部总分类账户的期末贷方余额合计数相等。

(2)总分类账簿与所属明细分类账簿核对,是指总分类账各账户的期末余额应与所属各明细分类账的期末余额之和相等。

(3)总分类账簿与序时账簿核对。

(4)会计部门有关实物资产的明细账与财产物资保管部门或使用部门的明细账核对。

(三)账实核对

账实核对是指各项财产物资、债权债务等账面余额与实有数额之间的核对。账实核对的主要内容有:

(1)现金日记账的账面余额与库存现金实有数额相核对。

(2)银行存款日记账的账面余额与银行对账单的余额相核对。

(3)各项财产物资明细账的账面余额与财产物资的实有数额相核对。

(4)有关债权债务明细账的账面余额与对方单位的账面记录相核对。

二、结账

(一)结账的含义

结账就是在把一定时期内发生的经济业务全部登记入账的基础上,结算出每个账户的本期发生额和期末余额。为了总括地反映企业的财务状况和经营成果,并为编制会计报表提供依据,必须定期进行结账。

（二）结账的程序

（1）将本期发生的经济业务全部登记入账，并保证其正确性。

（2）根据权责发生制的要求，调整有关账项，合理确定本期应计的收入和应计的费用。具体包括两类：

①应计收入和应计费用的调整。对于本期已经发生且符合收入确认标准，但尚未收到相应款项的收入，应确认为本期收入；对于那些已在本期发生，因款项未付而未登计入账的费用，应确认为本期的费用。

②收入分摊和成本分摊的调整。收入分摊是指企业已经收取有关款项，但未完成全部商品的销售，需要在期末按照已经完成的比例，分摊确认本期已实现收入的金额。成本分摊是指企业的支出已经发生，能使若干个会计期间受益，为了正确地计算各个会计期间的损益，将这些支出在其受益的会计期间进行分摊。

（3）计算并登记本期发生额和期末余额。计算登记所有账簿本期发生额和期末余额的工作，一般按月进行，称为月结；有的账目按季结算，称为季结；年度终了时，还应进行年结。

（三）结账的方法

结账一般分为月结、季结和年结三种，具体结账方法如下：

（1）月结。在该月最后一笔经济业务下面划一条通栏单红线，在红线下"摘要"栏内注明"本月合计"或"本月发生额及余额"字样，结出借贷双方的本月发生额及期末余额，然后，在这一行下面再划一条通栏单红线，表示账簿记录已经结束。

（2）季结。季度终了，结算出本季三个月的发生额合计数和季末余额，记在本月最后一个月月结的下一行，在"摘要"栏内注明"本季合计"或"本季发生额及余额"字样，在这一行下面划一条通栏单红线，表示季结的结束。

（3）年结。年末，结算出本年四个季度的发生额合计数和年末余额，记在第四季度季结的下一行，在"摘要"栏注明"本年合计"或"本年发生额及余额"字样，然后，在这一行下面划上通栏双红线，以示封账。年度结账后，要把各账户的余额结转到下一会计年度，并注明"结转下年"字样。

表8.9 总分类账

账户名称：银行存款　　　　　　　　　　　　　　　　　　　　　　　　　　　　　单位：元

2009年		凭证号数	摘要	借方	贷方	借或贷	余额
月	日						
			……				
			……				
			……				
12	31		本月发生额及余额	120 000	4 0000	借	90 000
12	31		本季发生额及余额	400 000	130 000	借	90 000
12	31		本年发生额及余额	1 800 000	620 000	借	90 000

第五节　账簿的更换与保管

一、账簿的更换

为了保持会计资料的连续性,在每一个会计年度结束,新会计年度开始时,按照会计制度规定,应进行账簿的更换。

总账、日记账和大部分的明细账,要每年更换一次。在年度终了时,将有余额的账户的余额直接记入新账余额栏内。具体操作是:在本年有余额的账户的年末余额下一行的"摘要"栏内注明"结转下年"字样。在更换的新账簿中有关账户第一页第一行的"日期"内写明1月1日;在"摘要"栏内注明"上年结转"字样;"余额"栏内写上结余数额并注明余额的借贷方向。部分明细账,如固定资产明细账,因年度内变动不多,年初可不必更换账簿,可以跨年度使用,不必每年更换新账,但需在"摘要"栏内注明"结转下年"字样,以划分新旧年度之间的界限。

二、账簿的保管

会计账簿同会计凭证和会计报表一样,都属于重要的经济档案和历史资料,会计人员应妥善保管,不得任意丢失和销毁,以供检查、分析和审计时使用。活页式和卡片式账簿在使用完毕后必须装订成册或封扎保管,并加上封面,统一编号后,与各种订本账一并归档。装订成册的账簿都应加贴封签,并由会计主管签章。

会计账簿的保管期限应按会计法的规定执行,具体如下:总账一般为15年,明细账一般为15年,日记账一般为15年。其中,现金日记账和银行存款日记账为25年,固定资产卡片在固定资产报废清理后一般为5年,辅助账簿(备查簿)一般为15年。

各单位已经归档的会计账簿不得借出,如有特殊需要,必须经本单位负责人批准,可以提供查阅或者复制,并办理登记手续,查阅或者复制会计档案的人员,严禁在会计档案上涂画、拆封和抽换。

账簿保管期满,应由本单位档案机构会同会计机构提出销毁意见,编制账簿档案销毁清册,列明销毁账簿的名称、卷号、册数、起止年度和档案编号等内容并由单位负责人在会计账簿销毁清册上签署意见。会计账簿销毁时,应当由档案机构和会计机构共同派人员监销。销毁后,应当在会计账簿销毁册上签名盖章,并将监销情况报告本单位负责人。

本章小结

【重点】　账簿的分类;账簿设置和登记的方法;账簿的启用与错账更正的方法;对账与结账。

【难点】　账簿设置和登记的方法;错账更正的方法。

登记账簿是会计核算的一种专门方法,设置和登记账簿,是编制会计报表的基础,是连接会计凭证和会计报表的中间环节,在会计核算中具有重要意义。

会计账簿是指由一定格式的账页组成的,以会计凭证为依据,序时、连续、系统、全面地记录各项经济业务的簿籍。账簿按用途的不同可以分为序时账簿、分类账簿和备查账簿三大类。账簿按外表形式的不同,可以分为订本账、活页账和卡片账三种。账簿按账页格式的不同,一般可以分为三栏式、多栏式和数量金额式三种。账簿的格式因账簿种类的不同有所区别,现金日记账和银行存款日记账一般采用三栏式,总分类账最常用的格式为三栏式,明细分类账可以采用三栏式、多栏式和数量金额式。登记账簿时要遵守登记规则,发生记账错误时,要按照规定的错账更正方法更正,常用的错账更正方法主要有划线更正法、红字更正法和补充登记法。为了保证账簿记录的真实可靠,记完账后,还应定期做好对账工作,对账一般包括账证核对、账实核对和账账核对。为了总括地反映企业的财务状况和经营成果,并为编制会计报表提供依据,必须定期进行结账,结账包括月结、季结和年结三种。为了保持会计资料的连续性,在每一个会计年度结束,新会计年度开始时,按照会计制度规定,应进行账簿的更换。会计账簿同会计凭证和会计报表一样,都属于重要的经济档案和历史资料,会计人员应妥善保管,不得任意丢失和销毁。

自测题

一、单项选择题

1. 按照经济业务发生或完成时间的先后顺序逐日逐笔登记的账簿是 ( )
   A. 明细分类账　　　　　　　B. 总分类账
   C. 日记账　　　　　　　　　D. 备查账

2. 明细账从账簿的外表形式上看一般采用 ( )
   A. 订本式账簿　　　　　　　B. 活页式账簿
   C. 卡片式账簿　　　　　　　D. 多栏式账簿

3. 用于分类记录单位的交易或事项,提供明细核算资料的账簿是 ( )
   A. 总分类账　　　　　　　　B. 明细分类账
   C. 日记账　　　　　　　　　D. 备查账

4. 现金日记账一般采用 ( )
   A. 多栏式账簿　　　　　　　B. 数量金额式账簿
   C. 横线登记式账簿　　　　　D. 三栏式账簿

5. 收入明细账一般采用 ( )
   A. 两栏式账簿　　　　　　　B. 多栏式账簿
   C. 三栏式账簿　　　　　　　D. 数量金额式账簿

6. 在结账以前,如发现账簿记录有文字或数字错误,而记账凭证没错,应采用 ( )

A. 划线更正法　　　　　　　B. 红字更正法
　C. 补充登记法　　　　　　　D. B 或 C 都可以
7. 下列明细分类账中,应采用数量金额式账簿的是　　　　　　　　　　（　　）
　A. 其他应收账款明细账　　　B. 管理费用明细账
　C. 应交税费明细账　　　　　D. 原材料明细账
8. 下列账簿中,可以采用卡片式账簿的是　　　　　　　　　　　　　（　　）
　A. 固定资产总账　　　　　　B. 固定资产明细账
　C. 总账　　　　　　　　　　D. 备查账
9. 下列明细账中,可以采用三栏式账页格式的是　　　　　　　　　　（　　）
　A. 销售费用明细账细账　　　B. 应收账款明细账
　C. 原材料明细账　　　　　　D. 应交税费明细账
10. 企业库存现金的账面余额定期与库存现金的实有数额核对,属于　（　　）
　A. 账证核对　　　　　　　　B. 账账核对
　C. 账实核对　　　　　　　　D. 账表核对

二、多项选择题

1. 会计账簿按用途不同分为　　　　　　　　　　　　　　　　　　（　　）
　A. 日记账　　　　　　　　　B. 分类账
　C. 备查账　　　　　　　　　D. 总账
2. 会计账簿按外表形式的不同分类,可分为　　　　　　　　　　　　（　　）
　A. 多栏式账簿　　　　　　　B. 订本式账簿
　C. 活页式账簿　　　　　　　D. 卡片式账簿
3. 下列错账更正方法中,可用于更正因记账凭证错误而导致账簿记录错误的方法有（　　）
　A. 划线更正法　　　　　　　B. 差数核对法
　C. 红字更正法　　　　　　　D. 补充登记法
4. 下列账簿中,不可以跨年度连续使用的有　　　　　　　　　　　　（　　）
　A. 现金日记账　　　　　　　B. 应收账款明细账
　C. 固定资产卡片账　　　　　D. 管理费用明细账
5. 以下属于活页账优点的有　　　　　　　　　　　　　　　　　　（　　）
　A. 可以根据需要随时增减账页　　B. 可以防止账页散失
　C. 可以跨年度使用　　　　　D. 便于分工记账
6. 以下属于账实核对的主要内容有　　　　　　　　　　　　　　　（　　）
　A. 现金日记账余额与现金实际数核对
　B. 银行存款日记账余额与银行对账单余额核对
　C. 各项财产物资明细账的账面余额与财产物资的实有数额相核对

    D. 有关债权债务明细账的账面余额与对方单位的账面记录相核对中
7. 登记明细分类账的依据有 ( )
    A. 原始凭证   B. 记账凭证
    C. 原始凭证汇总表   D. 科目汇总表
8. 任何会计主体都必须设置的账簿有 ( )
    A. 现金日记账   B. 银行存款日记账
    C. 总账   D. 普通日记账

三、判断题
1. 订本式账簿便于账页的重新排列和记账人员的分工,但账页容易散失和被随意抽换。( )
2. 日记账可以逐日逐笔登记,也可以汇总登记。 ( )
3. 总账可以采用订本式账簿也可以采用活页式账簿。 ( )
4. 记账凭证正确,记账时因笔误而产生的文字或数字错误,可以采用划线更正法予以更正。
( )
5. 会计人员可以使用铅笔、圆珠笔、钢笔、蓝黑墨水或红色墨水登记账簿。 ( )
6. 新年度开始,没使用完的账簿可以继续使用。 ( )
7. 使用订本式账簿应当从第一页到最后一页顺序编定页数,不得跳页、缺号。 ( )
8. 原材料、库存商品等明细账一般都采用数量金额式账簿。 ( )
9. 备查账簿的格式可以由各单位根据实际需要自行设置,没有固定格式化。 ( )
10. 各种明细分类账一般采用卡片式账簿。 ( )

四、业务题
1. 某公司在 2009 年 8 月末结账前进行对账时发现如下错账:
    (1) 以银行存款支付广告费 20 000 元,在填制记账凭证时编制的会计分录为:
        借:管理费用   20 000
            贷:银行存款   20 000
        并据以登记入账。
    (2) 生产车间一般耗用原材料 40 000 元,在填制记账凭证时编制的会计分录为:
        借:制造费用   4 000
            贷:原材料   4 000
        并据以登记入账。
    (3) 用现金购买厂部管理部门用办公用品 780 元,填制记账凭证时会计分录无错误,但在登记账簿时将 780 元误记为 760 元。
    要求:(1) 指明上述错账应采用何种更正方法;
         (2) 对上述错账进行具体更正。

第九章
Chapter 9

财产清查

【学习要点及目标】

本章主要介绍了财产清查的意义和种类、盘存制度、清查的内容与方法以及清查会计处理。通过对本章的学习，要求掌握财产清查的概念、清查的种类、方法和盘存制度；熟悉财产清查结果的会计处理；了解财产清查的意义。

【导入案例】

W企业的李经理，从企业出纳员小王处拿走10 000元钱，理由是为企业购入原材料，根据合同规定而预付的定金。李经理给小王打了一张借条并写明了用途，小王随后给他支付10 000元现金。到月末时，企业对库存现金进行盘点时，发现库存现金少了10 000元，但是，有一张借条。并追其原因，小王说明了事情的经过。讨论题：李经理从出纳员处拿走10 000元定金是否符合财会手续，应如何进行处理？

第一节 财产清查的意义和种类

一、财产清查的意义

企业对日常所发生有关财产物资的增减变化，都需要通过填制或取得原始凭证、编制记账凭证、登记账簿、试算平衡、对账、结账等一系列严密、准确的记录，在账证、账实相符的情况下编制会计报表对外报告。为了保证账簿提供资料的真实性，继而保证会计报表资料的准确性，需要在编制会计报表前对财产物资的实存数进行清查。通过财产清查，能及时发现账簿记录数与财产物资实存数之间的差异，并对差异及时做出账簿记录的调整，在保证账实相符的基础上编制会计报表,以确保会计报表所提供资料的准确性。从而进一步建立健全财产物资的管理制度,确保企业财产物资完整无损。

(一)财产清查的含义

财产清查,是通过对会计核算单位的货币资金、存货、固定资产、债权、债务、有价证券等的盘点或核对,查明其实有数与账存数是否相符,并查明账实不符原因的一种会计核算方法。财产清查是会计核算的一种专门方法。

(二)造成账实不符的原因

在会计核算过程中,造成账实不符的原因是多方面的,既有主观原因也有客观原因,归纳起来,主要有以下几个方面:

①自然损耗。由于财产物资的物理或者化学性能变化引起的自然损耗。

②收发错误。由于收发计量、检验不准确而发生材料物资在品种、数量或质量上的差错。

③记录错误。由于会计凭证或会计账簿的错记、漏记、重记和计算错误。

④管理不善。由于管理不善或工作人员失职而发生的财产物资的损坏、变质或丢失。

⑤违法行为。由于不法分子营私舞弊、贪污盗窃而发生财产损失。

⑥自然灾害。由于自然灾害等非常损失发生财产物资的损毁。

(三)财产清查的意义

以上原因都可能使企业财产物资和债权、债务等出现账实不符的情况,加强财产清查工作,对增强企业经营管理具有重要意义。

(1)通过财产清查,做到账实相符,保证会计信息的真实性、可靠性。通过财产清查,可以确定各项财产物资的实存数,查明账存数与实存数是否存在差异以及产生差异的原因,并经批准后应及时调整账簿记录,做到账实相符,以确保账簿记录和会计报表所提供的会计资料的真实性,从而提高会计信息的质量。

(2)通过财产清查,挖掘财产物资的潜力,提高财产物资的使用效率。通过财产清查,能查明各项财产物资的库存储备情况和利用情况,了解是否有超储积压、呆滞的材料物资,以便及时采取处理措施,避免造成霉烂变质及资金的浪费,充分发挥财产物资的使用效能和使用效率。

(3)通过财产清查,保护企业财产物资的安全和完整。通过财产清查,可以查明企业财产物资的保管情况,有无因管理不善造成财产物资的霉烂、变质、毁坏、丢失,或者被非法挪用、贪污盗窃的情况,以改善企业经营管理,加强内部控制制度的完善和执行,确保企业财产物资的安全与完整。

(4)促进企业往来款项的及时结算,加速资金周转。通过财产清查,可以查明各项往来款项的结算情况,有无账款长期拖欠、发出商品无故拒付、坏账等情况,以便查明原因并及时处理,促进企业应收账款的及时回收及应付账款的及时支付,避免坏账损失的发生,确保对外经济往来的正常进行,促使资金良性循环。

(5)监督企业遵守财经纪律和信贷结算制度。通过财产清查,可以查明现金出纳、结算制度的贯彻执行情况,监督企业遵守财经纪律情况,促进企业加强财产物资的收发、保管、调拨等管理工作,建立和健全财产物资的管理和核算制度及责任制度。

二、财产清查的种类

财产清查可以按照不同的标志划分为不同的类型,主要有以下两种。

(一)按照清查对象的范围分类

财产清查按清查对象的范围划分,可以分为全面清查和局部清查。

(1)全面清查。全面清查,就是对所有的财产物资、债权、债务款项等进行全面盘点或核对。由于全面清查范围广、内容多、业务量大、时间长、参加部门和人员多,为了保证年度会计报表的正确性和真实性,一般在年终决算之前,单位撤销、合并或改变隶属关系前,中外合资、国内联营前,开展资产评估、清产核资等活动以及单位主要负责人调离工作时进行全面清查。

(2)局部清查。局部清查,是指根据需要对一部分财产物资、债权、债务款项进行的清查。局部清查的主要对象是流动性较大的财产,如库存现金、原材料和产成品等,这种清查的清查范围小、内容少、涉及部门和人员也少,但专业性强较,是根据需要及针对各种资产、物资的特点进行的。局部清查的内容主要有:每日业务终了时清点现金,做到日清月结;每月核对一次银行存款和银行借款;对于原材料、在产品和产成品,每月应有计划进行重点抽查;对于贵重的财产物资,每月应清点一次;对于债权、债务,应在年度内至少核对一至两次。

(二)按照清查的时间分类

财产清查按清查的时间划分,可以分为定期清查和不定期清查。

(1)定期清查。是指根据管理制度的规定或预先计划安排的时间对财产所进行的清查。这种清查的对象不定,可以是全部清查,也可以是局部清查。其清查目的在于保证会计核算资料的真实正确,一般适用于月末、季末、年末结账前进行的清查。例如,每日营业终了清点库存现金,每月按规定时间清查原材料、库存商品和银行存款等,每年进行年终决算前对财产物资、货币资金、债权、债务进行全面清查等,都属于定期清查。

(2)不定期清查。是指根据实际需要,对有关财产物资、货币资金、债权、债务所进行的临时性清查,一般是在有特殊需要或特殊变动情况下进行。例如,更换财产或现金保管人员时,为了明确责任,要对其所经管的财产或库存现金进行清查;发生非常损失(自然灾害损失和意外损失)时,为了查明情况,要对受损失的有关财产进行清查;进行临时性检查时,为了验证会计核算资料的准确性,要按有关部门的要求进行清查;会计主体发生改变或隶属关系变动时,为了摸清家底,要对本单位的各项财产物资、货币资金、债权、债务进行清查,这些都属于不定期清查。

（三）按照清查的执行单位分类

财产清查按执行单位划分，可以分为内部清查和外部清查。

内部清查，是指由本单位的有关人员对本单位的财产物资所进行的清查，这种清查也称自查，可以是全面清查也可以是局部清查。外部清查，是指由本单位的外部部门或人员根据国家法律或制度的规定对本单位的财产物资所进行的清查，这种清查可以是全面清查也可以是局部清查。

第二节　财产清查的内容和方法

一、财产清查的盘存制度

为了加强财产物资管理，反映各项财产物资的增减变化和结存情况。为了使财产清查工作顺利进行，企业应建立科学而适用的财产物资盘存制度。在实际工作中把财产物资的盘存制度分为两种，即"永续盘存制"和"实地盘存制"。

（一）永续盘存制

永续盘存制又称为账面盘存制，是指企业为了加强财产物资的管理，及时反映财产物资的增减结存情况，对各项材料、物资的增加数和减少数，都要根据有关凭证记入相应账簿并随时计算出其结存数额的一种盘存核算方法，其依据的计算公式为

期末结存数额 ＝ 期初结存数额 ＋ 本期增加数额 － 本期减少数额

在永续盘存制下，由于财产物资明细账是逐笔、连续登记的，可以随时反映企业存货收入、发出和结存的状态，有利于对财产物资实行监督，加强财产物资的管理；另外还可从数量和金额两个方面对财产物资进行双向控制，全面掌握财产物资的结存情况，有利于随时与预定的库存限额进行对比，及时地组织财产物资的供应或销售处理，保证经济活动的顺利进行；但是这种盘存制度要求对每一品种的存货都要开设一个明细账分别登记，存货的明细分类核算的工作量较大。

（二）实地盘存制

实地盘存制，是指企业对各种财产物资的账面记录，平时只登记增加数，不登记减少数，月末结账时以实地盘点确定的数额作为账面结存数，然后倒推出本月财产物资的减少数，并据以登记入账的一种盘存核算方法，其依据的计算公式为：

本期减少数额 ＝ 期初结存数额 ＋ 本期增加数额 － 期末结存数额

实地盘存制下，由于只记录购进的数量和金额，不记录发出的数额和金额，因而平时工作比较简单，但手续极不严密，而且平时账面上不能反映财产物资的减少数和结存数，不利于根据账簿记录对财产物资进行管理，倒轧计算出的减少数都作为本期耗用处理，这样，还容易掩

盖存货管理中存在的自然和人为的损失,掩盖存货管理上存在的问题。所以,实地盘存制的实用性较差,仅适用于自然消耗大、数量大不稳定的鲜活商品等。

二、财产清查的准备工作

财产清查是一项涉及面比较广、工作量比较大、既复杂又细致的工作。因此,在进行财产清查前,必须有计划、有组织地进行各项准备工作,包括组织准备和业务准备。

1. 组织准备

财产清查,尤其是进行全面清查,涉及面较广,工作量较大,需要在企业领导人领导下,组织成立专门清查小组,具体负责财产清查的组织和管理工作。清查组织通常由会计人员、业务或技术人员、仓库保管人员等有关业务部门人员组成,并由具有一定权限的人员负责清查组织的各项工作。制订清查计划,明确清查的对象、范围和时间。

2. 业务准备

清查前,要求会计人员对所有有关实物收发凭证全部登记入账,认真核对总账及其有关明细账余额,保证账证相符、账账相符;有关物资保管人员须将准备清查的各项实物整理清楚,排列整齐,挂上标签,标明实物名称、规格、数量等,并在清查地点准备好必要的计量器具,对计量器具进行严格校正,以确保计量的准确,并准备好清查登记使用的表册。

三、财产清查的技术方法

由于不同种类的财产物资的实物形态、用途、性能、存放方式各不相同,在财产清查时应选择不同的清查方法,主要有以下几种:

(1)实地盘点法。是在所有有关财产物资收发凭证全部登记入账,并结出总账和明细账余额的基础上,进行财产物资实物的逐一点数、量尺和过磅,以确定其实有数的一种清查方法。该方法适用于各种要求精确计算其实物数量的财产物资的盘点。例如,对固定资产、原材料、库存商品等物资的清查。

(2)技术推算法。是通过运用一定的计量标准来估算财产物资实物数量的一种方法。该方法适用于盘存数量较大、难以确定实物精确量的财产物资的盘点。例如,露天堆放的黄土、沙石等,不便于逐一过磅,可以在抽样盘点的基础上,进行技术推算,从而确定其实存数量。

(3)核对账目法。是指企业通过与有关单位核对账目来确定财产物资数量的一种方法。该方法适用于存放在金融机构的货币资金的盘点。例如,企业的银行存款日记账应定期与银行发来的对账单进行核对,来确定银行存款的实有数额。

(4)函证核对法。是指通过函件、电话等方式向有关单位查询确定财产物资实有数的一种方法,该方法适用于结算往来款项的盘点。

(5)抽样盘点法。是对某些价值小,数量多,不便于逐一清点的财产物资,采用从总体或总量中抽取少量的样本,来确定样品数量,然后在推算出总体数量的方法。

四、财产清查的内容

(一)货币资金的清查

货币资金的清查包括对库存现金、银行存款和其他货币资金的清查。

1. 库存现金的清查

库存现金的清查是通过实地盘点进行的,确定库存现金实有数额,然后与现金日记账进行核对,查明账实是否相符。清查前,出纳人员应将已收讫的现金凭证全部登记入账,并结出余额;清查时,出纳人员应在现场,以明确经济责任,也便于及时查明现金盘盈、盘亏的原因。盘点时,不能用借条、白条抵充库存现金,盘点结束后,要填制"库存现金盘点报告表",它是反映现金实存数额的重要原始凭证,也是调整账簿记录的重要依据,其格式如表9.1所示。

表9.1 库存现金盘点报告表

单位名称:　　　　　　　　　　　　年　　月　　日

实存数额	账存数额	对比结果		备注
		盘盈	盘亏	

盘点人签章:　　　　　　　　　　　　出纳员签章:

2. 银行存款的清查

银行存款的清查采用的是银行存款日记账与开户银行的"对账单"相核对的方法。其目的在于确认企业银行存款日记账结存数与银行的"对账单"的存款数目是否相符。企业在同银行核对账目之前,首先要检查本单位银行存款日记账的正确性和完整性,然后再与银行转来的对账单逐笔核对,发现错账、漏账应及时查清、更正。银行对账单上的银行存款结存数额往往与企业银行存款日记账上的结存数额不相符,其原因一般有两个,一是记录存在差错,二是存在未达账项。

所谓"未达账项",是指由于会计凭证传递时间不同,导致双方记账时间不一致,一方已接到有关结算凭证并已登记入账而另一方由于尚未接到有关结算凭证而未入账的款项。未达账项产生主要有以下四种情况:

(1)企业已经收款入账,银行尚未收到款项;

(2)企业已经付款入账,银行尚未支付款项;

(3)银行已经收款入账,企业尚未收到款项;

(4)银行已经付款入账,企业尚未支付款项。

以上任何一种情况的发生都会使双方账面的余额不相符。如发现未达账项,则应在查明原因后编制"银行存款余额调节表"检查双方的账目是否相符。

【例9.1】 某企业2009年5月31日收到开户行转来的5月份"银行存款对账单",上列余额为86 500元;而月末企业"银行存款日记账"账面余额为78 660元,经逐笔核对后,发现有如下未达账项:

(1)5月28日企业委托银行代收某企业的货款30 700元,银行已经收到并入账,而收款通知尚未到达企业。

(2)5月29日企业开出转账支票10 000元,持票人尚未到银行办理支取手续,银行尚未登记入账。

(3)5月30日企业销售商品收到某公司交来的一张转账支票29 580元,银行尚未登记入账。

(4)5月31日银行代企业支付本单位电话费1 750元,借款利息1 530元,结算单据尚未送到企业。

根据以上资料编制该企业5月份的"银行存款余额调节表",如表9.2所示。

表9.2 银行存款余额调节表

2009年5月31日　　　　　　　　　　　　　　　　单位:元

项目	金额	项目	金额
企业银行存款日记账余额	78 660	银行对账单余额	86 500
加:银行已收,企业未收	30 700	加:企业已收,银行未收	29 580
减:银行已付,企业未付	1 750	减:企业已付,银行未付	10 000
	1 530		
调节后的存款余额	106 080	调节后的存款余额	106 080

由表9.2可见,在不存在记账差错的情况下,双方调节后的余额应核对相符。但是,经调整后重新求得的余额只起到对账的作用,不能作为调节账面余额的原始凭证。银行存款的真正实有数,银行存款日记账的登记,还应等收到有关原始凭证后再进行。

其他货币资金的清查可参照上述银行存款的清查方法。

(二)实物财产的清查

实物财产主要包括固定资产、原材料、在产品、库存商品等具有实物形态的各种财产。实物财产清查首先根据实物特点采取不同的清查方法,查明实物财产的实有数额,然后将实存数额与账面数额进行比较,找出差异,其清查的具体程序和方法如下:

(1)采用一定的清查方法清查盘点各种实物财产的实有数量。在盘点中,企业应根据被清查实物的不同特点,可以采用实地盘点法、技术推算法、抽样盘存法、函证核对法等方法进行清查。盘点实物时,为了明确经济责任,物资保管人员必须在场参加盘点工作。

(2) 登记"盘存单"。盘点结束后,盘点人员应根据财产物资的盘点记录,编制"盘存单"并由盘点人员和财产物资的保管人员及有关责任人签名盖章。盘存单的格式如表9.3所示。

表9.3 盘存单

单位名称：　　　　　　　　　　　　　　　　　　　　　　　　　　盘存时间：
财产类别：　　　　　　　　　　　　年　月　日　　　　　　　　　　存放地点：

编号	名称	计量单位	数量	单价	金额	备注

盘点人：(签章)　　　　　　　　　　实物保管人：(签章)

(3) 编制"实存账存对比表"。为了进一步查明实存数与账存数是否相符以及盘盈、盘亏的数额,还要根据"盘存单"和有关账簿记录,编制"实存账存对比表",其格式如表9.4所示。"实存账存对比表"是记录财产清查结果的原始凭证,也是分析盘盈和盘亏原因,明确经济责任,以及进行账务处理的重要依据。

表9.4 实存账存对比表

单位名称：　　　　　　　　　　　　年　月　日

编号	类别及名称	计量单位	单价	实存		账存		对比结果				备注
								盘盈		盘亏		
				数量	金额	数量	金额	数量	金额	数量	金额	

单位负责人：(签章)　　　　　　　　　　制表：(签章)

(三) 往来款项的清查

往来款项的清查,是指对本企业与其他企业或个人之间的各种往来款项的清查。清查的主要内容包括各种应收款、暂付款、应付款、暂收款等往来业务。对各项往来款项的清查,采用函证核对法。清查开始时,本单位应首先检查各项往来款项账目记录是否正确、完整,在查明本单位记录正确无误后,再填制对账单,分送有关单位进行核对。对账单一般应为一式两联,其中一联作为回单,对方单位核对相符,应在对账单上盖章后退回本单位,如有数字不符,应在对账单上注明不符的原因退回本单位,作为进一步核对的依据。

往来款项的清查结果,编制"往来款项清查表",填列各项债权、债务的金额。对于其中长期拖欠的账款应加以说明,另行处理,往来款项清查表的格式如表9.5所示。

表9.5 往来款项清查表

总分类账户		明细分类账户		清查结果		核对不符单位及原因					备注
名称	金额	名称	金额	核对不符金额	核对相符金额	核对不符单位	未达账项金额	争执款项金额	无法收回金额	无法支付金额	其他	

清查人员签章:　　　　　　　　　　　　　　　记账员签章:

第三节　财产清查结果的处理

一、财产清查结果处理的步骤

企业对财产清查中出现的盘盈或盘亏,都必须认真查明原因,并依据国家有关的会计准则和会计制度的规定进行处理。其处理步骤如下:

（一）查明出现差错的原因,提出处理意见

根据财产清查的情况,编制财产清查结果的"实存账存对比表",核对财产物资和往来款项的盘盈和盘亏数额,并认真分析、查明出现差错的原因,根据差错的原因提出具体处理意见。

（二）调整账目,做到账实相符

对于在财产清查过程中发现的差异以及对差异的处理意见,必须及时地调整有关账簿记录,以达到账实相符,应按以下两步骤进行账务处理:

第一步,在报请有关机构审批前,应将已经查明的财产物资盘盈、盘亏和毁损数额,根据"库存现金盘点报告表"和"账存实存对比表"等原始凭证所列明的数字资料,编制记账凭证,并登记账簿。

第二步,报请有关机构审批后,按照差异发生的原因和报经批准的结果,根据有关批文编制记账凭证,并据以登记入账。

二、财产清查结果的账务处理

（一）设置的账户

为了核算与监督企业在财产清查中财产物资的盘盈、盘亏和毁损情况,应当设置"待处理财产损溢"账户。该账户属于双重性质账户,其下设两个明细分类账户"待处理流动资产损溢"和"待处理固定资产损溢",以进行明细分类核算。借方登记各项财产物资的盘亏或毁损数额和各项盘盈财产物资报经批准后的转销数;贷方登记各项财产物资的盘盈额和各项盘亏或毁损财产物资报经批准后的转销数。月末若为借方余额,反映尚未处理的财产物资的净损失;若为贷方余额,则反映尚未处理的财产物资的净溢余。

注:对于固定资产盘盈一般通过"以前年度损益调整"账户。

(二)会计处理

1. 库存现金盘盈、盘亏会计处理

【例9.2】 某企业6月末盘点时,发现库存现金比账面余额少500元。经查明,其中100元是由于出纳员李芳责任所至,400元无法查明原因,经批准予以核销。该企业应编制的会计分录如下:

(1)批准处理前:
借:待处理财产损溢——待处理流动资产损溢　　500
　　贷:库存现金　　　　　　　　　　　　　　　　500

(2)审批后:
借:其他应收款——李芳　　　　　　　　　　　100
　　管理费用　　　　　　　　　　　　　　　　400
　　贷:待处理财产损溢——待处理流动资产损溢　500

【例9.3】 某企业6月末盘点库存现金发现有300元的现金溢余。经查明,其中200元是少付给张力的津贴,100元无法查明原因,经批准予以核销。该企业应编制的会计分录如下:

(1)批准处理前:
借:库存现金　　　　　　　　　　　　　　　　300
　　贷:待处理财产损溢——待处理流动资产损溢　300

(2)批准处理后:
借:待处理财产损溢——待处理流动资产损溢　　300
　　贷:其他应付款——应付现金溢余(张力)　　200
　　　　营业外收入——现金溢余　　　　　　　100

2. 原材料、库存商品盘盈、盘亏会计处理

【例9.4】 甲公司在年末财产清查中盘盈K材料800千克,价值为80 000元,经查属于材料收发料计量方面的错误。甲公司应编制的会计分录如下:

(1)批准处理前
借:原材料——K材料　　　　　　　　　　　　80 000
　　贷:待处理财产损溢——待处理流动资产损溢　80 000

(2)报批后,冲减管理费用:

借:待处理财产损溢——待处理流动资产损溢　80 000
　　贷:管理费用　　　　　　　　　　　　　　　　80 000

【例9.5】 甲公司在财产清查中发现盘亏 M 材料200公斤,实际单位成本100元。经查属于一般经营损失。甲公司应编制的会计分录如下:

(1)批准处理前:

借:待处理财产损溢——待处理流动资产损溢　20 000
　　贷:原材料——M 材料　　　　　　　　　　　　20 000

(2)批准处理后:

借:管理费用　　　　　　　　　　　　　　　　20 000
　　贷:待处理财产损溢——待处理流动资产损溢　20 000

【例9.6】 甲公司在财产清查中发现毁损 L 材料100公斤,实际单位成本100元,经查属于材料保管员的过失造成的,按规定由其个人赔偿7 000元,残料已办理入库手续,价值1 000元。

甲公司应编制的会计分录如下:

(1)批准处理前:

借:待处理财产损溢——待处理流动资产损溢　10 000
　　贷:原材料——L 材料　　　　　　　　　　　　10 000

(2)批准处理后:

①由过失人赔款部分:

借:其他应收款　　　　　　　　　　　　　　　7 000
　　贷:待处理财产损溢——待处理流动资产损溢　7 000

②残料入库:

借:原材料　　　　　　　　　　　　　　　　　1 000
　　贷:待处理财产损溢——待处理流动资产损溢　1 000

③材料毁损净损失:

借:管理费用　　　　　　　　　　　　　　　　2 000
　　贷:待处理财产损溢——待处理流动资产损溢　2 000

【例9.7】 因发生火灾,甲公司对财产盘点清查,发现一批库存乙产品毁损,实际成本为30 000元。甲公司应编制的会计分录如下:

(1)批准处理前:

借:待处理财产损溢——待处理流动资产损溢　30 000
　　贷:库存商品——乙产品　　　　　　　　　　30 000

(2)经核实保险公司赔偿24 000元,残料估价2 000元,报批后同意处理时:

借:其他应收款——应收保险公司赔款　　　24 000
　　原材料　　　　　　　　　　　　　　　2 000
　　营业外支出——非正常损失　　　　　　4 000
　贷:待处理损溢——待处理流动资产损溢　　　30 000

本章小结

【重点】 财产清查的概念;永续盘存制;财产清查的种类;财产清查的内容和方法;财产清查结果的会计处理。

【难点】 如何确认在实际工作中存在的未达账项的四种情况,以及如何编制银行存款余额调节表。

财产清查是会计核算的一种专门方法,也是财产管理的一项重要制度,它是为了核算和监督账簿记录的真实性和财产保管使用的合理性而进行的。

财产清查主要包括货币资金清查、实物财产的清查、往来款项的清查。其中,银行存款清查是重点内容之一。在对银行存款清查时出现的未达账项,通过编制银行存款余额调节表来调整。在编制时,应在企业银行存款日记账和银行对账单余额的基础上加上或减去未入账的款项,调整后余额应是相等的。值得注意的是:该表只起到对账作用,不能作为调节账面余额的原始凭证。但是"库存现金盘点报告表"和"实存账存对比表"是重要的原始凭证,也是调整账簿记录的重要依据。

自测题

一、单项选择题

1. 一般说来,单位撤销、合并或改变隶属关系时,要进行　　　　　　　　　　( )
   A. 全面清查　　　　　　　　B. 局部清查
   C. 实地盘点　　　　　　　　D. 技术推算

2. 财产物资的盘存制度一般有哪两种　　　　　　　　　　　　　　　　　　( )
   A. 永续盘存制和实地盘存制　　B. 实地盘点法和技术推算盘点法
   C. 实地盘点法和永续盘存制　　D. 实地盘存制和核对账目法

3. 库存现金清查时,在盘点结束后应根据盘点结果,编制　　　　　　　　　( )
   A. 盘存单　　　　　　　　　B. 实存账存对比表
   C. 库存现金盘点报告表　　　D. 对账单

4. 银行存款的清查,需要核对的账目是　　　　　　　　　　　　　　　　　( )
   A. 银行存款日记账和总分类账
   B. 银行存款日记账和银行存款收、付款凭证
   C. 银行存款日记账和银行对账单

D. 银行存款总分类账与银行存款收、付款凭证

5. 对于大量成堆难以逐一清点的财产物资的清查,一般采用的清查方法是 ( )
   A. 实地盘点法　　　　　　　　　B. 抽查检验
   C. 查询核对　　　　　　　　　　D. 技术推算盘点

6. 在记账无误的情况下,银行对账单与银行存款日记账账面余额不一致的原因是 ( )
   A. 应付账款　　　　　　　　　　B. 应收账款
   C. 外埠存款　　　　　　　　　　D. 未达账项

7. "现金盘点报告表"应由下列签章后方能生效的是 ( )
   A. 经理和出纳　　　　　　　　　B. 会计和盘点人员
   C. 盘点人员和出纳　　　　　　　D. 会计和出纳

8. 盘亏及毁损财产物资的数额中属于责任者个人赔偿的,应记入 ( )
   A. "其他应收款"账户的借方　　　B. "营业外支出"账户的借方
   C. "管理费用"账户的借方　　　　D. "其他应收款"账户的贷方

9. 实存账存对比表是调整账面记录的 ( )
   A. 记账凭证　　　　　　　　　　B. 转账凭证
   C. 原始凭证　　　　　　　　　　D. 累计凭证

10. 财产清查,按清查的时间可分为 ( )
    A. 全面清查和局部清查　　　　　B. 内部清查和外部清查
    C. 定期清查和不定期清查　　　　D. 全面清查和定期清查

二、多项选择题

1. 按清查的范围不同,可将财产清查分为 ( )
   A. 全面清查　　　　　　　　　　B. 局部清查
   C. 定期清查　　　　　　　　　　D. 内部清查
   E. 不定期清查

2. 核对账目的方法适用于 ( )
   A. 委托外单位加工、保管的材料、商品
   B. 现金的清查
   C. 银行存款的清查
   D. 往来款项的清查

3. 下列资产中,可以采用实地盘点法进行清查的是 ( )
   A. 固定资产　　　　　　　　　　B. 库存商品
   C. 库存现金　　　　　　　　　　D. 往来款项

4. 全面清查的时间一般是 ( )
   A. 年末　　　　　　　　　　　　B. 开展清产核资

C. 月末　　　　　　　　　　　D. 单位撤销、改变隶属关系

5. 财产物资清查中,常用的方法有　　　　　　　　　　　　　　　　　　　(　　)
   A. 技术推算盘点　　　　　　　B. 局部清查
   C. 实地盘点　　　　　　　　　D. 余额调节

6. 流动资产的盘亏和毁损,经批准后所编的会计分录,借方账户可能有　　　(　　)
   A. "管理费用"的借方　　　　　B. "营业外支出"的借方
   C. "待处理财产损溢"的贷方　　D. "其他应收款"的借方

7. 下列应进行不定期清查的有　　　　　　　　　　　　　　　　　　　　　(　　)
   A. 年末、季末、月末结账之后
   B. 更换财产物资保管人员时
   C. 审计机关、税务机关等上级部门进行财产监督检查时
   D. 财产物资发生意外损失时

8. 在财产清查结果的账务处理中,经批准计入"营业外支出"的盘亏损失有　(　　)
   A. 固定资产盘亏净损失　　　　B. 自然灾害造成的流动资产损失
   C. 盘亏的现金损失　　　　　　D. 意外事故造成的流动资产损失

9. 关于永续盘存制,下列说法正确的有　　　　　　　　　　　　　　　　　(　　)
   A. 便于加强会计监督
   B. 工作简单,工作量小
   C. 可随时给出账面结存数
   D. 可以查明发生账实不符的原因

10. 下列情况中,可用做原始凭证调整账簿记录的有　　　　　　　　　　　 (　　)
    A. 实存账存对比表　　　　　　B. 结算款项核对登记表
    C. 现金盘点报告表　　　　　　D. 银行存款余额调节表

三、判断题

1. 局部清查一般适用于对流动性较大的财产物资和货币资产的清查。　　　(　　)
2. 对于库存现金,只要保证出纳人员每天与日记账核对相符,就无需专门进行清查。(　　)
3. 对于银行存款的清查,一般采用实地盘点法。　　　　　　　　　　　　　(　　)
4. 对于银行已登记入账,企业尚未登记入账的未达账项,可以根据"银行存款余额调节表"登记入企业的银行存款日记账。　　　　　　　　　　　　　　　　　　　　　　(　　)
5. 存货的盘亏、毁损和报废,在报批后均应记入"管理费用"账户。　　　　(　　)
6. 定期清查可以是局部清查也可以是全面清查。　　　　　　　　　　　　　(　　)
7. 应收而收不回来的款项,经批准后直接记入"管理费用"账户。　　　　　(　　)
8. 实地盘存制下,财产清查的目的在于做到账实相符。　　　　　　　　　　(　　)
9. 永续盘存制下,财产清查的目的在于确定本期发出数。　　　　　　　　　(　　)

10. 盘存单、实存账存对比表、银行对账单都是财产清查中使用的原始凭证。   (   )

四、业务题

(一)根据下列资料,计算出"银行存款余额调节表"调节后的余额。

1. 某工业企业 2009 年 1 月 1 日 银行存款日记账余额为 350 000 元,1 月银行存款日记账所列经济业务如下：

   (1) 2 日开出转账支票 08725,支付购入机器设备款 20 000 元。

   (2) 5 日将收取的款项 50 000 元存入银行。

   (3) 20 日将销货款转账支票 40 000 元存入银行。

   (4) 23 日开出转账支票 08726,支付材料款 30 000 元。

   (5) 25 日开出现金支票 07928,支付机器设备修理费 1000 元。

   (6) 月末,银行存款日记账余额为 389 000 元。

2. 该企业 2009 年 1 月"银行对账单"期初余额为 350 000 元,1 月份所列事项如下：

   (1) 2 日收到企业转账支票 08725,支付购入机器设备款 20 000 元。

   (2) 5 日收到企业送存款项 50 000 元存入银行。

   (3) 20 日结算银行存款利息 3 000 元。

   (4) 23 日银行为企业代付水电费 4 000 元。

   (5) 25 日收到企业开出现金支票 07928,支付机器设备修理费 1 000 元。

   (6) 30 日代收外地企业汇来货款 50 000 元。

   (7) 月末余额为 428 000 元。

(二)企业在财产清查中发现下列事项。请根据下列资料,进行财产清查结果的账务处理。

   (1) 短缺原材料,3 600 元,经查明原因是自然灾害造成的。

   (2) 甲材料账面余额为 4 800 公斤,单价每公斤 5 元,共计 24 000 元。实存数为 4 790 公斤,盘亏 10 公斤,经查材料定额内损耗,批准后转入企业管理费用。

   (3) 乙材料账面余额为 6 500 公斤,单价每公斤 6 元,共计 3 900 元,实存数为 6 590 公斤,盘盈 90 公斤,经查系材料收发过程中计量误差所致,经批准后冲减管理费用。

   (4) 丙材料账面余额 365 公斤,单价 16 元,实存数为 360 公斤,盘亏 5 公斤,经查系保管人员责任心不强造成的损失,经批准责令其赔款,赔款尚未收到。

   (5) 企业发生火灾事故,仓库所存 A 产品 1 000 件全部报废,A 产品单位成本为 260 元,清理后收回残料 2 000 元入库。经批准,A 产品损失除由保险公司赔偿 10 万元外,其余的列作营业外支出。

第十章

Chapter 10

会计账务处理程序

【学习要点及目标】

本章主要介绍了账务处理程序的种类,记账凭证、科目汇总表、汇总记账凭证、日记总账的账务处理程序。通过本章的学习,应掌握根据各单位的具体情况设置账务处理程序,熟悉各种账务处理程序的操作技能、核算要求、步骤和使用范围;了解账务处理程序的意义和基本程序。

【导入案例】

孙林于2009年6月起,以每月2 000元租用一间店面,投资创办了天山公司,主要经营各种服装的批发兼零售。6月1日,孙林以公司名义在银行开立账户,存入100 000元作为经营所用资金。由于孙林不懂会计,他除了将平时发生业务的发票等单据都收集保存起来以外,没有作任何其他记录。到月底,孙林不清楚自己的资产、负债和所有者权益情况,也不清楚1个月的经营利润是多少? 但是,他发现公司的存款反而减少,只剩下58 987元外加643元现金。另外,尽管客户赊欠的13 300元尚未收现,但公司也有10 560元货款尚未支付。除此以外,实地盘点库存服装,价值25 800元,孙林开始怀疑自己的经营,前来向你请教。

对孙林保存的所有单据进行检查分析,汇总1个月情况显示:

(1) 投入资金存入银行,银行存款100 000元;

(2) 内部装修及必要的设施花费20 000元,均已用支票支付;

(3) 购入服装两批,每批价值35 200元,其中第一批用银行存款支付,第二批赊购全部款的30%;

(4) 1~31日零售服装收入共计38 800元,全部收现,存入开户银行;

(5) 1~31日批发服装收入共计25 870元,其中赊销13 300元,其余货款收入均存入开户银行;

(6) 支票支付店面租金2 000元；
(7) 本月从银行提取现金五次共计10 000元，其中4 000元支付雇员工资，5 000元用做个人生活费，其余备日常零星开支；
(8) 本月水电费543元，支票支付；
(9) 电话费220元，用现金支付；
(10) 其他各种杂费137元，用现金支付。

讨论题：试根据你所掌握的会计知识，结合天山公司的具体业务，替孙林设计一套合理的账务处理程序。

第一节　账务处理程序的意义和种类

账务处理程序，也称会计核算形式，是指在会计循环中，以账簿体系为核心，是把会计凭证、会计账簿、会计报表、记账形式和记账方法有机结合起来的方式。

一、账务处理程序的意义

建立科学、合理的账务处理程序，对科学组织会计核算工作具有重要的意义。

(1) 可以加强会计核算工作的分工协作，可以减少多余的核算手续和环节，节约人力物力和时间，提高工作效率。

(2) 可以保证会计数据在整个业务处理过程中准确、及时、完整地进行，为信息使用人提供所需要的会计核算资料，以指导和监督企业的生产经营活动，提高会计工作质量。

二、合理组织账务处理程序的要求

由于各单位的行业特点、业务性质、经营规模和管理要求不同，在选择会计账务处理程序时也会有所不同。因此，选择会计账务处理程序时，应符合以下要求：

(1) 符合本单位的实际特点。即在设计会计账务处理程序时，要考虑自身企业单位组织规模的大小，经济业务性质和简繁程度，同时，还要有利于会计工作的分工协作和内部控制。

(2) 满足各单位经营管理的需要。会计账务处理程序的建立，从填制会计凭证到登记账簿到编制会计报表为止，均应按照经营管理的需要进行设计，满足本单位各部门和社会各有关行业的信息需要。

(3) 符合成本效益原则。在保证会计信息质量的前提下，适当的会计账务处理程序还应当力求简化，减少不必要的环节，节约人力、物力和财力，不断地提高会计工作的效率。

三、账务处理程序的种类

由于会计凭证、账簿、会计报表的种类、格式、程序不同，尤其是登记总分类账簿的程序不同,形成了不同的会计账务处理程序,人们经过长期的会计工作实践经验,针对会计核算对象即资金运动内容的复杂程度的不同,结合我国会计工作的实际情况,逐渐形成了适应不同会计主体需要的账务处理程序。

目前,我国各经济单位通常采用的主要账务处理程序有四种:记账凭证账务处理程序,汇总记账凭证账务处理程序,科目汇总表账务处理程序和多栏式日记账账务处理程序。

第二节　记账凭证账务处理程序

一、记账凭证账务处理程序的特点

记账凭证账务处理程序是指对发生的经济业务,都要以原始凭证或原始凭证汇总表为依据编制记账凭证,根据记账凭证直接登记总分类账的一种账务处理程序。

记账凭证账务处理程序是会计核算中一种最基本的账务处理程序,其特点是直接根据记账凭证逐笔登记总分类账。

二、记账凭证账务处理程序下设置的会计凭证和会计账簿

在记账凭证账务处理程序下,记账凭证可以采用通用的格式,也可以按照所反映的经济业务的内容,采用收款凭证、付款凭证和转账凭证等专用记账凭证格式。

账簿一般设置库存现金日记账、银行存款日记款、明细分类账和总分类账。

库存现金日记账、银行存款日记账及总分类账均采用三栏式格式,明细分类账可根据经营管理的需要,采用三栏式、数量金额式和多栏式。

三、记账凭证账务处理程序的核算步骤

记账凭证账务处理程序的一般步骤如下:
①根据原始凭证编制汇总原始凭证,根据原始凭证或汇总原始凭证编制记账凭证;
②根据收款凭证和付款凭证登记库存现金日记账和银行存款日记账;
③根据原始凭证、汇总原始凭证、记账凭证登记各种明细分类账;
④根据所有记账凭证逐笔登记总分类账;
⑤期末,将库存现金日记账、银行存款日记账的余额及各种明细分类账的余额合计数分别与总分类账中有关账户的余额核对相符;
⑥期末,根据核对无误的总分类账和明细分类账的记录编制会计报表。

记账凭证账务处理程序如图 10.1 所示。

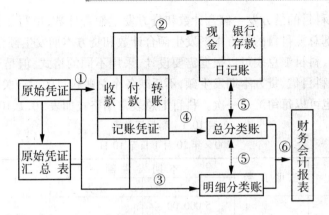

图 10.1　记账凭证账务处理程序

四、记账凭证账务处理程序的优缺点和适用范围

记账凭证账务处理程序的优点是：简单明了，易于理解，总分类账可以较详细地反映经济业务的发生情况。其缺点是：登记总分类账的工作量较大。该账务处理程序适用于规模较小、经济业务量较少和会计凭证不多的单位。

第三节　科目汇总表账务处理程序

一、科目汇总表账务处理程序的特点

科目汇总表账务处理程序是指对发生的经济业务，根据原始凭证或原始凭证汇总表编制记账凭证，再根据记账凭证定期编制科目汇总表，并据以登记总分类账的一种账务处理程序。这种账务处理程序的特点是：设置科目汇总表，并根据记账凭证定期编制科目汇总表，然后根据科目汇总表登记总分类账。

二、科目汇总表账务处理程序下设置的会计凭证和会计账簿

运用科目汇总表账务处理程序，在凭证和账簿的设置上，与记账凭证账务处理程序相同，仍需设置收款凭证、付款凭证、转账凭证、库存现金日记账、银行存款日记账以及各种明细分类账和总分类账。但是，为了定期将全部记账凭证进行汇总，还应另行设置"科目汇总表"。

库存现金日记账、银行存款日记账、总分类账一般均采用三栏式账页，明细分类账则可以根据管理的需要分别采用三栏式、数量金额式和多栏式账页。

三、科目汇总表的编制方法

科目汇总表的编制方法是：定期将一定时期内的全部记账凭证，按照相同会计科目归类，

汇总出每一个总账科目的借方发生额合计数和贷方发生额合计数,填写在科目汇总表的相关栏内,用以反映全部总账科目的借方本期发生额合计数和贷方本期发生额合计数。

在实际工作中,科目汇总表可以根据需要设计、采用不同的格式,但是所有格式的科目汇总表只反映各总账科目借、贷方本期发生额,不反映各个总账科目的对应关系。科目汇总表可以每月汇总一次,也可以每旬汇总一次。科目汇总表常用格式如表10.1、10.2所示。

表10.1 科目汇总表

200×年10月1日至10日　　　　　　　　　　　　　　科汇第×号

会计科目	总账页数	本期发生额		记账凭证起止号数
		借方	贷方	
库存现金	（略）	5 000.00		（略）
银行存款		8 000.00		
交易性金融资产			7 000.00	
应收票据		7 000.00		
应收账款		22 000.00	22 500.00	
预付账款			12 000.00	
其他应收款		9 500.00		
原材料			10 000.00	
合　　计		51 500.00	51 500.00	

表10.2 总分类账

会计科目：银行存款

200×年		凭证号数	摘　　要	借方	贷方	贷或借	余　额
月	日						
9	1		月初余额			借	200 000.00
	10	科汇×		22 000.00	22 500.00	借	199 500.00
				……	……		……
	31		本月发生额及余额	×××	×××		×××

四、科目汇总表账务处理程序的核算步骤

科目汇总表账务处理程序的一般步骤如下：

①根据各种原始凭证编制原始凭证汇总表,根据原始凭证、原始凭证汇总表编制记账凭证；

②根据收款凭证、付款凭证登记现金日记账和银行存款日记账；

③根据原始凭证、原始凭证汇总表和各种记账凭证登记各种明细分类账；

④根据各种记账凭证汇总编制科目汇总表；

⑤根据科目汇总表登记总分类账；
⑥期末，将库存现金日记账、银行存款日记账和各种明细分类账的余额与总分类账余额进行核对；
⑦期末，根据总分类账和明细分类账编制会计报表。
科目汇总表的账务处理程序如图10.2所示。

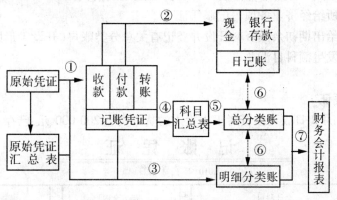

图10.2　科目汇总表的账务处理程序

五、科目汇总表账务处理程序的优缺点和适用范围

科目汇总表账务处理程序的优点是：依据科目汇总表登记总账，大大减少了登记总账的工作量；科目汇总表本身能对所编制的记账凭证起到试算平衡作用。其缺点是：由于科目汇总表本身只反映各科目的借、贷方发生额，根据其登记的总账，不能反映各账户之间的对应关系。该账务处理程序适用于规模较大、经济业务量较多的大中型企业。

六、科目汇总表实务训练

资料：东方公司2010年1月初有关总分类账户的余额如下：
1. 库存现金　　　　300元　　　2. 银行存款　　200 000元
3. 原材料　　　　4 700元　　　4. 固定资产　　160 000元
5. 生产成本　　　15 000元　　　6. 短期借款　　10 000元（宏大公司）
7. 应付账款　　　50 000元　　　8. 实收资本　　320 000元
该企业本月发生如下经济业务：
(1)2010年1月2日收到投资者王力投入的货币资金200 000元，已存入银行。
(2)2010年1月5日用银行存款40 000元购入设备一台。
(3)2010年1月8日从宏大公司购入丙材料一批，价款共计15 000元，款项尚未支付。
(4)2010年1月10日从银行提取现金2 000元。

(5)2010年1月12日从工商银行借入20 000元,期限6个月,利率8%,款项已存入银行。

(6)2010年1月13日用银行存款35 000元偿还宏大公司的货款。

(7)2010年1月14日生产A产品领用丙材料一批,价值12 000元。

(8)2010年1月15日用银行存款30 000元偿还短期借款。

要求:1. 根据所给经济业务填写记账凭证。

2. 根据给出期初余额资料开设并登记有关总分类账户(开设T形账户即可)。

3. 编制发生额科目汇总表。

解答:
1. 填写记账凭证

(1)2010年1月2日收到投资者王力投入的货币资金200 000元,已存入银行。

记 账 凭 证

2010年1月2日　　　　　　　　　　　　　字第1号

摘 要	会计科目		记账	借方金额	记账	贷方金额	
	总账科目	明细科目	√	亿千百十万千百十元角分	√	亿千百十万千百十元角分	
接受投资	银行存款	工行		２０００００００			附单据
	实收资本	王力				２０００００００	张
合　　　计				￥２０００００００		￥２０００００００	

会计主管 钱庄　　　记账 赵丽　　　出纳 张平　　　审核 孙佳　　　制单 陈红

(2)2010 年 1 月 5 日用银行存款 40 000 元购入设备一台。

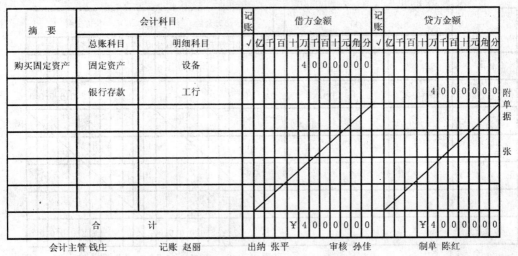

(3)2010 年 1 月 8 日从宏大公司购入丙材料一批,价款共计 15 000 元,款项尚未支付。

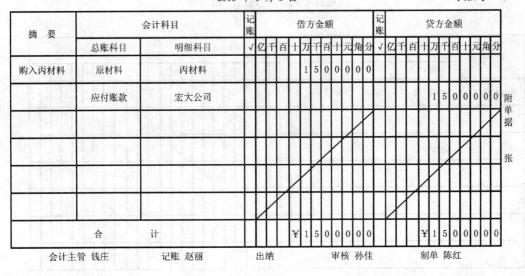

(4)2010 年 1 月 10 日从银行提取现金 2 000 元。

记 账 凭 证

2010 年 1 月 10 日　　　　　　　　　　　字第4号

摘 要	会计科目		记账	借方金额	记账	贷方金额
	总账科目	明细科目	√ 亿千百十万千百十元角分		√ 亿千百十万千百十元角分	
提现	库存现金			2 0 0 0 0 0		
	银行存款	工行				2 0 0 0 0 0
	合 计			¥ 2 0 0 0 0 0		¥ 2 0 0 0 0 0

会计主管 钱庄　　记账 赵丽　　出纳 张平　　审核 孙佳　　制单 陈红

附单据　　张

(5)2010 年 1 月 12 日从工商银行借入 20 000 元，期限 6 个月，利率 8%，款项已存入银行。

记 账 凭 证

2010 年 1 月 12 日　　　　　　　　　　　字第5号

摘 要	会计科目		记账	借方金额	记账	贷方金额
	总账科目	明细科目	√ 亿千百十万千百十元角分		√ 亿千百十万千百十元角分	
从银行借款	银行存款	工行		2 0 0 0 0 0 0		
	短期借款	工行				2 0 0 0 0 0 0
	合 计			¥ 2 0 0 0 0 0 0		¥ 2 0 0 0 0 0 0

会计主管 钱庄　　记账 赵丽　　出纳 张平　　审核 孙佳　　制单 陈红

附单据　　张

(6) 2010 年 1 月 13 日用银行存款 35 000 元偿还宏大公司的货款。

记 账 凭 证

2010 年 1 月 13 日　　　　　　　　　　　　　　　字第6号

摘要	会计科目		记账	借方金额	记账	贷方金额
	总账科目	明细科目	√ 亿千百十万千百十元角分	√ 亿千百十万千百十元角分
偿还货款	应付账款	宏大公司		3 5 0 0 0 0 0		
	银行存款	工行				3 5 0 0 0 0 0
合 计				¥ 3 5 0 0 0 0 0		¥ 3 5 0 0 0 0 0

附单据　张

会计主管 钱庄　　记账 赵丽　　出纳 张平　　审核 孙佳　　制单 陈红

(7) 2010 年 1 月 14 日生产 A 产品领用丙材料一批,价值 12 000 元。

记 账 凭 证

2010 年 1 月 14 日　　　　　　　　　　　　　　　字第7号

摘要	会计科目		记账	借方金额	记账	贷方金额
	总账科目	明细科目	√ 亿千百十万千百十元角分	√ 亿千百十万千百十元角分
生产领用原材料	生产成本	A产品		1 2 0 0 0 0 0		
	原材料	丙材料				1 2 0 0 0 0 0
合 计				¥ 1 2 0 0 0 0 0		¥ 1 2 0 0 0 0 0

附单据　张

会计主管 钱庄　　记账 赵丽　　出纳　　审核 孙佳　　制单 陈红

(8)2010年1月15日用银行存款 30 000 元偿还短期借款。

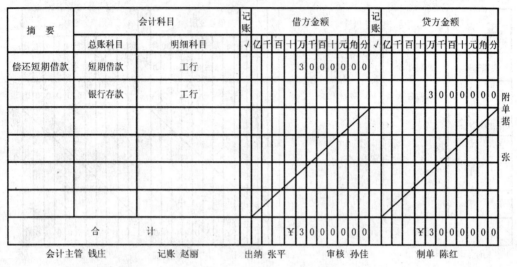

2. 开设"T"形总账账户

借方	库存现金		贷方
期初余额	300		
增加(4)	2 000		
本期发生额	2 000	本期发生额	
期末余额	2 300		

借方	银行存款		贷方
期初余额	200 000		
增加(1)	200 000	减少(2)	40 000
(5)	20 000	(4)	2 000
		(6)	35 000
		(8)	30 000
本期发生额	220 000	本期发生额	107 000
期末余额	313 000		

借方	原材料		贷方
期初余额	4 700		
增加(3)	15 000	减少(7)	12 000
本期发生额	15 000	本期发生额	12 000
期末余额	7 700		

借方	固定资产		贷方
期初余额	160 000		
增加(2)	40 000	减少	
本期发生额	40 000	本期发生额	
期末余额	200 000		

借方	生产成本		贷方
期初余额	15 000		
增加(7)	12 000	减少	
本期发生额	12 000	本期发生额	
期末余额	27 000		

借方	短期借款		贷方
		期初余额	10 000
减少(8)	30 000	增加(5)	20 000
本期发生额	30 000	本期发生额	20 000
		期末余额	0

借方	应付账款		贷方
		期初余额	50 000
减少(6)	35 000	增加(3)	15 000
本期发生额	35 000	本期发生额	15 000
		期末余额	30 000

借方	实收资本		贷方
		期初余额	320 000
减少		增加(1)	200 000
本期发生额		本期发生额	200 000
		期末余额	520 000

2. 编制发生额科目汇总表如表 10.3 所示。

表 10.3 科目汇总表

2010 年 1 月 15 日

会计科目	借　方	贷　方
库存现金	2 000	
银行存款	220 000	107 000
原材料	15 000	12 000
生产成本	12 000	
固定资产	40 000	
短期借款	30 000	20 000
应付账款	35 000	15 000
实收资本		200 000
合计	354 000	354 000

可见，本期借方发生额合计 354 000 = 本期贷方发生额合计 354 000

第四节 汇总记账凭证账务处理程序

一、汇总记账凭证账务处理程序的特点

汇总记账凭证账务处理程序是根据原始凭证或原始凭证汇总表编制记账凭证，定期根据记账凭证分类编制汇总收款凭证、汇总付款凭证和汇总转账凭证，再根据汇总记账凭证登记总分类账的一种账务处理程序。

它的特点是：先定期将记账凭证汇总编制成各种汇总记账凭证，然后根据各种汇总记账凭证登记总分类账。汇总记账凭证账务处理程序是在记账凭证账务处理程序的基础上发展起来的，它与记账凭证账务处理程序的主要区别是在记账凭证和总分类账之间增加了汇总记账凭证。

二、汇总记账凭证账务处理程序下设置的会计凭证和会计账簿

在汇总记账凭证账务处理程序下，记账凭证的设置有两种类型：

（1）设置现金收款凭证、现金付款凭证、银行收款凭证、银行付款凭证和转账凭证以登记明细分类账。

（2）设置汇总现金收款凭证、汇总现金付款凭证、汇总银行收款凭证、汇总银行付款凭证和汇总转账凭证据以登记总分类账。

在此种记账程序中，一般情况下不能编制贷方有多个对应账户的转账凭证，即只能编制一借一贷或多借一贷的记账凭证，而不能相反。

账簿设置为:现金日记账、银行存款日记账、总分类账。一般均采用三栏式账页,明细分类账则可以根据管理的需要分别采用三栏式、数量金额式和多栏式账页。

三、汇总记账凭证的编制方法

汇总记账凭证
- 汇总收款凭证——根据库存现金、银行存款的收款凭证分别以库存现金、银行存款账户借方设置,并按相应的贷方账户汇总。
- 汇总付款凭证——根据库存现金、银行存款的付款凭证分别以库存现金、银行存款账户贷方设置,并按相应的借方账户汇总。
- 汇总转账凭证——根据转账凭证按有关账户的贷方分别设置,并按相关的借方账户汇总,只能一贷一借或一贷多借。

汇总记账凭证及总分类账格式如表 10.4、10.5、10.6、10.7 所示。

表10.4 汇总收款凭证

借方科目:银行存款　　　　　200×年10月份　　　　　汇收第×号

贷方科目	金 额				总账页数	
	(1)	(2)	(3)	合计	借方	贷方
应收账款	8 000.00			8 000.00	(略)	(略)
主营业务收入	6 500.00	6 300.00	8 900.00	21 700.00	(略)	(略)
其他货币资金			2 000.00	2 000.00	×	×
合　计	14 500.00	6 300.00	10 900.00	31 700.00		

附注:(1)——上旬,记账凭证共×张;(2)——中旬,记账凭证共×张;(3)——下旬,记账凭证共×张。

表10.5 汇总付款凭证

贷方科目:银行存款　　　　　200×年9月份　　　　　汇付第×号

借方科目	金 额				总账页数	
	(1)	(2)	(3)	合计	借方	贷方
应付账款	5 000.00	4 500.00		9 500.00		
其他货币资金	11 200.00			11 200.00		
库存现金		2 000.00		2 000.00	(略)	(略)
材料采购	10 000.00		10 000.00	20 000.00		
管理费用		600.00		600.00		
合　计	26 200.00	7 100.00	10 000.00	43 300.00		

附注:(1)——上旬,记账凭证共×张;(2)——中旬,记账凭证共×张;(3)——下旬,记账凭证共×张。

表 10.6 汇总转账凭证

贷方科目：其他应收款　　　　　　　200×年10月份　　　　　　　　　汇转第×号

借方科目	金额				总账页数	
	(1)	(2)	(3)	合计	借方	贷方
管理费用						
合计						

附注：(1)——上旬，记账凭证共×张；(2)——中旬，记账凭证共×张；(3)——下旬，记账凭证共×张。

表 10.7 总分类账

会计科目：银行存款　　　　　　　　　　　　　　　　　　　　　　　　第××号

200×年		凭证号数	摘要	对方账户	借方	贷方	借或贷	余额
月	日							
9	1		期初余额				借	150 000.00
	30	汇收×		主营业务收入	21 700.00			
	30	汇收×		应收账款	8 000.00			
	30	汇收×		其他货币资金	2 000.00			
	30	汇付×		应付账款		9 500.00		
	30	汇付×		其他货币资金		11 200.00		
	30	汇付×		库存现金		2 000.00		
	30	汇付×		材料采购		20 000.00		
	30	汇付×		管理费用		600.00		
	30		本月发生额及余额		31 700.00	43 300.00	借	138 400.00

四、汇总记账凭证账务处理程序的核算步骤

汇总记账凭证账务处理程序的一般步骤如下：

①根据原始凭证编制汇总原始凭证，根据原始凭证或汇总原始凭证编制记账凭证；

②根据收款凭证、付款凭证逐笔登记现金日记账和银行存款日记账；

③根据原始凭证、汇总原始凭证和记账凭证，登记各种明细分类账；

④根据各种记账凭证编制有关汇总记账凭证；

⑤根据各种汇总记账凭证登记总分类账；

⑥期末，库存现金日记账、银行存款日记账和明细分类账的余额同有关总分类账的余额核对相符；

⑦期末，根据总分类账和明细分类账的记录，编制会计报表。

汇总记账凭证的账务处理程序如图10.3所示。

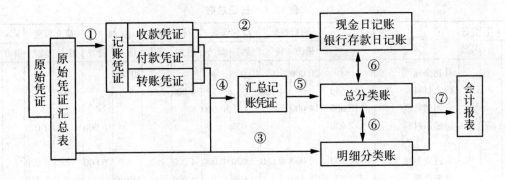

图 10.3　汇总记账凭证的账务处理程序

五、汇总记账凭证账务处理程序的优缺点和适用范围

汇总记账凭证账务处理程序的优点是:根据记账凭证按照科目对应关系进行归类、汇总编制的,因而便于了解有关科目之间的相互关系,同时,由于总分类账是根据汇总记账凭证于月终时一次登记入账,因此就克服了在记账凭证账务处理程序下,记账凭证逐笔登记总账的缺点,大大简化了总账登记工作。其缺点是:这种账务处理程序的汇总转账凭证是按贷方科目而不是按经济业务性质归类、汇总的,不利于日常核算工作的合理分工;同时,编制汇总记账凭证工作量也较大。因此,这种账务处理程序适用于规模较大、业务较多的企业。

第五节　日记总账账务处理程序

一、日记总账账务处理程序的特点

日记总账账务处理程序是指根据记账凭证逐笔登记日记总账的一种账务处理程序。其主要特点是:预先设置日记总账,然后直接根据记账凭证逐笔登记日记总账。日记总账账务处理程序的账簿凭证设置与前面几种核算基本相同,不同的是增加一本日记总账,将所有会计科目集中在一张账页上,日记总账格式如表10.8所示。

表10.8 日记总账

200×年		凭证号数	摘要	发生额	银行存款		应收账款		材料采购		原材料		应交税费		××××	
月	日				借方	贷方	借方	贷方	借方	贷方	借方	贷方	借方	贷方	借方	贷方
(略)	(略)	(略)	月初余额		20 000		10 000				40 000					
			购入材料	4 680		4 680			4 000				680			
			收回销货款	10 000	10 000			10 000								
			赊销原材料	7 020			7 020					6 000		1 020		
			……													
			本月发生额	21 700	10 000	4 680	7 020	10 000	4 000			6 000	680	1 020		
			月末余额		25 320		7 020		4 000		34 000			340		

二、日记总账账务处理程序下设置的会计凭证和会计账簿

在日记总账账务处理程序下,设置的记账凭证有收款凭证、付款凭证和转账凭证;设置的账簿有现金日记账和银行存款日记账。日记总账一般采用三栏式;各种明细分类账根据需要可采用三栏式、数量金额式和多栏式。

三、日记总账账务处理程序的核算步骤

日记总账账务处理程序的一般步骤如下:
①根据原始凭证或原始凭证汇总表填制记账凭证;
②根据收款凭证、付款凭证登记现金记账和银行存款日记账;
③根据记账凭证和原始凭证或原始凭证汇总表登记各种明细账;
④根据各种记账凭证逐笔登记日记总账;
⑤月末,将日记账和明细账的余额与日记总账的余额相核对;
⑥月末,根据日记总账和明细账的资料编制会计报表。
日记总账的账务处理程序如图10.4所示。

四、日记总账账务处理程序的优缺点和适用范围

日记总账账务处理程序的优点是:账务处理程序较简单,日记总账按全部总账科目分借贷方设置,且直接根据记账凭证逐日逐笔进行登记,便于了解各项经济业务的来龙去脉,有利于会计资料的分析和运用。其缺点是:所有会计科目都集中在一张账页上,总分类账的账页过长,不便于记账的分工与查阅。因而,其主要适用于规模小、经济业务简单、使用会计科目不多的企业。

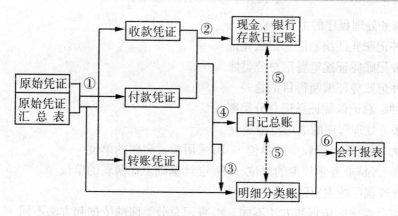

图 10.4　日记总账的账务处理程序

本章小结

【重点】 账务处理程序的种类;记账凭证账务处理程序、优缺点和适用范围;科目汇总表账务处理程序、优缺点和适用范围。

【难点】 记账凭证账务处理程序,汇总记账凭证账务处理程序,科目汇总表账务处理程序和日记总账账务处理程序的核算步骤。

账务处理程序也称会计核算组织程序,是指会计凭证、会计账簿、会计报表相结合的方式。即从原始凭证的整理、汇总,记账凭证的填制、汇总,日记账、明细分类账的登记,到会计报表的编制的步骤和方法。

账务处理程序主要有记账凭证账务处理程序、科目汇总表账务处理程序和汇总记账凭证账务处理程序等。各账务处理程序的区别主要在于登记总分类账的程序和方法不同。账务处理程序的基本模式可以概括为:原始凭证—记账凭证—会计账簿—会计报表。

由于各个单位的经济业务性质和特点不尽相同,经济业务规模大小也不一样,因此设置的账簿,凭证的种类、格式和各种账簿之间的相互关系以及与之相适应的记账程序和方法也不一样。不同的账簿组织、记账程序和记账方法相互结合,就形成各种不同的账务处理程序。每个单位应结合自己的实际状况和具体条件,采用或设计适合自身经济业务性质和特点的账务处理程序。

自测题

一、单项选择题

1. 企业的会计凭证、会计账簿、会计报表相结合的方式称为　　　　　　　　　(　)
   A. 账簿组织　　　　　　　　　　　B. 账务处理程序
   C. 记账工作步骤　　　　　　　　　D. 会计组织形式

2. 记账凭证账务处理程序的主要特点是 （　）
   A. 根据各种记账凭证编制汇总记账凭证
   B. 根据各种记账凭证逐笔登记总分类账
   C. 根据各种记账凭证编制科目汇总表
   D. 根据各种汇总记账凭证登记总分类账
3. 记账凭证账务处理程序的适用范围是 （　）
   A. 规模较大、经济业务量较多的单位　　B. 采用单式记账的单位
   C. 规模较小、经济业务量较少的单位　　D. 会计基础工作薄弱的单位
4. 各种账务处理程序的主要区别是 （　）
   A. 登记明细分类账的依据和方法不同　　B. 登记总分类账的依据和方法不同
   C. 总账的格式不同　　D. 编制会计报表的依据不同
5. 直接根据记账凭证逐笔登记总分类账，这种账务处理程序是 （　）
   A. 记账凭证账务处理程序　　B. 科目汇总表账务处理程序
   C. 汇总记账凭证账务处理程序　　D. 日记总账账务处理程序
6. 在会计凭证方面，科目汇总表账务处理程序比记账凭证账务处理程序增设了 （　）
   A. 原始凭证汇总表　　B. 汇总原始凭证
   C. 科目汇总表　　D. 汇总记账凭证
7. 既能汇总登记总分类账，减轻总账登记工作，便于查账、对账的账务处理程序是 （　）
   A. 科目汇总表账务处理程序　　B. 汇总记账凭证账务处理程序
   C. 多栏式日记账账务处理程序　　D. 日记总账账务处理程序
8. 科目汇总表账务处理程序的缺点是 （　）
   A. 登记总分类账的工作量大　　B. 程序复杂，不易掌握
   C. 不能对发生额进行试算平衡　　D. 不便于查账、对账
9. 下列各项中，属于最基本的账务处理程序的是 （　）
   A. 记账凭证账务处理程序　　B. 汇总记账凭证账务处理程序
   C. 科目汇总表账务处理程序　　D. 日记总账账务处理程序
10. 记账凭证账务处理程序的缺点是 （　）
    A. 不便于分工记账　　B. 程序复杂，不易掌握
    C. 不便于查账、对账　　D. 登记总分类账的工作量大

二、多项选择题

1. 记账凭证账务处理程序的优点有 （　）
   A. 登记总分类账的工作量较小
   B. 账务处理程序简单明了，易于理解
   C. 总分类账登记详细，便于查账、对账

D. 适用于规模大、业务量多的大中型企业
2. 关于科目汇总表账务处理程序,下列说法正确的有　　　　　　　　　　（　　）
   A. 科目汇总表账务处理程序可以大大减轻总账的登记工作
   B. 科目汇总表账务处理程序可以对发生额进行试算平衡
   C. 科目汇总表账务处理程序下,总分类账能明确反映账户的对应关系
   D. 科目汇总表账务处理程序适用于规模较大、业务量较多的大中型企业
3. 在不同账务处理程序下,下列可以作为登记总分类账依据的有　　　　（　　）
   A. 记账凭证　　　　　　　　　B. 科目汇总表
   C. 汇总记账凭证　　　　　　　D. 多栏式日记账
4. 汇总记账凭证账务处理程序下,会计凭证方面除设置收款凭证、付款凭证、转账凭证外,还应设置　　　　　　　　　　　　　　　　　　　　　　　　　　　　（　　）
   A. 科目汇总表　　　　　　　　B. 汇总收款凭证
   C. 汇总付款凭证　　　　　　　D. 汇总转账凭证
5. 汇总记账凭证账务处理程序的优点有　　　　　　　　　　　　　　　（　　）
   A. 总分类账的登记工作量相对较小　　B. 便于会计核算的日常分工
   C. 便于了解账户之间的对应关系　　　D. 编制汇总转账凭证的工作量较小

三、判断题

1. 记账凭证账务处理程序的特点是直接根据汇总记账凭证逐笔登记总分类账和明细分类账,它是最基本的账务处理程序。（　　）
2. 编制财务会计报告是企业账务处理程序的组成部分。（　　）
3. 汇总记账凭证账务处理程序是最基本的账务处理程序。（　　）
4. 汇总记账凭证账务处理程序可以简化总账的登记工作,所以适用于规模较大、经济业务较多的大中型企业单位。（　　）
5. 汇总记账凭证与科目汇总表的汇总方法基本相同。（　　）
6. 各种账务处理程序之间的主要区别在于登记总账的依据和方法不同。（　　）
7. 科目汇总表可以采用全部汇总和分类汇总两种汇总方式,但任何格式的科目汇总表都不能反映账户之间的对应关系。（　　）
8. 采用科目汇总表账务处理程序,总分类账、明细账和日记账均应根据科目汇总表登记。（　　）
9. 科目汇总表账务处理程序的缺点是不便于查对账目。（　　）

Chapter 11

第十一章

财务会计报告

【学习目的与要求】

本章主要介绍了会计核算的基本方法之——财务会计报告的编制。通过本章的学习,要求掌握财务会计报告的基本编制方法;了解财务会计报告的定义和作用;熟悉利润表和资产负债表的基本编制方法。

【导入案例】

诚信会计师事务所是一个由5名资深注册会计师为合伙人成立的,其注册资金为200万元,该会计师事务所拥有证券审计、资产评估、破产清算、债务重组等多项资质,拥有员工300多人,其中注册会计师100多人,员工中大学以上学历的占95%,2009年度的业务收入达5 000万元,公司的资产为2 500万元,是行业中的佼佼者。该事务所取得这样好业绩的主要原因是该团队人员素质高,业务能力强,能承办各类业务,其中有25%以上人员为行业的精英并有一定的社会的影响力。

讨论题:

1. 请问该事务所是否可以把其中25%的高级人才按一定的标准,估计价值纳入事务所的资产负债表中?
2. 应利用哪些信息评价该事务所的资产、负债和所有者权益状况?

第一节 财务会计报告概述

企业是通过财务报告向与其有利害关系的各个方面及有关政府部门提供对决策有用的会计信息,信息使用者主要包括股东、债权人、政府管理机构、管理部门等。企业所提供的会计信息主要有反映企业财务状况、经营成果和现金流量等方面的信息。

一、财务会计报告的概念

财务会计报告是企业对外提供的反映企业某一特定日期的财务状况和一定会计期间的经营成果、现金流量等会计信息的文件。企业在会计期末，必须根据账簿上记录的资料，按照规定的报表格式、内容和编制方法，作进一步的归集、加工和汇总，编制成相应的会计报表，全面、综合地反映企业的财务状况、经营成果和现金流量情况，为有关各方提供全面的信息。编制财务会计报告是会计核算的一种专门方法，也是会计核算的结果和最后环节。它有三层含义：

(1)对外报告，服务于投资者、债权人等外部使用者。

(2)综合反映企业的生产经营状况。

(3)必须是一个系统的文件，不应是零星或者不完整的信息。

财务会计报告使用者包括投资者、债权人、政府及其有关部门和社会公众等。满足投资者的信息需要是企业财务报告编制的首要出发点。

企业投资者，不仅包括现有的投资者还包括潜在的投资者。投资者主要关注投资的内在风险和投资报酬。企业现有投资者通过企业提供的财务会计报告，可以对企业的财务状况和经营成果进行分析，了解以前对企业的投资是否正确，是否继续进行投资，或为转移投资提供决策依据。同时，这些投资者还要通过企业的财务报表所提供的信息，监督企业的经营活动，以保护其自身的合法权益。企业的潜在投资者，利用企业所提供的财务报表，判断企业的发展前景，以确定是否对企业进行投资。

企业的债权人主要包括给企业提供资金的银行、企业债券的持有者、物资供应商以及其他的有关债权人。这些债权人，通过企业的财务报表可以了解企业的偿债能力和获利能力，有助于他们分析其所提供给企业的资金是否安全，为进一步放贷做出正确决策。

政府及相关机构(如财政、工商、税务、审计机关等行政管理部门)最关注的是国家资源的分配和运用情况，需要了解与经济政策(如税收政策)的制定、国民经济的统计等有关方面的信息。通过企业的财务报表，它们可以监督和检查各单位的资金使用情况、成本计算情况、利润形成和分配情况、税费计算和缴纳情况以及财经纪律的遵守情况等。社会公众也关心企业的生产经营活动，包括企业对所在地经济作出的贡献，如增加就业、刺激消费、提供社区服务等。因此在财务会计报告中提供有关企业发展前景及其能力、经济效益及其效率等方面的信息，可以满足社会公众的信息需要。

综上所述，财务会计报告是向投资者等财务会计报告使用者提供对决策有用信息的媒介和渠道，又是沟通投资者、债权人等使用者与企业管理层之间信息的桥梁和纽带。它不仅对投资者、债权人、政府及相关机构等的科学合理决策有重要作用，同时对评价企业的经营业绩，加强企业生产经营管理，寻找提高企业经济效益的途径和方法有着重要作用。

二、财务会计报告的披露方式

财务报告不仅包括财务报表,而且包括同会计信息系统有关的其他财务报告。换句话说,财务报告是由财务报表和其他财务报告组成的。虽然财务报告与财务报表的目的基本相同,在实务中人们对它们也没有加以严格区分,但根据现有会计准则和惯例,有些财务信息只能通过财务报表披露,而另一些财务信息则通过财务报表的附注或其他财务报告披露。

(一)财务报表

财务报表是对企业财务状况、经营成果和现金流量的结构性表述。财务报表是根据公认的会计原则,以表格形式概括反映企业财务状况和现金流动及经营绩效的书面文件。它由基本财务报表和作为财务报表组成部分的附注组成。

1. 基本财务报表

企业对外报送的基本报表,也称会计报表。主要包括资产负债表、利润表、现金流量表和所有者权益变动表。

2. 财务报表附注

财务报表附注是为了便于会计报表使用者理解会计报表内容,对在资产负债表、利润表、现金流量表和所有者权益变动表等报表中列示项目的文字描述或明细资料,以及对未能在这些报表中列示项目的说明等。报表附注一般应当按照下列顺序披露:

(1)财务报表的编制基础;

(2)遵循企业会计准则的声明;

(3)重要会计政策的说明,包括财务报表项目的计量基础和会计政策的确定依据等;

(4)重要会计估计的说明,包括下一会计期间内很可能导致资产、负债账面价值重大调整的会计估计的确定依据等;

(5)会计政策和会计估计变更及差错更正的说明;

(6)对已在资产负债表、利润表、现金流量表和所有者权益变动表中列示的重要项目的进一步说明,包括终止经营税后利润的金额及其构成情况等;

(7)或有和承诺事项,资产负债表日后非调整事项,关联方关系及其交易等需要说明的事项。

(二)其他财务报告

其他财务报告的编制基础与方式可以不受会计准则与制度的约束,而以灵活多样的形式提供各种相关的信息,包括定性信息和非会计信息。其他财务报告作为财务报表的辅助报告,提供的信息十分广泛。这种报告既包括货币性和定量信息,又包括非货币性和定性信息;既包括历史性信息,又包括预测性信息。根据现行国际惯例,其他财务报告的内容主要包括:管理当局的分析与讨论预测报告;物价变动影响报告;社会责任报告等。

三、会计报表的分类

会计报表是财务会计报告的主体,其主要分类有以下几种:

(一)按会计报表反映的经济内容分类

按会计报表反映的经济内容,可分为资产负债表、利润表、现金流量表和所有者权益变动表。

(二)按会计报表的编报时间分类

按会计报表的编报时间不同,可分为月度会计报表、季度会计报表、半年度会计报表和年度会计报表。其中,月报表要求简明扼要,及时反映;年报表要求列报完整,反映全面;而季报表和半年报表在会计信息详细程度方面则介于二者之间。

(三)按会计报表的编制单位分类

按会计报表编制的单位不同,可分为个别会计报表、合并会计报表和汇总会计报表。个别会计报表是指独立核算单位根据本企业会计核算资料和其他资料编制的会计报表。合并会计报表是以母公司和子公司组成的企业集团作为会计主体,根据母公司和子公司的个别财务报表,由母公司编制的反映母公司与其全部子公司形成的企业集团整体财务状况、经营成果和现金流量的财务报表。汇总会计报表是由上级主管部门根据所属单位上报的个别会计报表连同本级的会计报表经汇总编制的会计报表。

四、编制财务会计报告的基本要求

为了使会计报表能够最大限度地满足各有关方面的需要,实现编制会计报表的基本目的,充分发挥会计报表的作用,企业编制的会计报表应当符合以下要求:

(一)真实可靠

会计核算应当以实际发生的经济业务为依据,如实反映财务状况和经营成果。会计报表所提供会计信息的数据应具有可靠性,不应是有意伪造的数据。会计报表中报表项目的数字主要来源于账簿记录,即账簿记录是编制会计报表的主要依据。为了保证会计报表数字的真实可靠,会计报表必须根据核实无误的账簿及相关资料编制,不得以任何方式弄虚作假。如果会计报表提供的资料不真实,则不仅不能发挥会计报表的应有作用,而且还会由于错误的信息,导致会计报表使用者对企业的财务状况、经营成果和现金流量情况做出错误的评价与判断,致使报表使用者做出错误的决策。

(二)内容完整

企业会计报表所提供的财务会计信息资料应当全面地披露企业的财务状况、经营成果和现金流量情况,完整地反映企业财务活动的过程和结果,以满足各有关方面对财务会计信息资料的需要。为了保证会计报表的全面完整，企业在编制会计报表时，应当按照《企业会计准则——财务报表列报》和《企业会计准则——现金流量表》规定的格式和内容填报。会计报表必须按照规定的报表种类、格式和内容来编制，不应漏编、漏报报表，也不应漏填、漏列报表项目，对不同会计期间应当编报的各种会计报表，都应该编报齐全；对于应当填列的报表项目，无论是表内项目，或是补充资料，都必须填列齐全。

（三）计算准确

各种会计报表项目的金额主要是来自日常的账簿记录，但并不完全是账簿数字的简单转抄，有些报表项目的金额需要对有关会计科目的期末余额进行分析、计算整理后才能填列，而且报表项目之间也存在着一定的数量勾稽关系，所以要求采用正确的计算方法，保证计算结果准确。计算准确并不排除谨慎性原则的运用，即对结果不确定的交易和事项应正确运用谨慎性原则做出合理的判断，以便不高估企业的资产或收益，也不低估费用或损失。计算准确程度的确定，应以是否能最大限度地满足报表使用者经济决策的需要为标准。同时，要注意效益和成本之间的平衡，即会计信息资料所产生的效益，应当超过提供资料的成本。

（四）编报及时

企业会计报表所提供的信息资料，具有很强的时效性，只有及时编制和报送会计报表，才能为使用者提供决策所需的信息资料。否则，即使会计报表的编制非常真实可靠、全面完整并且具有可比性，但由于编制不及时，也可能失去其应有的价值，成为相关性较低甚至不相关的信息。随着市场经济和信息技术的迅速发展，会计报表的及时性要求将变得日益重要，所以，会计报表必须按规定的期限和程序，及时编制，及时报送，以便报表使用者及时了解编报单位的财务状况和经营成果，也便于有关部门及时进行汇总。为了及时编制会计报表，会计部门应当科学地组织好日常的会计核算工作，认真做好记账、算账、对账和财产清查等编表前的各项准备工作。同时，要加强与企业内部各有关部门的协作，相互配合，使日常核算工作能均衡有序地进行，会计报表能顺利编制完成，及时报送。

（五）指标可比

企业会计报表所提供的财务会计信息必须与报表使用者的决策需要相关，满足报表使用者的需要，并且会计报表项目的数据应当口径一致、相互可比，便于报表使用者在不同企业之间及同一企业前后各期之间进行比较。只有提供相关且可比的信息，才能使报表使用者分析企业在整个社会特别是同行业中的地位，了解、判断企业过去、现在的情况，预测企业未来的发展趋势，进而为报表使用者的决策服务。这就要求会计报表的编报单位应当把编制会计报表所采用的会计政策和这些政策的变更及其影响告诉使用者，在了解这些以后，报表使用者才能够鉴别同一个企业在不同时期的企业财务状况和经营成果。

第二节 资产负债表

一、资产负债表的概念和作用

资产负债表是反映企业某一特定日期（如月末、季末、年末等）财务状况的会计报表，是静态报表。具体来说，它反映的是一个企业资产、负债、所有者权益的总体规模及其构成。它是根据"资产＝负债＋所有者权益"这一会计等式，依照一定的分类标准和顺序，反映企业特定时日的全部资产、负债和所有者权益情况。资产负债表的作用，主要表现在以下几个方面。

（一）可了解企业拥有或控制的经济资源，有助于分析、预测企业的短期偿债能力

企业拥有和控制的经济资源，包括流动资产、固定资产及其他资产。但企业的短期偿债能力主要反映在资产的流动性上。所谓流动性是指资产转换成现金，或负债到期清偿所需的时间，也指企业资产及负债接近现金的程度。企业的流动资产，除现金及银行存款可随时偿还负债外，其余流动资产变现越快，其流动性越强，偿债能力也越强，一般来讲，有价证券投资的流动性比应收票据和应收账款强，而应收账款又比存货变现能力较强。可见通过对企业流动资产构成的分析，可以识别企业的短期偿债能力。短期偿债能力低，进而影响其长期偿债能力，所有者的投资报酬也没有保障，投资安全性也会受到威胁。

（二）可了解企业的资本结构，有助于分析识别企业的长期偿债能力及稳健性

企业资本结构是指权益总额中负债与所有者权益相对比例、负债总额中流动负债与长期负债相对比例、所有者权益中投入资本与留存收益相对比例，负债与所有者权益相对比例的大小，直接关系到债权人和所有者的相对投资风险，以及企业的长期偿债能力。负债比重越大、债权人的风险也越大，企业的长期偿债能力也越弱。相反，负债比重越小，企业长期偿债能力越强、债权人风险也越小，企业财务也越稳定。可见通过资本结构分析，可以识别企业的长期偿债能力及企业财务稳定性。

（三）可了解企业资源分布及对资产权益，有助于分析、识别企业的财务弹性

财务弹性指企业应付各种挑战、适应各种变化的能力，包括进攻性适应能力和防御性适应能力。所谓进攻性适应能力是指企业有财力去抓住突如其来的获利机遇及时进行投资；防御性适应能力是指企业在经营危机中生存下来的能力。财务弹性强的企业不仅能从有利可图的经营中获取大量资金，而且可以借助债权人的长期资金和所有者的追加资本获利，万一需要偿还巨额债务时，也不至于陷入财务困境，或遇到新的获利能力更高的投资机会时，也能及时筹集所需资金，调转船头。财务弹性来自于：资产的流动性或变现能力；由经营创造现金流入的能力；向投资者和债权人筹集资金的能力；在不影响正常经营的前提下变卖资产取得现金的能力。可见通过对资产分布状况及资产权益分析，有助于识别企业财务弹性。

(四)了解企业资源占用情况,有助于识别与评价企业的经营业绩

企业的经营业绩主要取决于其获利能力,企业获利能力大小,直接影响到企业盈利水平及其稳定的增长,也关系到能否向债权人还本付息和向投资者支付较高股利。但企业要获得盈利必须占用一定数额资源,资源分布状况对获利有一定影响,将获得利润与占用资源相比称为资金利润率或投资利用率,它是衡量获利能力的重要指标。可见通过了解企业资源状况,为分析、评价企业的经营业绩奠定了基础。

二、资产负债表的内容和结构

在我国,资产负债表采用账户式结构,报表分为左右两方,左方列示资产各项目,反映全部资产的分布及存在形态,大体按资产的流动性大小排列,流动性大的资产如"货币资金"、"交易性金融资产"等排在前面,流动性小的资产如"长期股权投资"、"固定资产"等排在后面;右方列示负债和所有者权益各项目,反映全部负债和所有者权益的内容及构成情况,一般按要求清偿时间的先后顺序排列:"短期借款"、"应付票据"、"应付账款"等需要在1年以内或者长于1年的1个正常营业周期内偿还的流动负债排在前面,"长期借款"等在1年以上才需偿还的非流动负债排在中间,在企业清算之前不需要偿还的所有者权益项目排在后面。资产负债表左右双方平衡,资产总计等于负债和所有者权益总计,即"资产=负债+所有者权益"。

此外,为了使使用者通过比较不同时点资产负债表的数据,掌握企业财务状况的变动情况及发展趋势,企业需要提供比较资产负债表。资产负债表还把各项目再分为"年初余额"和"期末余额"两栏分别填列。我国企业资产负债表格式如表11.1所示。

表11.1　资产负债表

编制单位:　　　　　　　　　　200×年12月31日　　　　　　　　　　会企01表
　　　　　　　　　　　　　　　　　　　　　　　　　　　　　　　　　单位:元

资产	期末余额	年初余额	负债和所有者权益(或股东权益)	期末余额	年初余额
流动资产:			流动负债:		
货币资金			短期借款		
交易性金融资产			交易性金融负债		
应收票据			应付票据		
应收账款			应付账款		
预付款项			预付账款		
应收利息			应付职工薪酬		
应收股利			应交税金		
其他应收款			应付利息		
存货			应付股利		

续表 11.1

资产	期末余额	年初余额	负债和所有者权益（或股东权益）	期末余额	年初余额
1年内到期的非流动性资产			其他应付款		
流动资产合计			1年内到期的非流动负债		
非流动性资产：			流动负债合计		
可供出售金融资产			非流动流动负债：		
持有至到期投资			长期借款		
长期应收款			应付债券		
长期股权投资			长期应付款		
投资性房地产			专项应付款		
固定资产			预计负债		
在建工程			递延所得税负债		
工程物资			其他非流动负债		
固定资产清理			非流动负债合计		
生产性生物资产			负债合计		
油气资产			所有者权益(或股东权益)：		
无形资产			实收资本(或股本)		
开发支出			资本公积		
商誉			减:库存股		
长期待摊费用			盈余公积		
递延所得税资产			未分配利润		
其他非流动资产			所有者权益（或股东权益）合计		
非流动资产合计					
资产合计			负债和所有者权益（或股东权益）总计		

三、资产负债表项目的填列方法

资产负债表的编制是以日常会计核算记录的数据为基础进行归类、整理和汇总,加工成报表项目的过程。我国资产负债表主体部分的各项目都列有"年初余额"和"期末余额"两个栏目,是一种比较资产负债表。

(一)表中各项目"年初余额"的填列

资产负债表"年初余额"栏内各项数字应根据上年末资产负债表"期末余额"栏内所列数字填列。如果本年度资产负债表规定的各个项目的名称和内容同上年度不相一致,应对上年末资产负债表各项目的名称和数字按照本年度的规定进行调整,填入表中"年初余额"栏内。

(二)表中各项目"期末数"的填列

资产负债表"期末余额"栏内各项数字,应根据会计账簿记录填列。其中,大多数项目可以直接根据账户余额填列,少数项目则要根据账户余额进行分析、计算后填列。具体填列方法有以下几种:

(1)根据总账科目余额填列。资产负债表中的有些项目,可直接根据有关总账科目的余额填列,如"交易性金融资产"、"短期借款"、"应付票据"、"应付职工薪酬"等;有些项目,则需根据几个总账科目的余额计算填列,如"货币资金",需根据"库存现金"、"银行存款"、"其他货币资金"三个总账科目余额合计填列。

(2)根据明细账科目余额计算填列。资产负债表中的有些项目,需要根据明细科目余额填列,如"应付账款",需要根据"应付账款"和"预付账款"两个科目所属明细科目的期末贷方余额计算填列。"应收账款",需要应根据"应收账款"和"预收账款"两个科目所属各明细科目的期末借方余额计算填列。

(3)根据总账科目和明细账科目余额分析计算填列。资产负债表的有些项目,需要依据总账科目和明细科目两者的余额分析填列,如"长期借款",应根据"长期借款"总账科目余额扣除"长期借款"科目所属的明细科目中将在资产负债表日起1年内到期且企业不能自主将清偿义务展期的长期借款后的金额填列。

(4)根据有关科目余额减去其备抵科目余额后的净额填列。如资产负债表中的"应收账款"、"长期股权投资"等,应根据"应收账款"、"长期股权投资"等科目的期末余额减去"坏账准备"、"长期股权投资减值准备"等科目余额后的净额填列;"固定资产"项目,应根据"固定资产"科目期末余额减去"累计折旧"、"固定资产减值准备"科目余额后的净额填列;"无形资产"项目,应根据"无形资产"科目期末余额减去"累计摊销"、"无形资产减值准备"科目余额后的净额填列。

(5)综合运用上述填列方法分析填列。如资产负债表中的"存货"项目需根据"原材料"、"库存商品"、"委托加工物资"、"周转材料"、"材料采购"、"在途物资"、"发出商品"、"材料成本差异"等总账科目期末余额的分析汇总数,再减去"存货跌价准备"备抵科目余额后的金额填列。

四、资产负债表编制实例

(一)有关资料

某企业为增值税一般纳税人,其20×9年各科目的期初余额和20×8年度发生经济业务如下。

1. 20×9年1月1日有关科目余额

20×9年1月1日有关科目余额如表11.2所示。

表 11.2 20×9 年 1 月 1 日科目余额表

单位：万元

科目名称	借方余额	贷方余额
库存现金	17 800	
银行存款	4 420 000	
交易性金融资产	90 000	
应收票据	1 476 000	
应收账款	1 800 000	
预付账款	600 000	
其他应收款	30 000	
原材料	10 160 000	
周转材料	1 500 000	
库存商品	4 520 000	
长期股权投资	1 500 000	
固定资产	8 000 000	
累计折旧		2 400 000
在建工程	9 000 000	
无形资产	4 800 000	
短期借款		1 800 000
应付票据		1 200 000
应付账款		1 722 800
其他应付款		1 300 000
应付职工薪酬		660 000
应交税费		219 600
长期借款		8 600 000
实收资本		29 100 000
盈余公积		911 400

2. 该企业 20×9 年度发生的经济业务

(1) 用银行存款支付购入原材料货款 1 498 800 元，增值税 254 796 元，材料已验收入库。

(2) 销售一批产品，销售价款 6 000 000 元，增值税为 1 020 000 元，该批产品已经发出，已收款项 7 020 000 元。该企业主营业务成本于期末一次结转。

(3) 购入不需安装的固定资产 1 台，价款及增值税共计 1 500 000 元，另外支付包装费、运费 6 000 元。全部款项均已用银行存款支付，固定资产已经交付使用。

(4) 用银行存款偿还长期借款 5 000 000 元。

(5) 企业一张面值为 1 200 000 元的不带息银行承兑汇票到期，票款已存入企业银行账户。

(6)分配应支付的职工工资 3 000 000 元。其中,生产人员工资 2 650 000 元,车间管理人员工资 160 000 元,行政管理部门人员工资 190 000 元。

(7)通过银行支付工资 3 000 000 元。

(8)提取应计入本期损益的短期借款利息 75 000 元。

(9)归还短期借款本息 1 575 000 元(其中利息 75 000 元已计提)。

(10)计提固定资产折旧 600 000 元,其中计入制造费用 480 000 元,管理费用 120 000 元。

(11)收到应收账款 306 000 元,存入银行。

(12)用银行存款支付产品展览费、广告费 420 000 元。

(13)企业销售产品一批,价款 1 500 000 元,增值税额为 255 000 元,货款尚未收到。

(14)本期主营业务应交纳的教育费附加为 12 000 元。

(15)用银行存款交纳增值税 600 000 元,教育费附加 12 000 元。

(16)收到外单位捐赠的现金 100 000 元存入银行。

(17)向希望工程捐款 60 000 元,用银行存款支付。

(18)预收客户购买产品的货款 500 000 元,存入银行。

(19)本月销售库存积压的一批材料,售价 200 000 元,增值税 34 000 元,款已存入银行。

(20)结转已销售库存材料的成本 170 000 元。

(21)结转本期主营业务成本 4 500 000 元。

(22)将各收支科目结转本年利润。

(23)计算并结转本期应交所得税(税率为 25%)。

(24)提取法定盈余公积金(提取比例为净利润的 10%)。

(25)从银行借入 3 年期借款 2 400 000 元,借款已存入企业银行账户。

(二)根据上述资料编制会计分录

(1)借:原材料　　　　　　　　　　　　　1 498 800
　　　应交税费——应交增值税(进项税额)　254 796
　　　贷:银行存款　　　　　　　　　　　　1 753 596

(2)借:银行存款　　　　　　　　　　　　　7 200 000
　　　贷:主营业务收入　　　　　　　　　　6 000 000
　　　　　应交税费——应交增值税(销项税额)　1 200 000

(3)借:固定资产　　　　　　　　　　　　　1 506 000
　　　贷:银行存款　　　　　　　　　　　　1 506 000

(4)借:长期借款　　　　　　　　　　　　　5 000 000
　　　贷:银行存款　　　　　　　　　　　　5 000 000

(5)借:银行存款　　　　　　　　　　　　　1 200 000

贷:应收票据　　　　　　　　　　　　　　　　1 200 000
(6)借:生产成本　　　　　　　　　　　　　　　　2 650 000
　　　制造费用　　　　　　　　　　　　　　　　　160 000
　　　管理费用　　　　　　　　　　　　　　　　　190 000
　　　贷:应付职工薪酬　　　　　　　　　　　　　3 000 000
(7)借:应付职工薪酬　　　　　　　　　　　　　　3 000 000
　　　贷:银行存款　　　　　　　　　　　　　　　3 000 000
(8)借:财务费用　　　　　　　　　　　　　　　　　75 000
　　　贷:应付利息　　　　　　　　　　　　　　　　75 000
(9)借:短期借款　　　　　　　　　　　　　　　　1 500 000
　　　应付利息　　　　　　　　　　　　　　　　　 75 000
　　　贷:银行存款　　　　　　　　　　　　　　　1 575 000
(10)借:制造费用——折旧费　　　　　　　　　　　480 000
　　　 管理费用——折旧费　　　　　　　　　　　 120 000
　　　 贷:累计折旧　　　　　　　　　　　　　　　600 000
(11)借:银行存款　　　　　　　　　　　　　　　　306 000
　　　 贷:应收账款　　　　　　　　　　　　　　　306 000
(12)借:销售费用　　　　　　　　　　　　　　　　420 000
　　　 贷:银行存款　　　　　　　　　　　　　　　420 000
(13)借:应收账款　　　　　　　　　　　　　　　1 755 000
　　　 贷:主营业务收入　　　　　　　　　　　　1 500 000
　　　　　应交税费——应交增值税(销项税额)　　 255 000
(14)借:营业税金及附加　　　　　　　　　　　　　 12 000
　　　 贷:应交税费——应交教育费附加　　　　　　12 000
(15)借:应交税费——应交增值税(已交税金)　　　 600 000
　　　 应交税费——应交教育费附加　　　　　　　 12 000
　　　 贷:银行存款　　　　　　　　　　　　　　　612 000
(16)借:银行存款　　　　　　　　　　　　　　　　100 000
　　　 贷:营业外收入　　　　　　　　　　　　　　100 000
(17)借:营业外支出　　　　　　　　　　　　　　　 60 000
　　　 贷:银行存款　　　　　　　　　　　　　　　 60 000
(18)借:银行存款　　　　　　　　　　　　　　　　500 000
　　　 贷:预收账款　　　　　　　　　　　　　　　500 000
(19)借:银行存款　　　　　　　　　　　　　　　　234 000

	贷:其他业务收入	200 000
	应交税费——应交增值税(销项税额)	34 000
(20)	借:其他业务成本	170 000
	贷:原材料	170 000
(21)	借:主营业务成本	4 500 000
	贷:库存商品	4 500 000
(22)	借:主营业务收入	7 500 000
	其他业务收入	200 000
	营业外收入	100 000
	贷:本年利润	7 800 000
	借:本年利润	5 547 000
	贷:主营业务成本	4 500 000
	其他业务成本	170 000
	销售费用	420 000
	营业税金及附加	12 000
	管理费用	310 000
	财务费用	75 000
	营业外支出	60 000

(23) 本年应交所得税 = (7 800 000 − 5 547 000) × 25% = 563 250

借:所得税费用		563 250
贷:应交税费——应交所得税		563 250
借:本年利润		563 250
贷:所得税费用		563 250

(24) 本年应提法定盈余公积 = 1 689 750 × 10% = 168 975

借:利润分配——提取法定盈余公积	168 975
贷:盈余公积——法定盈余公积	168 975
(25) 借:银行存款	2 400 000
贷:长期借款	2 400 000

(三) 20×9年12月31日有关科目余额

20×9年12月31日有关科目余额如表11.3所示。

表 11.3　20×9 年 12 月 31 日科目余额表

单位：万元

科目名称	借方余额	贷方余额
库存现金	17 800	
银行存款	2 253 404	
交易性金融资产	90 000	
应收票据	276 000	
应收账款	3 249 000	
预付账款	600 000	
其他应收款	30 000	
原材料	11 488 000	
周转材料	1 500 000	
库存商品	20 000	
长期股权投资	1 500 000	
固定资产	9 506 000	
累计折旧		3 000 000
在建工程	9 000 000	
无形资产	4 800 000	
短期借款		300 000
应付票据		1 200 000
应付账款		1 722 800
其他应付款		1 300 000
应付职工薪酬		660 000
应交税费		1 237 054
长期借款		6 000 000
实收资本		29 100 000
盈余公积		1 080 375
未分配利润		1 520 775

（四）根据该企业 20×9 年 12 月 31 日各账户的期末余额编制资产负债表

根据该企业 20×9 年 12 月 31 日各账户的期末余额编制资产负债表，如表 11.4 所示。

表 11.4 资产负债表

会企 01 表

编制单位： 20×9 年 1 月 1 日 单位：元

资产	期末余额	年初余额	负债和所有者权益（或股东权益）	期末余额	年初余额
流动资产：			流动负债：		
货币资金	2 271 204	4 437 800	短期借款	300 000	1 800 000
交易性金融资产	90 000	900 000	交易性金融负债		
应收票据	276 000	1 476 000	应付票据	1 200 000	1 20 0000
应收账款	3 249 000	1 800 000	应付账款	1 722 800	1 722 800
预付账款	600 000	600 000	预收账款	500 000	
应收利息			应付职工薪酬	660 000	660 000
应收股利			应交税费	1 237 054	219 600
其他应收款	30 000	30 000	应付利息		
存货	16 298 800	16 180 000	应付股利		
1 年内到期的非流动资产			其他应付款	1 300 000	1 300 000
其他流动资产			1 年内到期的非流动负债		
流动资产合计	22 815 004	24 613 800	其他流动负债		
非流动资产：			流动负债合计	6 919 854	6 902 400
可供出售金融资产			非流动负债：		
持有至到期投资			长期借款	6 000 000	8 600 000
长期应收款			应付债券		
长期股权投资	1 500 000	1 500 000	长期应付款		
投资性房地产			专项应付款		
固定资产	6 506 000	5 600 000	预计负债		
在建工程	9 000 000	9 000 000	递延所得税负债		
工程物资			其他非流动负债		
固定资产清理			非流动负债合计：	6 000 000	8 600 000
生产性生物资产			负债合计	12 919 854	15 502 400
油气资产			所有者权益（或股东权益）		
无形资产	4 800 000	4 800 000	实收资本（或股本）	29 100 000	29 100 000
开发支出			资本公积		
商誉			减：库存股		
长期待摊费用			盈余公积	1 080 375	911 400
递延所得税资产			未分配利润	1 520 775	
其他非流动资产			所有者权益（或股东权益）合计	31 701 150	30 011 400
非流动资产合计	21 806 000	20 900 000			
资产总计	44 621 004	45 513 800	负债和所有者权益（或股东权益）总计	44 621 004	45 513 800

第三节 利润表

一、利润表的概念和作用

利润表是反映企业在一定会计期间的经营成果的报表。一定会计期间可以是一个月、一个季度、半年、一年,因此,利润表属于动态报表。利润表作用主要表现在以下几个方面:

1. 为企业外部投资者以及信贷者做投资决策及贷款决策提供依据。通过利润表,可以计算利润的绝对值指标,也可以计算投资报酬率以及资金利润率等相对值指标,并通过前后两个时期以及同一时期不同行业或企业的同类指标的比较分析,了解该企业的获利水平、利润增长变化趋势,持续经营能力等,据此决定是否投资、贷款。

2. 为企业内部管理层的经营决策提供依据。利润表综合地反映营业收入、营业成本以及期间费用等,通过比较分析利润的增减变化,可以寻求其根本原因,以便在价格、品种、成本、费用及其他方面揭露矛盾,找出差距,明确今后工作重点,以便做出正确的决策。

3. 为企业内部业绩考核提供重要的依据。企业一定时期的利润总额集中地反映了各部门工作的结果,它既是制订各部门工作计划的参考,又是考核各部门计划执行结果的重要依据,利润表内所提供的相关数据可以评判各部门工作的业绩,以便做出正确的奖罚决策。

二、利润表的内容和结构

利润表的格式主要有多步式和单步式两种,我国采用多步式格式。

多步式利润表是按照利润的性质,分层次计算利润的一种利润表。多步式利润表是以"利润总额=营业利润+营业外收入-营业外支出"这一公式为理论基础,将企业利润的构成内容分别列示,反映企业利润的形成过程。多步式利润表的格式如表11.5所示。

表11.5 利润表

会企02表

编制单位: 200×年 月 单位:元

项目	本期金额	上期金额
一、营业收入		
减:营业成本		
营业税金及附加		
销售费用		
管理费用		
财务费用		
资产减值损失		

219

续表 11.5

项　　目	本期金额	上期金额
加：公允价值变动收益（损失以"－"号填列）		
其中：对联营企业和合营企业的投资收益		
二、营业利润（亏损以"－"号填列）		
加：营业外收入		
减：营业外支出		
其中：非流动资产处置损失		
三、利润总额（亏损总额以"－"号填列）		
减：所得税费用		
四、净利润（净亏损以"－"号填列）		
五、每股收益		
（一）基本每股收益		
（二）稀释每股收益		

单步式利润表是将所有收入和所有费用分别加以汇总，用收入合计减去费用合计，从而得出本期利润。单步式利润表编制方法简单，收入支出归类清楚，但缺点是收入、费用的性质不加区分，不利于报表分析，单步式利润表的格式如表 11.6 所示。

表 11.6　单步式利润表

200×年度

项　　目	本月数	本年累计数
一、收入		
营业收入		
投资收益		
公允价值变动收益		
营业外收入		
收入合计		
二、费用		
营业成本		
营业税金及附加		
销售费用		
管理费用		
服务费用		
资产减值损失		
营业外支出		
所得税费用		
费用合计		
三、净利润		

三、利润表项目的填列方法

利润表各项目均需填列"本期金额"和"上期金额"两栏。

在编制中期利润表时,"本期金额"栏应分为"本期金额"和"年初至本期末累计发生额"两栏,分别填列各项目本中期(月、季或半年)各项目实际发生额,以及自年初起至本中期(月、季或半年)末止的累计实际发生额。"上期金额"栏应分为"上年可比本中期金额"和"上年初至可比本中期末累计发生额"两栏,应根据上年可比中期利润表"本期金额"下对应的两栏数字分别填列。上年度利润表与本年度利润表的项目名称和内容不一致的,应对上年度利润表项目的名称和数字按本年度的规定进行调整。年终结账时,由于全年的收入和支出已全部转入"本年利润"科目,并且通过收支对比结出本年净利润的数额。因此,应将年度利润表中的"净利润"数字,与"本年利润"科目结转到"利润分配——未分配利润"科目的数字相核对,检查账簿记录和报表编制的正确性。

利润表"本期金额"、"上期金额"栏内各项数字,除"每股收益"项目外,应当按照相关科目的发生额分析填列。

四、利润表编制实例

(一)资料

根据本章第二节中资产负债表编制实例的资料,该企业 20×9 年度利润表科目本年累计发生额资料如表 11.7 所示。

表 11.7　20×9 年度利润表项目本年累计发生额

单位:元

科目名称	借方发生额	贷方发生额
主营业务收入		7 500 000
其他业务收入		200 000
营业税金及附加	12 000	
主营业务成本	4 500 000	
其他业务成本	170 000	
销售费用	420 000	
管理费用	310 000	
财务费用	75 000	
营业外收入		100 000
营业外支出	60 000	
所得税费用	563 250	

(二)根据资料编制该企业20×9年度利润表

该企业20×9年度利润表如表11.8所示。

表11.8 利润表

编制单位:　　　　　　　　　　20×9年度　　　　　　　　　会企02表
单位:元

项　目	本期金额	上期金额
一、营业收入	7 700 000	
减:营业成本	4 670 000	
营业税金及附加	12 000	
销售费用	420 000	
管理费用	310 000	
财务费用	75 000	
资产减值损失		
加:公允价值变动收益(损失以"-"号填列)		
其中:对联营企业和合营企业的投资收益		
二、营业利润(亏损以"-"号填列)	2 213 000	
加:营业外收入	100 000	
减:营业外支出	60 000	
其中非流动资产处置损失		
三、利润总额(亏损总额以"-"号填列)	2 253 000	
减:所得税费用	563 250	
四、净利润(净亏损以"-"号填列)	1 689 750	
五、每股收益		
(一)基本每股收益		
(二)稀释每股收益		

第四节　现金流量表

一、现金流量表的概念和作用

现金流量表是反映企业在一定会计期间现金和现金等价物流入和流出的报表,是动态会计报表。现金是指企业库存现金以及可以随时用于支付的存款,包括库存现金、银行存款和其他货币资金(如外埠存款、银行汇票存款、银行本票存款等)等。不能随时用于支付的存款不属于现金。

现金等价物是指企业持有的期限短、流动性强、易于转换为已知金额现金、价值变动风险很小的投资。期限短,一般是指从购买日起三个月内到期。现金等价物通常包括三个月内到期的债券投资等。权益性投资变现的金额通常不确定,因而不属于现金等价物。企业应当根据具体情况,确定现金等价物的范围,一经确定不得随意变更。

现金流量表的作用主要表现在以下几个方面。

（一）可以提供客观评价企业整体财务状况的现金流量信息

在市场经济条件下,竞争异常激烈,企业要想在竞争中获胜,不但要想方设法把自身的产品销售出去,更重要的是要及时收回销货款,以便以后的经营活动能够顺利开展。除了经营活动以外,企业所从事的投资和筹资活动同样影响着现金流量,从而影响财务状况。如果企业进行投资,而没能取得相应的现金回报,就会对企业的财务状况(如流动性、偿债能力)产生不良影响。从企业的现金流量情况看,可以大致判断其经营周转是否顺畅。

（二）可以判断企业的支付能力和偿债能力以及企业对外部资金的需求情况

评估企业是否具有这些能力,最直接有效的方法是分析现金流量。现金流量表披露的经营活动净现金流入本质上代表了企业自我创造现金的能力,尽管企业取得现金还可以通过对外筹资的途径,但债务本金的偿还最终取决于经营活动的净现金流入。因此,经营活动的净现金流入占总来源的比例越高,企业的财务基础越稳固,支付能力和偿债能力才越强,现金流量表有助于达到这一目的。

（三）可以了解企业当前的财务状况和预测企业未来的发展情况

如果现金流量表中各部分现金流量结构合理,现金流入和流出无重大异常波动,一般来说企业的财务状况基本良好。另一方面,企业最常见的失败原因、症状也可在现金流量表中得到反映,比如,从投资活动流出的现金、筹资活动流入的现金和筹资活动流出的现金中,可以分析企业是否过度扩大经营规模,通过比较当期净利润与当期净现金流量,可以看出非现金流动资产吸收利润的情况,评价企业产生净现金流量的能力是否偏低。

（四）便于报表使用者评估报告期内与现金有关或无关的投资及筹资活动

现金流量表除披露经营活动的现金流量、投资及筹资活动的现金流量外,在全部资金概念下,还披露与现金无关的投资及筹资活动,这对报表使用者制订合理的投资与信贷决策,评估企业未来的现金流量同样具有重要意义。

二、现金流量表的内容和结构

我国企业现金流量表采用报告式结构,分类反映经营活动产生的现金流量、投资活动产生的现金流量和筹资活动产生的现金流量,最后汇总反映企业某一期间现金及现金等价物的净增加额。在有外币现金流量及境外子公司现金流量折算为人民币的企业,还应设置"汇率变动对现金及现金等价物的影响"项目。

经营活动,是指企业投资活动和筹资活动以外的所有交易和事项。经营活动产生的现金流量主要包括销售商品或提供劳务、购买商品、接受劳务、支付工资和交纳税款等流入和流出的现金和现金等价物。

投资活动,是指企业长期资产的购建和不包括在现金等价物范围内的投资及其处置活动。投资活动产生的现金流量主要包括购建固定资产、处置子公司及其他营业单位等流入和流出的现金和现金等价物。

筹资活动,是指导致企业资本及债务规模和构成发生变化的活动。筹资活动产生的现金流量主要包括吸收投资、发行股票、分配利润、发行债券、偿还债务等流入和流出的现金和现金等价物。偿付应付账款、应付票据等商业应付款等属于经营活动,不属于筹资活动。

企业应当在附注中披露与现金流量表有关的补充资料:①将净利润调节为经营活动现金流量;②不涉及现金收支的重大投资和筹资活动;③现金及现金等价物净变动情况。

我国企业现金流量表的格式如表11.9所示。

三、现金流量表的填列方法

（一）经营活动产生的现金流量

(1)"销售商品、提供劳务收到的现金"项目,反映企业本年销售商品、提供劳务收到的现金,以及以前年度销售商品、提供劳务本年收到的现金(包括应向购买者收取的增值税销项税额)和本年预收的款项,减去本年销售本年退回商品和以前年度销售本年退回商品支付的现金。企业销售材料和代购代销业务收到的现金,也在本项目反映。

(2)"收到的税费返还"项目,反映企业收到返还的所得税、增值税、营业税、消费税、关税和教育费附加等各种税费返还款。

(3)"收到其他与经营活动有关的现金"项目,反映企业经营租赁收到的租金等其他与经营活动有关的现金流入,金额较大的应当单独列示。

(4)"购买商品、接受劳务支付的现金"项目,反映企业本年购买商品、接受劳务实际支付的现金(包括增值税进项税额),以及本年支付以前年度购买商品、接受劳务的未付款项和本年预付款项,减去本年发生的购货退回收到的现金。企业购买材料和代购代销业务支付的现金,也在本项目反映。

(5)"支付给职工以及为职工支付的现金"项目,反映企业本年实际支付给职工的工资、奖金、各种津贴和补贴等职工薪酬(包括代扣代缴的职工个人所得税)。

(6)"支付的各项税费"项目,反映企业本年发生并支付、以前各年发生本年支付及预交的各项税费,包括所得税、增值税、营业税、消费税、印花税、房产税、土地增值税、车船使用税、教育费附加等。

(7)"支付其他与经营活动有关的现金"项目,反映企业经营租赁支付的租金、支付的差旅费、业务招待费、保险费、罚款支出等其他与经营活动有关的现金流出,金额较大的应当单独列示。

(二)投资活动产生的现金流量

(1)"收回投资收到的现金"项目,反映企业出售、转让到期收回除现金等价物以外的对其他企业长期股权投资而收到的现金,但处置子公司及其他营业单位收到的现金净额除外。

(2)"取得投资收益收到的现金"项目,反映企业除现金等价物以外的对其他企业的长期股权投资等分回的现金股利和利息等。

(3)"处置固定资产、无形资产和其他长期资产收回的现金净额"项目,反映企业出售、报废固定资产、无形资产和其他长期资产所取得的现金(包括因资产毁损而收到的保险赔偿收入),减去为处置这些资产而支付的有关费用后的净额。

(4)"处置子公司及其他营业单位收到的现金净额"项目,反映企业处置子公司及其他营业单位所取得的现金,减去相关处置费用以及子公司及其他营业单位持有的现金和现金等价物后的净额。

(5)"收到其他与投资活动有关的现金"项目,反映企业除上述项目外收到的其他与投资活动有关的现金,其他现金流入如果价值较大的,应当单独列项目反映。

(6)"购建固定资产、无形资产和其他长期资产支付的现金"项目,反映企业购买、建造固定资产、取得无形资产和其他长期资产所支付的现金(含增值税款等),以及用现金支付的应由在建工程和无形资产负担的职工薪酬。

(7)"投资支付的现金"项目,反映企业取得除现金等价物以外的对其他企业的长期股权投资所支付的现金以及支付的佣金、手续费等附加费用,但取得子公司及其他营业单位支付的现金净额除外。

(8)"取得子公司及其他营业单位支付的现金净额"项目,反映企业购买子公司及其他营业单位购买出价中以现金支付的部分,减去子公司及其他营业单位持有的现金和现金等价物后的净额。

(9)"支付其他与投资活动有关的现金"项目,反映企业除上述项目外支付的其他与投资活动有关的现金,金额较大的应当单独列示。

(三)筹资活动产生的现金流量

(1)"吸收投资收到的现金"项目,反映企业以发行股票、债券等方式筹集实际收到的款项减去直接支付的佣金、手续费、宣传费、印刷费等发行费用后的净额。

(2)"取得借款收到的现金"项目,反映企业举借各种短期、长期借款而收到的现金。

(3)"收到其他与筹资活动有关的现金"项目,反映企业除上述项目外收到的其他与筹资活动有关的现金,如接受现金捐赠等。其他现金流入如果价值较大的,应当单独列项目反映。

(4)"偿还债务支付的现金"项目,反映企业为偿还债务本金而支付的现金。

(5)"分配股利、利润或偿付利息支付的现金"项目,反映企业实际支付的现金股利、支付给其他投资单位的利润或用现金支付的借款利息、债券利息.

(6)"支付其他与筹资活动有关的现金"项目,反映企业除上述项目外支付的其他与筹资活动有关的现金,其他现金流出如果价值较大的,应当单独列项目反映。

(四)"汇率变动对现金及现金等价物的影响"项目

"汇率变动对现金及现金等价物的影响"项目反映下列项目之间的差额:

(1)企业外币现金流量折算为记账本位币时,采用现金流量发生日的即期汇率或按照系统合理的方法确定的与现金流量发生日即期汇率近似汇率折算的金额(编制合并现金流量表时折算境外子公司的现金流量,应当比照处理)。

(2)企业外币现金及现金等价物净增加额按期汇率折算的金额反映。

(五)补充资料项目的内容及填列方法

将补充资料中的净利润调节为经营活动的现金流量,实际上是以间接法编制的经营活动的现金流量。间接法是以净利润为出发点,净利润是利润表上反映的数字,在利润表中反映的净利润是按权责发生制确定的,其中有些收入、费用项目并没有实际发生现金流入和流出,通过对这些项目的调整,即可将净利润调节为经营活动现金流量。采用间接法将净利润调节为经营活动的现金流量时,需要调整的项目可分为四大类:一是实际没有支付现金的费用;二是实际没有收到现金的收益;三是不属于经营活动的损益;四是经营性应收应付项目的增减变动。"将净利润调节为经营活动的现金流量"各项目的填列方法如下:

(1)"计提的资产减值准备"项目,反映企业计提的各项资产的损失准备。本项目根据"资产减值损失"科目的记录分析填列。

(2)"固定资产折旧"项目反映企业本期累计提取的折旧。本项目根据"累计折旧"科目的贷方发生额分析填列。

(3)"无形资产摊销"和"长期待摊费用摊销"项目,分别反映企业本期累计摊入成本费用的无形资产的价值和长期待摊费用。这两个项目根据"累计摊销"、"长期待摊费用"科目的贷方发生额分析填列。

(4)"处置固定资产、无形资产和其他长期资产的损失(减:收益)"项目,反映企业本期由于处置固定资产、无形资产和其他长期资产而发生的净损失。本项目根据"营业外收入"、"营业外支出"、"其他业务收入"、"其他业务成本"科目所属有关明细科目的记录分析填列。如为净收益,以"-"号填列。

(5)"固定资产报废损失"项目,反映企业本期固定资产盘亏的净损失。本项目根据"营业外支出"、"营业外收入"科目所属有关明细科目的记录分析填列。

(6)"财务费用"项目,反映企业本期发生的应属于投资活动或筹集活动的财务费用。本项目根据"财务费用"科目的本期借方发生额分析填列。如为收益,以"-"填列。

(7)"投资损失(减:收益)"项目,反映企业本期投资所发生的损失减去收益后的净损失。

本项目根据利润表"投资收益"项目的数字填列。如为投资收益,以"-"号填列。

(8)"递延所得税负债"项目,反映企业本期递延所得税负债的增加或减少。本项目根据资产负债表"递延所得税负债"的期初、期末余额的差额填列。"递延所得税负债"的期末数大于期初数的差额,以正数填列;期末数小于期初数的差额,以"-"号填列。

(9)"递延所得税资产"项目,反映企业本期递延所得税资产的增加或减少。本项目根据资产负债表"递延所得税资产"的期初、期末余额的差额填列。"递延所得税资产"的期末数小于期初数的差额,以正数填列;期末数大于期初数的差额,以"-"号填列。

(10)"存货的减少(减:增加)"项目,反映企业本期存货的减少(减:增加)。本项目根据资产负债表"存货"项目的期初、期末余额的差额填列。期末数大于期初数的差额,以"-"号填列。

(11)"经营性应收项目的减少(减:增加)"项目,反映企业本期经营性应收项目(包括应收账款、应收票据、其他应收款和预付账款中与经营活动有关的部分等)的减少(减:增加)。这里的应收账款、应收票据包括应收的增值税销项税额。

(12)"经营性应付项目的增加(减:减少)"项目,反映企业本期经营性应付项目(包括应付账款、应付票据、应付职工薪酬、应交税费、其他应付款、预收账款中与经营活动有关的部分)的增加(减:减少)。这里的应付账款、应付票据包括应付的增值税进项税额。

补充资料中的"不涉及现金收支的投资和筹资活动"项目,反映企业一定期间内影响资产或负债但不形成该期现金收支的所有投资和筹资活动的信息。这些投资和筹资活动虽然不涉及现金收支,但对以后各期的现金流量有重大影响。如融资租入设备,记入"长期应付款"科目,当期并不支付设备款及租金,但以后各期必须为此支付现金,从而在一定期间内形成一项固定的现金支出。不涉及现金收支的投资和筹资活动各项目的填列方法如下:

①"债务转为资本"项目,反映企业本期转为资本的债务金额。

②"1年内到期的可转换公司债券"项目,反映企业1年内到期的可转换公司债券的金额。

③"融资租入固定资产"项目,反映企业本期融资租入固定资产计入"长期应付款"科目的金额减去"未确认融资费用"科目余额后的金额。

四、现金流量表编制实例

(一)资料

根据本章第二节中资产负债表和第三节中利润表编制实例的资料,采用分析填列法编制某企业20×9年度的现金流量表。

(二)该企业20×9年度现金流量表正表各项目的编制

(1)销售商品、提供劳务收到的现金:7 700 000 + 7 700 000 × 17% + 500 000 + (1 800 000 - 3 249 000) + (1 476 000 - 276 000) = 9 260 000(元)。

(2)购买商品接受劳务支付的现金:1 498 800 + 254 796 = 1 753 596(元)。

(3)支付给职工以及为职工支付的现金:3 000 000(元)。

(4)支付的各项税费:600 000 + 12 000 = 612 000(元)。

(5)支付的其他与经营活动有关的现金:420 000(元)。

(6)购建固定资产、无形资产和其他长期资产支付的现金:1 506 000(元)。

(7)取得借款收到的现金:2 400 000(元)。

(8)收到的其他与筹资活动有关的现金:100 000(元)。

(9)偿还债务支付的现金:5 000 000 + 1 500 000 = 6 500 000(元)。

(10)分配股利、利润或偿付利息支付的现金:75 000(元)。

(11)支付的其他与筹资活动有关的现金:60 000(元)。

现金流量表如表11.9所示。

表11.9 现金流量表

会企03表

编制单位: 20×9年度 单位:元

项 目	本期金额	上期金额
一、经营活动产生的现金流量:		
销售商品、提供劳务收到的现金	9 260 000	
收到的税费返还		
收到的其他与经营活动有关的现金		
经营活动现金流入小计	9 260 000	
购买商品、接受劳务支付的现金	1 753 596	
支付给职工以及为职工支付的现金	3 000 000	
支付的各项税费	612 000	
支付的其他与经营活动有关的现金	420 000	
经营活动现金流出小计	5 785 596	
经营活动产生的现金流量净额	474 404	
二、投资活动产生的现金流量:		
收回投资收到的现金		
取得投资收到的现金		
处置固定资产、无形资产和其他长期资产收回的现金净额		
处置子公司及其他营业单位收到的现金净额		
收到其他与投资活动有关的现金		
投资活动现金流入小计	0	
购建固定资产、无形资产和其他长期资产所支付的现金	1 506 000	
投资支付的现金		
取得子公司及其他营业单位支付的现金净额		

续表 11.9

项　　目	本期金额	上期金额
支付其他与投资活动有关的现金		
投资活动现金流出小计	1 506 000	
投资活动产生的现金流量净额	-1 506 000	
三、筹资活动产生的现金流量：		
吸收投资收到的现金		
取得借款收到的现金	2 400 000	
收到的其他与筹资活动有关的现金	100 000	
筹资活动现金流入小计	2 500 000	
偿还债务支付的现金	6 500 000	
分配股利、利润或偿付利息所支付的现金	75 000	
支付的其他与筹资活动有关的现金	60 000	
筹资活动现金流出小计	6 635 000	
筹资活动产生的现金流量净额	-4 135 000	
四、汇率变动对现金的影响		
五、现金及现金等价物净增加额	-2 166 596	
加：期初现金及现金等价物余额	4 437 800	
六、期末现金及现金等价物余额	2 271 204	

第五节　所有者权益变动表

一、所有者权益变动表的概念和作用

所有者权益变动表又称股东权益增减变动表,是反映企业在某一特定日期股东权益增减变动情况的报表。股东权益增减变动表包括在年度会计报表中,是资产负债表的附表。

所有者权益变动表全面反映了企业的股东权益在年度内的变化情况,便于会计信息使用者深入分析企业股东权益的增减变化情况,并进而对企业的资本保值增值情况作出正确判断,从而提供对决策有用的信息。

二、所有者权益变动表的内容和结构

所有者权益变动表包括表首、正表两部分。其中,表首说明报表名称、编制单位、编制日期、报表编号、货币名称、计量单位等;正表是股东权益增减变动表的主体,具体说明股东权益增减变动表的各项内容,包括股本(实收资本)、资本公积、法定和任意盈余公积、法定公益金、未分配利润等。

所有者权益变动表是反映构成所有者权益的各组成部分当期增减变动情况的报表。企业的当期损益、直接计入所有者权益的利得和损失以及与所有者(或股东,下同)的资本交易导致的所有者权益的变动,应当在所有者权益变动表中分别列示。

所有者权益变动表至少应当单独列示反映下列信息的项目:①净利润;②直接计入所有者权益的利得和损失项目及其总额;③会计政策变更和差错更正的累积影响金额;④所有者投入资本和向所有者分配利润等;⑤按照规定提取的盈余公积;⑥实收资本(或股本)、资本公积、盈余公积、未分配利润的期初和期末余额及其调节情况。

所有者权益变动表的格式如表11.10所示。

表11.10 所有者权益(股东权益)变动表

20×9年度

编制单元：　　　　　　　　　　　　　　　　　　　　　　　　　　　　　　　　　　　　　　单位：万元

项目	行次	本年金额							上年金额						
		实收资本(或股本)	资本公积	减:库存股	盈余公积	未分配利润	其他	所有者权益合计	实收资本(或股本)	资本公积	盈余公积	减:库存股	未分配利润	其他	所有者权益合计
一、上年年末余额		29 100 000			911 400			30 011 400							
1.会计政策变更															
2.前期差错更正															
二、本年年初余额		29 100 000			911 400			30 011 400							
三、本年增减变动金额(减少以"-"填列)						1 689 750		1 689 750							
(一)本年净利润						1 689 750		1 689 750							
(二)直接计入所有者权益的利得和损失															
1.可供出售金融资产公允价值变动净额															
2.权益法下被投资单位其他所有者权益变动的影响															
3.与计入所有者权益项目相关的所得税影响															
4.其他															
小计															
(三)所有者投入资本和减少资本															
1.所有者本期投入资本															
2.股份支付计入所有者权益的金额															
3.其他															
(四)对所有者的分配															
1.提取盈余公积					168 975	-168 975		0							
2.其他															
(五)所有者权益内部转移															
1.资本公积转增资本															
2.盈余公积转增资本															
3.盈余公积弥补亏损															
四、本年末余额		29 100 000			1 080 375	1 520 775		31 701 150							

三、所有者权益变动表的编制方法

（一）"上年年末余额"项目的编制

"上年年末余额"项目，反映企业上年资产负债表中实收资本（或股本）、资本公积、盈余公积、未分配利润的年末余额。根据上年资产负债表中实收资本（或股本）、资本公积、盈余公积、未分配利润的年末余额填列。

（二）"会计政策变更"和"前期差错更正"项目的编制

"会计政策变更"和"前期差错更正"项目，反映企业采用追溯调整法处理的会计政策变更的累积影响金额和采用追溯重述法处理的会计差错更正的累积影响金额。

（三）"本年增减变动额"项目的编制

(1)"本年净利润"项目，反映企业当年实现的净利润（或净亏损）金额，根据当年利润表中的净利润（或亏损）金额填列，并对应列在"未分配利润"栏。

(2)"直接计入所有者权益的利得和损失"项目，反映企业当年直接计入所有者权益的利得和损失金额。

①"可供出售金融资产公允价值变动净额"项目，反映企业持有的可供出售金融资产当年公允价值变动的金额，并对应列在"资本公积"栏。

②"权益法下被投资单位其他所有者权益变动的影响"项目，反映企业采用权益法核算的长期股权投资，在被投资单位当年除实现的净损益以外其他所有者权益当年变动中应享有的份额，并对应列在"资本公积"栏。

③"与计入所有者权益项目相关的所得税影响"项目，反映企业根据《企业会计准则第18号——所得税》规定应计入所有者权益项目的当年所得税影响金额，并对应列在"资本公积"栏。

④"净利润"项目和"直接计入所有者权益的利得和损失"项目，反映企业当年实现的净利润（或净亏损）金额和当年直接计入所有者权益的利得和损失金额的合计金额。

(3)"所有者投入或减少资本"项目，反映企业当年所有者投入形成的实收资本（股本）和资本溢价或股本溢价。

①"所有者投入资本"项目，反映企业当年所有者投入的资本，包括实收资本和资本溢价，并对应列在"实收资本"和"资本公积"栏。

②"股份支付计入所有者权益的金额"项目，反映企业处于等待期中的权益结算的股份支付当年计入资本公积的金额，并对应列在"资本公积"栏。

(4)"本年利润分配"下各项目，反映当年对所有者（或股东）分配的利润（或股利）金额和按照规定提取的盈余公积金额，并对应列在"未分配利润"和"盈余公积"栏。

(5)"所有者权益内部结转"下各项目，反映不影响当年所有者权益总额的所有者权益各组成部分之间当年的增减变动,包括资本公积转增资本(或股本)、盈余公积转增资本(或股本)、盈余公积弥补亏损等项金额。

本章小结

【重点】 财务会计报告的编制要求,资产负债表的内容,利润表的内容。

【难点】 现金流量表、所有者权益变动表的编制方法。

财务会计报告是指企业对外提供的反映企业某一特定日期财务状况和某一会计期间经营成果、现金流量等会计信息的文件。它向财务会计报告使用者提供真实、公允的信息,有助于财务会计报告使用者的经济决策。

财务会计报告包括:会计报表、会计报表附注和其他财务会计报告。企业对外提供的会计报表至少包括:资产负债表、利润表、现金流量表和所有者权益(或股东权益)变动表。

资产负债表是反映在某一特定日期财务状况的报表。我国规定采用账户式资产负债表。在资产负债表中,资产包括流动资产和非流动资产;负债包括流动负债和非流动负债。利润表是反映企业在一定会计期间经营成果的报表。我国规定采用多步式利润表。在利润表中,分别计算营业利润、利润总额和净利润。现金流量表是反映企业一定会计期间现金和现金等价物流入和流出情况的报表。在现金流量表中,企业应当按照经营活动、投资活动和筹资活动的现金流量分类分项列示。所有者权益(或股东权益)变动表是反映企业年末所有者权益(或股东权益)增减变动情况的报表。

自测题

一、单项选择题

1. 依照我国会计准则的要求,资产负债表采用的格式为 （ ）
   A. 单步报告式　　　　　　　B. 多步报告式
   C. 账户式　　　　　　　　　D. 混合式

2. 依照我国会计准则的要求,利润表所采用的格式为 （ ）
   A. 单步报告式　　　　　　　B. 多步报告式
   C. 账户式　　　　　　　　　D. 混合式

3. 资产负债表是反映企业（　　）财务状况的会计报表。
   A. 某一特定日期　　　　　　B. 一定时期内
   C. 某一年份内　　　　　　　D. 某一月份内

4. 在下列会计报表中,属于反映企业对外的静态报表的是 （ ）
   A. 利润表　　　　　　　　　B. 成本报表
   C. 现金流量表　　　　　　　D. 资产负债表

5. 所有者权益变动表是 （ ）

A. 利润表的附表   B. 资产负债表的附表
C. 现金流量表的附表   D. 会计报表的主表

6. 在资产负债表中,下列科目属于流动资产范围内的有   （ ）
   A. 交易性金融资产   B. 可供出售金融资产
   C. 生产性生物资产   D. 持有到期投资

7. "应收账款"科目所属明细科目如有贷方余额,应在资产负债表(   )项目中反映。
   A. 预付账款   B. 预收账款
   C. 应收账款   D. 应付账款

8. 编制会计报表时,以"资产＝负债＋所有者权益"这一会计等式作为编制依据的会计报表是
                                                                （ ）
   A. 利润表   B. 所有者权益变动表
   C. 资产负债表   D. 现金流量表

9. 编制会计报表时,以"收入－费用＝利润"这一会计等式作为编制依据的会计报表是（ ）
   A. 利润表   B. 所有者权益变动表
   C. 资产负债表   D. 现金流量表

10. 在利润表中,对主营业务和其他业务合并列示,而将各项利润单独列示,这一做法体现了
                                                                （ ）
    A. 真实性原则   B. 配比原则
    C. 可比性原则   D. 重要性原则

11. 不能通过资产负债表了解的会计信息是   （ ）
    A. 企业固定资产的新旧程度
    B. 企业资金的来源渠道和构成
    C. 企业所掌握的经济资源及其分布情况
    D. 企业在一定期间内现金的流入和流出的信息及现金增减变动的原因

12. 按照会计报表反映的经济内容分类,资产负债表属于   （ ）
    A. 财务状况报表   B. 经营成果表
    C. 对外报表   D. 月报

13. 资产负债表的下列项目中,需要根据几个总账账户的期末余额进行汇总填列的是（ ）
    A. 长期股权投资   B. 预计负债
    C. 货币资金   D. 实收资本

14. 资产负债表中的"存货"项目,应根据   （ ）
    A. "存货"账户的期末借方余额直接填列
    B. "原材料"账户的期末借方余额直接填列
    C. "原材料"、"生产成本"和"库存商品"等账户的期末借方余额之和填列
    D. "原材料"、"在产品"和"库存商品"等账户的期末借方余额之和填列

二、多项选择题

1. 在利润表中,应列入"营业税金及附加"项目中的税金有 （   ）
   A. 增值税　　　　　　　　　　B. 消费税
   C. 城市维护建设税　　　　　　D. 资源税
   E. 教育费附加

2. 利润表提供的信息包括 （   ）
   A. 实现的营业收入　　　　　　B. 发生的营业成本
   C. 资产减值损失　　　　　　　D. 利润或亏损总额
   E. 企业的财务状况

3. 企业的下列报表中,属于对外会计报表的有 （   ）
   A. 资产负债表　　　　　　　　B. 利润表
   C. 所有者权益变动表　　　　　D. 制造成本表
   E. 现金流量表

4. 下列各项目中,属于资产负债表中的流动资产项目的有 （   ）
   A. 货币资金　　　　　　　　　B. 预付账款
   C. 应收账款　　　　　　　　　D. 投资性房地产
   E. 预收账款

5. 构成营业利润的要素主要包括 （   ）
   A. 营业收入　　　　　　　　　B. 营业成本
   C. 营业税金及附加　　　　　　D. 销售费用
   E. 管理费用　　　　　　　　　F. 财务费用

6. 按照会计报表所反映的经济内容不同,可分为 （   ）
   A. 反映财务状况的报表　　　　B. 反映经营成果的报表
   C. 个别会计报表　　　　　　　D. 合并会计报表
   E. 反映费用成本的报表

7. 会计报表的使用者包括 （   ）
   A. 债权人　　　　　　　　　　B. 企业内部管理层
   C. 投资者　　　　　　　　　　D. 潜在的投资者
   E. 国家政府部门

三、判断题

1. 资产负债表是反映企业在一定时期内的资产、负债和所有者权益情况的报表。 （   ）
2. 企业的财务会计报告按编报时间分为年度、半年度、季度和月度财务会计报告。 （   ）
3. 利润表是反映企业月末、季末或年末取得的利润或发生的亏损情况的报表。 （   ）
4. 所有者权益变动表是反映企业在一定期间内所有者权益变动情况的会计报表,是资产负债表的附表。 （   ）

5. 目前国际上比较普遍的利润表的格式主要有多步式利润表和单步式利润表两种。为简便明晰起见,我国企业采用的是单步式利润表格式。（   ）
6. 资产负债表的"期末数"栏各项目主要是根据总账或有关明细账期末贷方余额直接填列的。（   ）
7. 资产负债表中"货币资金"项目反映企业库存现金、银行结算户存款、外埠存款、银行汇票存款和银行本票存款等货币资金的合计数,因此,本项目应根据"现金"、"银行存款"账户的期末余额合计数填列。（   ）
8. 资产负债表中"应收账款"项目,应根据"应收账款"账户所属各明细账户的期末借方余额合计填列。如果"预付账款"账户所属有关明细账户有借方余额的,也应包括在本项目内。如果"应收账款"账户所属明细账户有贷方余额,应包括在"预付账款"项目内填列。（   ）
9. 利润表中"营业成本"项目,是反映企业销售产品和提供劳务等主要经营业务的各项销售费用和实际成本。（   ）
10. 现金流量表的现金净增加额应与资产负债表中的货币资金期末数相等。（   ）

四、业务计算题

1. 目的:通过本题的练习,可以使学生了解销售过程、利润形成过程的经济业务,并掌握这些过程中经济业务的会计处理及利润表的编制。

资料:某一般纳税企业200×年8月发生下列经济业务:

(1) 企业销售甲产品1 000件,每件售价80元,货款已通过银行收讫,增值税率为17%。

(2) 企业同城销售给红星厂乙产品900件,每件售价50元,但货款尚未收到,增值税率为17%。

(3) 结转已售甲、乙产品的生产成本。其中,甲产品生产成本65 400元,乙产品生产成本36 000元。

(4) 以银行存款支付本月销售甲、乙两种产品的销售费用1 520元。

(5) 根据规定计算应缴纳城市维护建设税8 750元。

(6) 王宏外出归来报销因公务出差的差旅费350元（原已预借400元）,余款交回现金。

(7) 以库存现金1 000元支付厂部办公费。

(8) 企业收到红星厂前欠货款45 000元并存入银行。

(9) 销售材料收入7 020元（含税）,存入银行,材料成本4 000,增值税税率17%。

(10) 用银行存款支付企业财务招待费200元。

(11) 根据上述有关经济业务,结转本期营业收入。

(12) 根据上述有关经济业务,结转本月营业成本、销售费用、营业税费及附加、管理费用。

(13) 根据本期实现的利润总额,按25%的税率计算应交所得税。（假设无纳税调整事项）

(14) 用银行存款上交税金,其中城建税8 750元,所得税3 445元。

要求:(1) 根据本期发生的经济业务编制会计分录;
　　　(2) 编制本期利润表,利润表如表11.11所示。

表 11.11 利润表

编制单位：　　　　　　　　　　　200×年　　　　　　　　　　　　单位：

项　　目	本期金额
一、营业收入	
减：营业成本	
营业税金及附加	
销售费用	
管理费用	
财务费用	
资产减值损失	
加：公允价值变动损益	
投资收益	
二、营业利润	
加：营业外收入	
减：营业外支出	
其中：非流动资产处置损失	
三、利润总额	
减：所得税费用	
四、净利润	

2. 目的：通过本题的练习，可以使学生了解和掌握资产负债表的填列方法。

资料：某企业200×年4月30日有关会计科目余额如表11.12所示。

表 11.12 有关今年科目余额表

单位：万元

科目名称	借方余额	贷方余额
应收账款	65 000	
坏账准备		500
预付账款		30 000
原材料	34 000	
生产成本	56 000	
库存商品	85 000	
材料成本差异		2 000
利润分配	172 500	
本年利润		210 000

要求：(1) 计算资产负债表上"应收账款"项目的净额。

(2) 计算资产负债表上"存货"项目的数额。

(3) 计算资产负债表上"未分配利润"项目的数额。

综合案例分析

案例一

一、目的:练习记账凭证的填制。
二、资料:
  企业名称:昌隆有限公司(增值税一般纳税人)
  开户行:工商银行胜利路支行
  银行账号:06696900
  纳税人登记号:370866782801898
  (注:会计人员 王艳 出纳员 张强 会计主管 李波)
  昌隆有限公司2004年12月份发生的有关交易或事项如下:
(1)12月1日,仓库发出材料供有关部门使用,填制领料单。
(2)12月9日,出纳员填制现金支票提取现金,准备发工资,支票存根如下。
(3)12月9日,以现金140 000元,发放本月职工工资,填制工资结算汇总表。
(4)12月16日,办公室购买办公用品870元,开出支票付款,填制有关单据。
(5)12月18日,开出转账支票支付车间设备修理费1 170元,填制有关单据。
(6)12月31日,分配结转本月职工工资140 000元,其中,生产A产品工人工资60 000元,生产B产品工人工资40 000元,车间管理人员工资23 500元,行政管理部门16 500元,填制分配表。
三、要求:根据上述资料填制记账凭证并登记账簿。

案例提示
1

昌隆有限公司领料单

领料部门:生产车间 2004年12月1日

材料名称	规格	单位	数量 请领	数量 实发	单位成本	金额	过账
甲材料		千克	4 000	4 000	10	40 000.00	
乙材料		千克	3 000	3 000	5	15 000.00	
工作单号		用途	生产A产品				
工作项目							

会计: 记账: 发料:王鹏   领料:腾飞

昌隆有限公司领料单

领料部门:生产车间　　　　2004 年 12 月 1 日

材料名称	规格	单位	数量 请领	数量 实发	单位成本	金额	过账
甲材料		千克	3 000	3 000	10	30 000.00	
乙材料		千克	2 000	2 000	5	10 000.00	
工作单号 工作项目		用途	生产 B 产品				

会计:　　　　　记账:　　　　　发料:王鹏　　　　领料:腾飞

昌隆有限公司领料单

领料部门:生产车间　　　　2004 年 12 月 1 日

材料名称	规格	单位	数量 请领	数量 实发	单位成本	金额	过账
乙材料		千克	1 600	1 600	5	8 000.00	
工作单号 工作项目		用途	车间一般耗用				

会计:　　　　　记账:　　　　　发料:王鹏　　　　领料:腾飞

昌隆有限公司领料单

领料部门:生产车间　　　　2004 年 12 月 1 日

材料名称	规格	单位	数量 请领	数量 实发	单位成本	金额	过账
甲材料		千克	500	500	10	5 000.00	
工作单号 工作项目		用途	行政管理使用				

会计:　　　　　记账:　　　　　发料:王鹏　　　　领料:张丽华

2

中国工商银行(鲁)
现金支票存根
NO. 01621955
附加信息
_____

出票日期 2004 年 12 月 9 日

| 收款人:昌隆有限公司 |
| 金　额:￥140 000.00 |
| 用　途:备发工资 |

单位主管　　会计:王艳

3

工资结算汇总表
2004 年 12 月 9 日

部　门	计时工资	计件工资	工资性津贴	奖金	应扣工资		应付工资
					事假	病假	
生产 A 产品		32 000	20 000	8 100	60	40	60 000.00
生产 B 产品		28 000	10 000	2 000			40 000.00
车间管理人员	23 500						23 500.00
行政管理人员	16 500						16 500.00
合计	40 000	60 000	30 000	10 100	60	40	140 000.00

4

山东省商品销售统一发票

购货单位:远达有限公司　　　　2004 年 12 月 16 日填制

品名规格	单位	数量	单价	金　额						备注
				万	千	百	十	元	角	分	
计算器	台	10	75			7	5	0	0	0	
笔记本	本	20	6			1	2	0	0	0	
合　计				￥		8	7	0	0	0	

合计金额(大写)捌佰柒拾元整

开票:刘名　　　　收款:王丽　　　　单位名称(盖章)

第二联 发票联

综合案例分析

```
中国工商银行(鲁)
转账支票存根
NO. 01621988

附加信息

出票日期 2004 年 12 月 15 日
收款人：利群商厦
金　额：￥870.00
用　途：办公用品

单位主管　　会计：王艳
```

5

山东增值税专用发票

发票联　　　　　开票日期：2004 年 12 月 18 日

购货单位	名　　称：昌隆有限公司 纳税人识别号：370866782801898 地址、电话：威海市环翠路28号 5230355 开户行及账号：工商银行胜利路支行 06696900	密码区	6 + -〈2〉6〉869 + 296 +／ ＊ 加密版本:01 446〈600375〈35〉〈4／ ＊ 37009931410 2－2〈2051 + 24 + 2618〈7 07050445 ／3－15〉〉09／5／－1〉〉〉+2

货物或应税劳务名称	规格型号	单位	数量	单价	金　额	税率	税额
修理流水线					1 000.00	17%	170.00
合　计					￥1 000.00		￥170.00

价税合计（大写）	⊗壹仟壹佰柒拾元整	（小写）￥1 170.00

销货单位	名　　称：黄海大修厂 纳税人识别号：370565586263889 地址、电话：威海市幸福路108号 5656368 开户行及账号：中国银行幸福支行 5601022812364	备注	

收款人　　　复核　　　开票人 吕营　　　销货单位：(章)

第二联：发票联　购货方记账凭证

```
         中国工商银行(鲁)
            转账支票存根
           NO. 01621989
      附加信息 _____
      _____
      _____
      出票日期 2004 年 12 月 18 日
      收款人：黄海大修厂
      金    额：￥1 170.00
      用    途：支付修理费
      单位主管        会计：王艳
```

6

工资费用分配汇总表

2004 年 12 月 31 日

	车间、部门	应分配金额
车间生产人员工资	生产 A 产品	60 000.00
	生产 B 产品	40 000.00
	生产人员工资小计	100 000.00
	车间管理人员	23 500.00
	厂部管理人员	16 500.00
	合 计	140 000.00

7．登记账簿（略）

案例二

张龙和李凤拥有一个面包房——"龙凤"面包房，经过几个月努力，他们做的果仁面包在附近小有名气。他们都没有专门学习过会计专业，于是，他们就买了一本《基础会计》，看了看觉得会计没有什么难的，只要把平时发生业务利用复式记账法记录下来，认真点不出现错误就可以反映出企业经营成果和财务状况。于是自己设计了一个用来记录交易的系统，自认为很有效。下面列示该面包房在 2007 年 1 月份所发生的一些交易事项。

（1）1 月 3 日 "龙凤"面包房销售面包价值 2 500 元，款项已收到。

（2）1 月 5 日与 B 购货方协商并签订一份销售协议，销售商品价值为 5 000 元，当月发出商品 1 000 元，其余商品待以后月份分批发出，当月预收货款 2 000 元。

(3)1月6日将货物运给顾客并收到现金1 000元,同时收到前欠货款2 000元。
(4)1月10日收到本企业所订购的办公用品价款400元款项未付。
(5)1月15日用现金支付借款利息500元。
(6)1月16日购买新设备价款6 000元,款项尚未支付。
(7)1月18日收到王好的加盟款20 000元,款项存入银行。
(8)1月25日购买面粉和豆油,价值共计1 500元。款项用现金支付。
(9)1月28日收到A公司打来电话订购价值3 000元的货物,成本2 100元,货物已发出。(A公司是很讲信誉的,以前都是先发货后付款,但是,A公司最近时期由于决策不利,至使资金流转发生了困难,为了维持与A公司建立的商业关系,才将货物发出)
(10)1月30日与C超市协商,先发出价值1 000元的货物,若销售得好,将继续进货;若销售不好,四天内把货物退回。
(11)1月30日销售商品价款3 500元,货款已收回存入银行。

说明:
(1)企业初期余额:资产为80 000元,负债为20 000元,所有者权益为60 000元。
(2)已确定的成本率为70%。
(3)假设不考虑相关的税费。

张龙和李凤对以上业务进行了记录,如下表2.1所示。

表2.1 业务记录

业务	资产	负债	所有者权益	收入	费用
1	+2 500(库存现金)			+2 500	
2	+2 000(库存现金) +3 000(应收账款)			+5 000	
3	+3 000(库存现金)			+3 000	
4	+400(低值易耗品)	+400(应付账款)			
5	-500(库存现金)				500(财务费用)
6	+6 000(固定资产)	+6 000(应付账款)			
7	+20 000(银行存款)		+20 000(实收资本)		
8	+1 500(原材料) -1 500(库存现金)				
9	+3 000(应收账款)			+3 000	
10	+1 000(应收账款)			+1 000	
11	+3 500(银行存款)			+3 500	
合计	43 900	6 400	+20 000	18 000	500

要求:针对以上业务的记录解释交易记录的错误并进行改正。
会计等式:资产 = 负债 + 所有者权益 +(收入 − 费用)

本期的销售成本 = 18 000 × 70% = 12 600(元)

本期实现的利润 = 18 000 × 30% - 500 = 4 900(元)

资产期末余额 = 80 000 + 43 900 - 12 600 = 111 300(元)

权益期末余额 = 负债 + 所有者权益 + (收入 - 费用) = 20 000 + 60 000 + 6 400 + 20 000 + (18 000 - 500 - 12 600) = 111 300(元)

案例提示：

本例中的会计恒等式虽然是平衡的，但是在进行业务处理过程中，有关收入、费用、资产、负债的确认是有错误的。收入、费用的确认应以权责发生制为基础；在确认有关会计要素项目时即要符合其定义又要符合确认的条件。

1. 初始确认条件

(1) 符合会计要素的定义。

(2) 有关的经济利益很可能流入或流出企业。

(3) 有关的价值以及流入或流出的经济利益能够可靠地计量。

2. 会计要素在会计报表中列示的条件

对已经确认和计量的会计要素，应该在会计报表中列示。资产、负债、所有者权益在资产负债表中列示；而收入、费用、利润在利润表中列示。

具体业务分析如下：

第1笔业务，所作的业务处理是正确的。在销售的同时符合收入确认标准，应予以确认收入和资产。

第2笔业务，不能根据已签订的合同来确认销售收入的实现，销售商品采用预收款方式的，在发出商品时确认收入，预收的货款应确认为负债。本期应确认的收入为1 000元。实际收到2 000元，其中1 000元为货款，另外1 000元是预收账款。

第3笔业务，本期只能确认收入1 000元，前欠的货款应作为应收账款的收回处理，不能作为企业当期的销售收入。

第4笔业务，一般情况下企业购入的办公用品，应在业务发生时确认为当期的费用，不应作为企业的资产来核算。

第5笔业务，一般生产经营用借款利息，作为企业的财务费用处理。

第6笔业务，会计处理是正确的，购买设备应作为企业的固定资产，未付款应作为企业的负债处理。

第7笔业务，会计处理是正确的，接受投资人投入的资产应为实收资本核算。

第8笔业务，会计处理是正确的，但是按照《现金管理暂行条例》规定，企业购买原材料支付的货款不允许使用现金支付，应该通过银行转账进行结算。

第9笔业务，该笔业务，由于A公司现金流转存在困难，"龙凤"面包房不是很可能收回销售货款,根据销售商品收入的确认条件,应首先判断未来的经济利益是否很可能流入企业来确认销售收入的实现,"龙凤"面包房在发出商品时不能确认收入。为此,应将已发出的商品成本通过"发出商品"科目反映(应综合考虑购货单位的实际情况来判断经济利益流入企业的可能性)。

第10笔业务,该笔业务的销售是附有退货条件的,只有等到退货期满时,才能确认收入的实现。

第11笔业务,会计处理是正确的。

正确的会计确认如表2.2所示。

表2.2 会计确认

业务	资产	负债	所有者权益	收入	费用
1	+2 500(库存现金)			+2 500	
2	+2 000(库存现金)	+1 000(预收账款)		+1 000	
3	+3 000(库存现金) -2 000(应收账款)			+1 000	
4		+400(应付账款)			400(管理费用)
5	-500(库存现金)				500(财务费用)
6	+6 000(固定资产)	+6 000(应付账款)			
7	+20 000(银行存款)		20 000(实收资本)		
8	+1 500(原材料) -1 500(库存现金)				
9	+2 100(发出商品) -2 100(库存商品)				
10	+1 000(发出商品) -1 000(库存商品)				
11	+3 500(银行存款)			+3 500	
合计	34 500	7 400	20 000	8 000	900

本期已销产品的成本 = 8 000 × 70% = 5 600(元)

本期的利润 = 8 000 × 30% - 900 = 1 500(元)

资产期末余额 = 80 000 + 34 500 - 5 600 = 108 900(元)

权益期末余额 = 负债 + 所有者权益 + (收入 - 费用) = 20 000 + 60 000 + 7 400 + 20 000 + (8 000 - 900 - 5 600) = 108 900(元)

参考答案

第一章

一、单项选择题
1．C 2．B 3．B 4．A 5．A 6．A 7．B 8．A 9．C 10．A
二、多项选择题
1．AB 2．ABC 3．ABC 4．ABCD 5．ACE 6．ABCD 7．ABCDE
三、判断题
1．√ 2．√ 3．√ 4．× 5．√ 6．√ 7．× 8．× 9．√ 10．× 11．×

第二章

一、单项选择题
1．B 2．C 3．A 4．C 5．C 6．B
二、多项选择题
1．ABCD 2．ABC 3．ABC 4．ABCD
三、判断题
1．× 2．√ 3．× 4．√ 5．√

第三章

一、单项选择题
1．A 2．B 3．A 4．A 5．B 6．D 7．C 8．A
二、多项选择题
1．ACD 2．ABC 3．BCD 4．ACD 5．ABC 6．ABCD
三、判断题
1．× 2．√ 3．√ 4．√ 5．× 6．×

第四章

一、单项选择题
1．C 2．D 3．B 4．A 5．B 6．A 7．A 8．B 9．B 10．A
二、多项选择题
1．ABCD 2．BC 3．ABC 4．ABCD 5．AB 6．ABC 7．ABCD 8．AB 9．AB 10．BD
三、判断题
1．× 2．× 3．√ 4．√ 5．√

四、业务计算题

1. (1) 借:材料采购　　　　　　　　　　　　　　　　40 000
      　　应交税费——应交增值税(进项税额)　　　6 800
      　　　贷:银行存款　　　　　　　　　　　　　　46 800
   (2) 借:银行存款　　　　　　　　　　　　　　　　200 000
      　　　贷:实收资本　　　　　　　　　　　　　　200 000
   (3) 借:库存现金　　　　　　　　　　　　　　　　1 000
      　　　贷:银行存款　　　　　　　　　　　　　　1 000
   (4) 借:生产成本　　　　　　　　　　　　　　　　20 000
      　　　贷:原材料　　　　　　　　　　　　　　　20 000
   (5) 借:固定资产　　　　　　　　　　　　　　　　150 000
      　　　贷:银行存款　　　　　　　　　　　　　　150 000
   (6) 借:应付账款　　　　　　　　　　　　　　　　20 000
      　　　贷:银行存款　　　　　　　　　　　　　　20 000
   (7) 借:银行存款　　　　　　　　　　　　　　　　30 000
      　　　贷:应收账款　　　　　　　　　　　　　　30 000
   (8) 借:短期借款　　　　　　　　　　　　　　　　50 000
      　　应付账款　　　　　　　　　　　　　　　　30 000
      　　　贷:银行存款　　　　　　　　　　　　　　80 000
   (9) 借:库存现金　　　　　　　　　　　　　　　　4 000
      　　银行存款　　　　　　　　　　　　　　　　16 000
      　　　贷:应收账款　　　　　　　　　　　　　　20 000

表1　总分类账试算平衡表

账户名称	期初余额		本期发生额		期末余额	
	借方	贷方	借方	贷方	借方	贷方
库存现金	2 000		5 000		7 000	
银行存款	100 000		246 000	297 800	48 200	
应收账款	50 000			50 000		
材料采购			40 000		40 000	
原材料	110 000			20 000	90 000	
库存商品	70 000				70 000	
应交税费		2 000	6 800		4 800	
短期借款		200 000	50 000			150 000

续表1

账户名称	期初余额		本期发生额		期末余额	
	借方	贷方	借方	贷方	借方	贷方
应付账款		50 000	50 000			
实收资本		600 000		200 000		800 000
应付职工薪酬		28 000				28 000
生产成本	48 000		20 000		68 000	
固定资产	500 000		150 000		650 000	
合计	880 000	880 000	567 800	567 800	978 000	978 000

第五章

一、单项选择题

1. A　2. C　3. C　4. D　5. D　6. A　7. D　8. D　9. D　10. C　11. D　12. A　13. B　14. A　15. A

二、多项选择题

1. CD　2. CD　3. BC　4. AC　5. ACD　6. ABC　7. BCD　8. AD　9. ACDE　11. ABCD　12. ABCD

三、判断题

1. ×　2. √　3. ×　4. √　5. ×　6. ×　7. ×　8. √　9. √　10. ×　11. ×

四、计算题

1. 分配率 = 100 000 ÷ (20 000 + 30 000) = 2

　甲产品应分配的制造费用 = 20 000 × 2 = 40 000(元)

　乙产品应分配的制造费用 = 30 000 × 2 = 60 000(元)

　应编制的会计分录为

　借:生产成本——甲产品　　　　　　40 000

　　　　　　——乙产品　　　　　　60 000

　　贷:制造费用　　　　　　　　　　100 000

2. 期末资产总额 = 80 + 8 - 2 = 86(万元)

五、业务处理题

1. 借:银行存款　　　　　　　　　　20 000

　　固定资产　　　　　　　　　　90 000

　　贷:实收资本　　　　　　　　　110 000

2. 借:银行存款　　　　　　　　　　50 000

  贷：短期借款   50 000
3. 借：原材料   10 300
   应交税费——应交增值税（进项税额） 1 700
  贷：应付账款   11 700
    库存现金   300
4. 借：生产成本   2 000
  贷：原材料——A 材料   2 000
5. 借：管理费用   800
  贷：库存现金   800
6. 借：生产成本   10 000
   制造费用   2 000
   管理费用   3 000
   销售费用   1 500
  贷：应付职工薪酬   16 500
7. 分配率 = 20 000 ÷ 10 000 = 2
  借：生产成本——A 产品   12 000
     ——B 产品   8 000
  贷：制造费用   20 000
8. 借：制造费用   5 000
   管理费用   1 500
  贷：累计折旧   6 500
9. 借：库存商品   30 000
  贷：生产成本   30 000
10. 借：应收账款   59 500
  贷：主营业务收入   50 000
    应交税费——应交增值税（销项税额） 8 500
    银行存款   1 000
11. 借：销售费用   5 000
  贷：银行存款   5 000
12. 借：财务费用   900
  贷：银行存款   900
13. 借：银行存款   2 340
  贷：其他业务收入   2 000
    应交税费——应交增值税（销项税额） 340

14. 借:营业外支出　　　　　　　　　　　　　200
　　贷:银行存款　　　　　　　　　　　　　　　　200
15. 借:主营业务收入　　　　　　　　　　100 000
　　　其他业务收入　　　　　　　　　　　 3 000
　　　营业外收入　　　　　　　　　　　　　500
　　贷:本年利润　　　　　　　　　　　　　　103 500
　　借:本年利润　　　　　　　　　　　　82 900
　　贷:主营业务成本　　　　　　　　　　　60 000
　　　　其他业务成本　　　　　　　　　　　 2 000
　　　　销售费用　　　　　　　　　　　　　10 000
　　　　财务费用　　　　　　　　　　　　　　900
　　　　管理费用　　　　　　　　　　　　　 8 000
　　　　营业税金及附加　　　　　　　　　　 2 000

第六章

一、单项选择题
1. A　2. C　3. C　4. D　5. B　6. B　7. A　8. A　9. D
二、多项选择题
1. AB　2. CD　3. ABCD　4. ABD　5. ACD　6. AB　7. ABD　8. AC　9. ABD
三、判断题
1. √　2. ×　3. √　4. √　5. √　6. √　7. ×　8. ×　9. √　10. ×
四、计算题
(1) 固定资产的账面价值 = 460 000 - 90 000 - 70 000 = 300 000(元)
(2) "累计折旧"账户和"固定资产减值准备"账户是"固定资产"账户的备抵账户。

第七章

一、单项选择题
1. C　2. C　3. D　4. C　5. B　6. A　7. A　8. D　9. D　10. D　11. D　12. C　13. C　14. C　15. B　16. B
二、多项选择题
1. AB　2. BCD　3. BC　4. BD　5. ABCD　6. AB　7. ABCD　8. ABCD　9. ACD　10. ABD　11. ABCD　12. ABC　13. ABCD　14. BD　15. ABCD　16. ABCD　17. ABCD　18. ABC

三、判断题

1. √ 2. × 3. √ 4. × 5. √ 6. × 7. × 8. × 9. √ 10. √ 11. √ 12. ×
13. × 14. × 15. √

第八章

一、单项选择题

1. C 2. B 3. B 4. D 5. B 6. A 7. D 8. B 9. B 10. C

二、多项选择题

1. ABC 2. BCD 3. CD 4. ABD 5. AD 6. ABCD 7. ABC 8. ABC

三、判断题

1. × 2. × 3. × 4. √ 5. × 6. × 7. √ 8. √ 9. √ 10. ×

四、业务题

(1) 第一题用红字更正法;第二题用补充登记法;第三题用划线更正法。

(2) 具体更正方法:

第一题:

先用红字填制一张记账凭证,会计分录如下:

  借:管理费用   20 000

    贷:银行存款   20 000

再用蓝字填制一张记账凭证,会计分录如下:

  借:销售费用   20 000

    贷:银行存款   20 000

第二题:

用蓝字填制一张记账凭证,会计分录如下:

  借:制造费用   36 000

    贷:原材料   36 000

第三题:在账簿中用红线划去780,在上面用蓝笔填写760。

第九章

一、单项选择题

1. A 2. A 3. C 4. C 5. D 6. D 7. C 8. A 9. C 10. C

二、多项选择题

1. AB 2. ACD 3. ABC 4. ABD 5. AC 6. ABCD 7. BCD 8. ABD. 9. ACD
10. AC

三、判断题

1. √ 2. × 3. × 4. × 5. × 6. √ 7. × 8. × 9. × 10. ×

四、业务处理题

（一）编制银行存款余额调节表：调节后余额：438 000

（二）编制会计分录

（1）

①报批前：

借：待处理财产损溢——待处理流动资产损溢　　3 600
　　贷：原材料　　　　　　　　　　　　　　　　　　　　3 600

②报批后：

借：营业外支出　　　　　　　　　　　　　　　3 600
　　贷：待处理财产损溢——待处理流动资产损溢　　　　3 600

（2）

①报批前：

借：待处理财产损溢——待处理流动资产损溢　　50
　　贷：原材料——甲材料　　　　　　　　　　　　　　　50

②报批后：

借：管理费用　　　　　　　　　　　　　　　　50
　　贷：待处理财产损溢——待处理流动资产损溢　　　　50

（3）

①报批前：

借：原材料——乙材料　　　　　　　　　　　　540
　　贷：待处理财产损溢——待处理流动资产损溢　　　　540

②报批后：

借：待处理财产损溢——待处理流动资产损溢　　540
　　贷：管理费用　　　　　　　　　　　　　　　　　　540

（4）

①报批前：

借：待处理财产损溢——待处理流动资产损溢　　80
　　贷：原材料——丙材料　　　　　　　　　　　　　　　80

②报批后：

借：其他应收款——保管员　　　　　　　　　　80
　　贷：待处理财产损溢——待处理流动资产损溢　　　　80

（5）

①报批前:借:待处理财产损溢——待处理流动资产损溢
　　　　　　　　　　　　　　　　　　　　　　260 000
　　贷:库存商品——A产品　　　　　　　　　260 000
②报批后:
借:原材料　　　　　　　　　　　　　　　　　2 000
　其他应收款——保险公司　　　　　　　　　100 000
　营业外支出　　　　　　　　　　　　　　　158 000
　　贷:待处理财产损溢——待处理流动资产损溢　260 000

第十章

一、单项选择题
1．B　2．B　3．C　4．B　5．A　6．C　7．B　8．D　9．A　10．D
二、多项选择题
1．BC　2．ABD　3．ABCD　4．BCD　5．AC
三、判断题
1．×　2．√　3．×　4．√　5．×　6．√　7．√　8．×　9．√　10．√

第十一章

一、单项选择题
1．C　2．B　3．A　4．D　5．D　6．A　7．B　8．C　9．A　10．D　11．D　12．A　13．C　14．C
二、多项选择题
2．BCDE　2．ABCD　3．ABCE　4．ABC　5．ABCDEF　6．AB　7．ABCDE
三、判断题
1．×　2．√　3．×　4．×　5．×　6．×　7．×　8．×　9．×　10．×

四、业务计算题
1．(1)根据本期发生的经济业务,编制的会计分录如下:
①借:银行存款　　　　　　　　　　　　　　93 600
　　贷:主营业务收入　　　　　　　　　　　80 000
　　　　应交税费——应交增值税(销项税额)　13 600
②借:应收账款　　　　　　　　　　　　　　52 650
　　贷:主营业务收入　　　　　　　　　　　45 000
　　　　应交税费——应交增值税(销项税额)　7 650
③借:主营业务成本　　　　　　　　　　　　101 400
　　贷:库存商品——甲产品　　　　　　　　65 400

　　　　　　——乙产品　　　　　　　　　　　36 000
④借:销售费用　　　　　　　　　　　1 520
　　贷:银行存款　　　　　　　　　　　　　1 520
⑤借:营业税金及附加　　　　　　　　8 750
　　贷:应交税费——应交城市维护建设税　　8 750
⑥借:管理费用　　　　　　　　　　　　350
　　库存现金　　　　　　　　　　　　　50
　　贷:其他应收款　　　　　　　　　　　　400
⑦借:管理费用　　　　　　　　　　　1 000
　　贷:库存现金　　　　　　　　　　　　　1 000
⑧借:银行存款　　　　　　　　　　　45 000
　　贷:应收账款　　　　　　　　　　　　　5 000
⑨借:银行存款　　　　　　　　　　　7 020
　　贷:其他业务收入　　　　　　　　　　　6 000
　　　　应交税费——应交增值税(销项税额)　1 020
　借:其他业务成本　　　　　　　　　4 000
　　贷:原材料　　　　　　　　　　　　　　4 000
⑩借:管理费用　　　　　　　　　　　　200
　　贷:银行存款　　　　　　　　　　　　　200
⑪借:主营业务收入　　　　　　　　125 000
　　　其他业务收入　　　　　　　　　6 000
　　贷:本年利润　　　　　　　　　　　　131 000
⑫借:本年利润　　　　　　　　　　117 220
　　贷:主营业务成本　　　　　　　　　　101 400
　　　　其他业务成本　　　　　　　　　　　4 000
　　　　销售费用　　　　　　　　　　　　　1 520
　　　　营业税金及附加　　　　　　　　　　8 750
　　　　管理费用　　　　　　　　　　　　　1 550
⑬借:所得税费用　　　　　　　　　　3 445
　　贷:应交税费——应交所得税　　　　　　3 445
　借:本年利润　　　　　　　　　　　3 445
　　贷:所得税费用　　　　　　　　　　　　3 445
⑭借:应交税费——城建税　　　　　　8 750
　　　应交税费——所得税　　　　　　3 445

贷：银行存款　　　　　　　　　　　　　　　12 195

(2)编制的本期利润表如表 2 所示。

表 2　利润表

编制单位：　　　　　　　　　　200×年 8 月　　　　　　　　　　单位：元

项　目	本期金额
一、营业收入	131 000
减：营业成本	105 400
营业税金及附加	8 750
销售费用	1 520
管理费用	1 550
财务费用	
资产减值损失	
加：公允价值变动损益	
投资收益	
二、营业利润	13 780
加：营业外收入	
减：营业外支出	
其中：非流动资产处置损失	
三、利润总额	13 780
减：所得税费用	3 445
四、净利润	10 335

2. 某企业 200×年 4 月 30 日有关科目余额：

(1)资产负债表上"应收账款"项目的净额为 64 500 元。

(2)资产负债表上"存货"项目的数额为 173 000 元。

(3)资产负债表上"未分配利润"项目的数额为 37 500 元。

参考文献

[1] 财政部会计司编写组. 企业会计准则讲解[M]. 北京：人民出版社，2007.
[2] 财政部会计资格评价中心. 初级会计实务[M]. 北京：中国财政经济出版社，2009.
[3] 陈国辉，迟旭升. 基础会计[M]. 2版. 大连：东北财经大学出版社，2009.
[4] 贾永海. 会计基础[M]. 北京：高等教育出版社，2000.
[5] 胡世强. 会计学原理[M]. 成都：西南财经大学出版社，2004.
[6] 杨月梅. 基础会计[M]. 北京：清华大学出版社，2007.
[7] 张劲松，谭旭红. 基础会计学[M]. 北京：科学出版社，2008.
[8] 孙铮. 基础会计[M]. 上海：上海财经大学出版社，2007.
[9] 李海波，蒋瑛. 会计基础习题集[M]. 北京：中国金融出版社，2003.
[10] 会计从业资格考试辅导教材编写组. 会计基础[M]. 2版. 北京：中国财政经济出版社，2008.
[11] 李海波. 会计基础与记账技术[M]. 上海：立信会计出版社，2002.
[12] 程腊梅，史玉凤. 会计学[M]. 北京：机械工业出版社，2005.
[13] 周虹，梁劲松. 会计学基础[M]. 北京：科学出版社，2004.
[14] 葛军. 会计学基础[M]. 2版. 北京：科学出版社，2008.
[15] 杨淑媛，姜旭宏. 会计学[M]. 北京：清华大学出版社，2008.